JN092597

2026年度版

青森県の

英語科

参考書

協同教育研究会 編

協同出版

はじめに～「参考書」シリーズ利用に際して～

教育を取り巻く環境は変化しつつあり，日本の公教育そのものも，教員免許更新制の廃止やGIGAスクール構想の実現などの改革が進められています。また，現行の学習指導要領では「主体的・対話的で深い学び」を実現するため，指導方法や指導体制の工夫改善により，「個に応じた指導」の充実を図るとともに，コンピュータや情報通信ネットワーク等の情報手段を活用するために必要な環境を整えることが示されています。

一方で，いじめや体罰，不登校，暴力行為など，教育現場の問題もあいかわらず取り沙汰されており，教員に求められるスキルは，今後さらに高いものになっていくことが予想されます。

本書は，教員採用試験を受験する人が，より効率よく学習できるように構成されています。本書の基本構成としては，各自治体の過去問を徹底分析した上で，巻頭に，各自治体の出題傾向と学習法，出題例，類題等を作成・掲載しております。第1章以降では，各自治体の出題傾向に基づいて，頻出の項目を精選して掲載しております。ページ数やその他編集上の都合により，掲載しきれず，割愛している内容もありますので，あらかじめご了承ください。なお本書は，2024年度（2023年夏実施）の試験を基に編集しています。最新の情報につきましては，各自治体が公表している募集要項やWebサイト等をよくご確認ください。

最後に，この「参考書」シリーズは，「過去問」シリーズとの併用を前提に編集されております。参考書で要点整理を行い，過去問で実力試しを行う，セットでの活用をおすすめいたします。

みなさまが，この書籍を徹底的に活用し，難関試験である教員採用試験の合格を勝ち取って，教壇に立っていただければ，それはわたくしたちにとって最上の喜びです。

協同教育研究会

教員採用試験「参考書」シリーズ

青森県の英語科 参考書

CONTENTS

青森県の英語科
出題傾向と学習法

効率よく試験対策を進めるために

1　ポイントを確実に理解して例題を解く

教員採用試験の専門教養の筆記試験対策として最重要なのは，受験する自治体の出題形式や傾向に合った学習法を知ることである。本書は過去問を分析し頻出分野を中心に構成されている。各節の冒頭で学習のポイントを示し，例題を解きながら知識を身につけるようになっている。したがって，まず，各節のポイントを確実に理解するようにしよう。

専門教養とはいえ，学習指導要領の内容から大きく離れた「難問」が出題されることはほとんどない。志望する学校種の問題レベルを把握し，十分に対応できるまでの知識を身につけることが求められる。試験対策としては，苦手な分野や触れたことのない内容を残さないようにすることも大切だが，まずは本書の例題や過去問等に積極的に取り組んで，頻出分野の知識を身につけてほしい。

2　出題傾向から効率よい学習法を導き出す

過去問を見ると，頻出分野だけでなく，解答形式の特徴がうかがえる。

例えば青森県の過去5年間を見ると，「文章読解」では空所補充，「英作文」では和文英訳および自由英作文，また，「学習指導要領」では空所補充問題が頻繁に出題されている。一方で，「リスニング」，「発音・アクセント」，「文法・語法」，「会話文」の出題はゼロである。いわば，これらの分野・内容が，青森県の特徴といえる。こうした分野については本書で学習し，過去問等から類題を解き，確実に得点できるようにすることが必要である。

ここでは，実際に出題された問題を，いくつか示す(出題例参照)。

他の自治体では頻出の「文法・語法」問題は，大問としては出題されないが，「文章読解」や「英作文」をこなす上で，語彙力や文法力が欠かせないのは言うまでもない。例えば，青森県では，長文の文章読解問題が例年2～3題出題され，本文中の空欄に語彙を補充する問題と，長文の内容を正しく説明している英文を選ぶ問題が基本である。ただし，問題形式には年度によって多少ばらつきがあり，全問空所補充問題(語句や文章)だったり，長文の一部を並べ替える整序英作文が出題されたりすることもある。難易度はそれほど高くないが，前後の文意を読み取り，与えられた語句から文の形を素早く把握できる力が必要である。短時間で解けるよう慣れておこう。その他，本文の内容と合致するように，与えられた前半部分の節に後続する適切な節を選択する同意表現選択問題も出題される。選択肢には，本文とは異なる表現や語彙が使われているため，語彙力・文法力が問われている。

英作文問題は，80～90語以内の自由英作文と和文英訳が出題されている。自由英作文は，近年，学習指導に関するテーマが多く，特に「話すこと[やり取り]」，「話すこと[発表]」のように，学習指導要領の改訂事項を踏まえた出題が多い。和文英訳は，授業中の生徒への指示を英訳する問題が頻出である。インターネット等を利用して「調べ学習」をさせるときの指示や，ディベートの際の指示，スピーチを聞かせる前の注意事項等のほか，ALTとの授業の打ち合わせ等も出題されている。自分の意見，授業の進め方や指示を的確に英語で表現できるよう日頃から練習しておく必要がある。また，受験校種の学習指導要領英訳版等の資料を熟読しておくことも重要である。

学習指導要領の空所補充問題では，記述式と選択式があるので，文言を正確に記憶しておく必要がある。選択肢がなくても解答できるレベルくらいに読み込んでおくと安心である。普段から問題演習を通して校種別の学習指導要領・同解説外国語編の内容をまとめておけば万全だろう。

3　過去問題集との併用等で実践力をつける

以上のように，本書の使い方としては，効率的に試験対策を進めるために頻出分野のポイントを押さえ，例題を通して解法を理解していくことになるが，本試験でその学習成果が発揮できるかどうかは，実践的な問題をどれだけ解いているかにかかっている。その対策として，一通り基礎の確認ができたら時間を計って各年度の過去問を解くこと，模試を活用するといったことが考えられる。そこで不正解だった問題については，本書の該当箇所を参照して，繰り返し学んでほしい。そうすることで，出題傾向に合わせた実践的な力が必ずつくはずである。

まずは出題例を見ていこう！

本自治体の出題例：始めにチャレンジ！① (2024年度実施問題改)

次の文章の(①)～(⑩)に最も適する語句を，以下のア～エからそれぞれ1つ選び，その記号を書きなさい。

Japan is often in the world news for an unhappy reason: its sinking birthrate. The government, for example, wants to incentivize parenthood by upping its (①) of 420,000 yen on the birth of a child to 500,000 yen. Tokyo's governor, Yuriko Koike, promises the city will give children under 18 living in the capital 5,000 yen per month. Koike said the national baby drought "shakes the very (②) of society". Births were likely to have fallen below 800,000 last year for the first time since 1899.

I have three kids and, in my view, these small handouts are as likely to reverse the baby shortage as whistling into the wind. But it's important from the outset to make one point clear: this is not just Japan. Birthrates in advanced countries are (③) across the planet. Fertility rates average 1.67 in 38 OECD countries — that's well below what statisticians call the "replacement level" — the number of children (about 2.1) needed per woman to keep the population constant.

Japan's fertility rate of 1.3 (2020) is about the same as China, and higher than Taiwan (1.0) or South Korea (0.8). It is not that much lower than the largely Catholic countries Poland (1.4) and Italy (1.3). Surveying Europe's population drop, the Catholic News Agency notes fearfully that the (④) triggered by the covid pandemic has accelerated what it calls the continent's "demographic winter."

A 2020 survey in the Lancet, a prestigious medical journal, predicted a "jaw-dropping" fall in baby numbers with 23 nations — including Spain and Japan — "expected to see their populations (⑤) by 2100."

Pandemic aside, most of this is just progress. As countries modernize and women gain more control over their bodies, birthrates fall. Growing up in Ireland in the 1970s, it wasn't uncommon to see mothers stuck in small homes with eight children or more. The fertility rate there half a century later is 1.6 births per woman. In South Korea, women had four kids on average at the beginning of the 1970s; today they have fewer than their (⑥) in any other country.

Still, it is striking how Japan and South Korea (with China coming up the rear) are on the lowest end of the global baby-making spectrum. One reason, say (⑦), is the strong hold of marriage in those countries. Half or more of all births now occur outside marriage in France, Iceland, Norway and Sweden, says the OECD. The equivalent number in Japan and South Korea is negligible.

In my own discussions with female students, I find many are just not attracted to the prospect of having children with salarymen because the demands of corporate life leave wives at home alone for much of the week. In addition to the struggles of motherhood, there is the cost of raising children. Many women prefer to start their own careers first, which helps postpone marriage entanglements till later in life.

Among countries that have reversed slightly sagging fertility rates over the last decade, the key factor, says the OECD, was more equal sharing of household and parenting duties. Some surveys suggest that when men help out more at home (assuming they can), fertility rates rise.

Yet, what's clear is that this is a complex worldwide issue. Birthrates are often stubbornly resistant to government (⑧). Does anyone believe that throwing a bit of cash at young Japanese will persuade them to magically conjure up millions more babies? In the absence of that, there is another widely adopted way to boost populations: importing people. There is plenty of room for growth here: just 2% of Japan's population is "foreign" compared to the 10.6% of OECD countries.

It is not at all clear, however, that Japan will ever take this option. Despite former Prime Minister Shinzo Abe's much ballyhooed plans to bring in hundreds of thousands more foreign workers, the number of foreigners living here has actually fallen in the last few years.

(略)

In the meantime, Tokyo Gov. Koike and other policymakers might (⑨) whether the obsession with propping up birthrates is not misplaced. We are, after all, in the midst of a climate crisis, where global resources seem stretched to the limit by our 8 billion inhabitants. By most (⑩), we'll add another 3 billion to that before the global population peaks. As science journalist Laura Spinney notes, "it's absurd to say that what's lacking is babies."

Japan may just have to make the best of its declining population.

From : The Mainichi Life in Japan：Will this country produce more babies? By David McNeill February 16, 2023

① ア loan イ grant ウ scholarship
エ reward

② ア theories イ assumptions ウ justifications
エ foundations

③ ア booming イ tumbling ウ landing
エ adapting

④ ア aptitude イ uncertainty ウ elimination
エ assurance

⑤ ア halve イ double ウ divide
エ increase

⑥ ア companions イ colleagues ウ counterparts
エ representatives

⑦ ア psychologists イ sociologists ウ capitalists
エ biologists

⑧ ア influences イ inducements ウ placements
エ pavements
⑨ ア analyze イ disregard ウ overlook
エ ponder
⑩ ア calculations イ numbers ウ calibrations
エ evaluations

解答：① イ ② エ ③ イ ④ イ ⑤ ア ⑥ ウ
⑦ イ ⑧ イ ⑨ エ ⑩ ア

本自治体の出題例：始めにチャレンジ！② (2024年度実施問題)

授業で「話すこと(やりとり)」の活動を実施する際，学習指導要領の内容を踏まえ，あなたはどのようなことに留意して指導するか，その理由も含めて70語以上90語以内の英語で書きなさい。また，使用語数を算用数字で記入しなさい。ただし，符号は語数に含まないものとする。

解答例1：When my students do speaking activities, many of them are afraid of making mistakes. So first of all, I'd like to create an atmosphere where my students can enjoy speaking. I always say to students, "Enjoy making mistakes," and encourage them to speak a lot. Second, it's important to give students a clear goal. If students feel the goal is necessary, they'll try hard to accomplish it. Finally, to speak on the spot, students have to practice enough through the activities like small talk. (84 words)

解答例2：My students like talking in pairs, so it's effective for them to do small talk. I will give the students a clear goal when I do this activity. Through small talk, students can input enough expressions and will be able to speak on the spot by degrees. To make small talk more active, I'd like to make an atmosphere where students aren't worried about making mistakes and encourage them to speak a lot. (73 words)

本自治体の出題例：始めにチャレンジ！③（2024年度実施問題）

次の文は，授業で，教師が調べ学習の際に生徒に話した内容である。(1)，(2)を英語に直しなさい。

(1) クラスメートに紹介したいと思う人物について，インターネットで調べなさい。

(2) 例を取り入れて，聞き手にわかりやすい発表にしなさい。

解答：(1) ・By using the Internet, research the person you'd like to introduce to your classmates. ・Please use the Internet, and research the person you want to introduce to your classmates. から1つ

(2) ・Make your presentation understandable to the listeners by showing examples. ・Put some examples to make your presentation easy to understand to the listeners. から1つ

本自治体の出題例：始めにチャレンジ！④（2023年度実施問題改）

次の文は，中学校学習指導要領解説外国語編の「外国語科の目標及び内容」の「英語」の「指導計画の作成と内容の取扱い」の一部である。(①)～(⑤)に最も適する語句を あ～と からそれぞれ1つ選び，その記号を書きなさい。

(ウ) 用語や用法の区別などの指導が中心とならないよう配慮し，実際に活用できるようにするとともに，語順や修飾関係などにおける日本語との違いに留意して指導すること。

(略)

コミュニケーションを支えるための文法指導では，(①)などの使用は必要最低限にとどめ，実際の活用を主眼とした指導を心がけなければならない。ただ，活用といっても，最初から話せる，書けるといった指導をいたずらに急ぐのではなく，あくまでも豊富な(②)に触れていく(③)な使用の中で，次第に(④)使用へと発展していくような配慮が必要である。時には，話したり書いたりすることを通して言葉の使い方に対しての問題意識を高めた上で，関連する英文に触れさせ，(⑤)を促すことも有効である。

あ　逐語的	い　間接的	う　文法用語
え　情報	お　発音練習	か　例文
き　ニュース	く　短期的	け　教科書
こ　受容的	さ　電子メール	し　発信的
す　符号	せ　文化	そ　客観的
た　音読	ち　ワークシート	つ　辞書活用
て　気付き	と　語彙	

解答：① う　② か　③ こ　④ し　⑤ て

本自治体の出題例：始めにチャレンジ！⑤（2023年度実施問題改）

次の文は，高等学校学習指導要領(平成30年告示)「外国語」の「各科目」の「論理・表現Ⅰ」の「内容」の一部である。(　①　)～(　⑤　)にあてはまる語句を書きなさい。

(3)　言語活動及び言語の働きに関する事項

①　言語活動に関する事項

(略)

ウ　書くこと

(ア)　(　①　)のある事柄や学校生活などの(　②　)な話題について，使用する語句や文，文章例が十分に示されたり，準備のための多くの時間が確保されたりする状況で，情報や考え，気持ちなどを適切な理由や根拠とともに(　③　)を書いて伝える活動。また，書いた内容を読み合い，質疑応答をしたり，意見や感想を伝え合ったりする活動。

(イ)　(　②　)な話題や(　④　)な話題に関して聞いたり読んだりした内容について，使用する語句や文，文章例が十分に示されたり，準備のための多くの時間が確保されたりする状況で，発想から推敲まで(　⑤　)な手順を踏みながら，意見や主張などを適切な理由や根拠とともに(　③　)を書いて伝える活動。また，書いた内容を読み合い，質疑応答をしたり，意見や感想を伝え合ったりする活動。

解答：①　関心　　②　日常的　　③　段落　　④　社会的
⑤　段階的

過去３カ年の出題傾向分析

ここでは，過去3カ年で出題された分類と設問形式を表にまとめている。学習する前に，大まかな傾向をつかんでおこう。

年度	分類	設問形式
2024年度	リスニング	
	発音・アクセント	
	文法・語法	
	会話文	
	文章読解	空所補充，内容一致文
	英作文	和文英訳，自由英作
	学習指導要領	学習指導要領
2023年度	リスニング	
	発音・アクセント	
	文法・語法	
	会話文	
	文章読解	空所補充，内容一致文
	英作文	和文英訳，自由英作
	学習指導要領	学習指導要領
2022年度	リスニング	
	発音・アクセント	
	文法・語法	

年度	分類	設問形式
	会話文	
	文章読解	空所補充，内容一致文
	英作文	和文英訳，自由英作
	学習指導要領	学習指導要領

※「分類」「設問形式」は，過去問シリーズに掲載されている出題傾向分析に該当する。

次に，ここで紹介した分類の類題を掲載しておくので，学習の第一歩としてほしい。

類題を解いてみよう！

類題で問題演習の幅を広げよう！①

次の英文の内容から考えて，（　A　）～（　C　）に入る語として最も適当なものを，以下のア～エからそれぞれ選びなさい。

Life in Japan has taught me—among many other things—to believe in good fortune and bad and to see the wisdom in age-old beliefs that some call superstitions. I take Lady Luck seriously now and treat her with respect. When I first came to Tokyo in 1962, however, I was a cynical young thing in charge of my own destiny, thank you. So it was disconcerting to find myself in a world where traditional ways and beliefs were still largely intact.

In those days, I often (　A　) the image of a chubby lady in the entrances of houses, in corners of rooms, on packages, and on fortune papers at Shinto shrines. I was told that her name was Otafuku or Okame. Other than laughing at her silly face and noticing that she came in a host of shapes and attitudes — charming, coquettish, vulgar, cutesy, and downright ugly — I paid her little attention.

But as my years in Japan sped past, I began to see that there was more to the ancient rituals than meets the eye. Japan's native system of belief, with its devotion to gods and spirits and ancient ritual, gave order to the course of daily life. Forces of evil were quelled by regular ministrations to the forces of good. And these forces, always present but needing assuagement, were charged with bringing good fortune and happiness.

Otaftiku has been part of this scene for a long time. She is not so much invoked as always there, overseeing the ups and downs of our everyday lives. Her smiling face takes away worry and brings joy. Her chubby cheeks and tiny red mouth suggest robust health and earthy simplicity. She makes us smile when we see her, even as she assures us that she has been watching over us and that everything is all right.

During my early years in Japan, I noted her presence. Now, I can feel her even before I see her. It happened when a friend introduced me to a new restaurant. I liked everything about the place — the design, the food, the presentation. Then, on the way out, a trip to the bathroom...and hanging over a small window in the door, there she was, harbinger of good, a quirky little Otafuku mask. She has become a real friend.

This book has been brewing in my soul for a long time. Years ago, as an innocent — and ignorant — young college graduate, I came to Japan unaware of how radically my (B) would be changed. I have lived here now for longer than in my own country and have been the beneficiary of uncountable kindnesses as well as profound lessons in living. Like Alice, I entered a wonderland where people opened their lives and hearts and let me come in and feel at home. When I think of this, I suspect that certain forces have been steering me in the right direction, keeping me from harm's way. And that the lady in charge of it all has been Otafuku.

She's not much to look at. She tends to be plump and frumpy, but something about Otafuku makes her the one you want to come home to. She's always there, waiting, with a smile and warmth in her heart. She brings jollity to any occasion and greets each new situation with laughter and bright-heartedness. She's fun and playful and open.

I love her. I have been drawn to her for 25 years! (C) she has been beckoning, inviting me into Japan. Come explore the home and the hearth and the everyday life of the heart, she has been telling me. Come inside and play with me. Drink, eat with me, if you will. Let's chat and gossip. Open up and have a good time. Let's enjoy our lives.

I have always been drawn by interesting people. Hair out of place, maybe, hat askew, button forgotten, a twinkle of eye, a flashing smile. Someone different and warm and content with one's self and ready to laugh at the world and, most of all, flow with it.

My creed of imperfection, of enjoying human foibles and originality seems to be best embodied in Otafuku. She is my passport to the side of Japan that is not formal or ordered. She is different things to different people, but to me she is warm, cozy, loving, accepting. Her joyful attitude toward life is one we could all espouse and one that I aspire to myself. She is a universal goddess who bids us all know what is amusing in life and in other people. She is a fount of generosity, of sharing her own abundance.

Adapted from AMY KATOH, *Otafuku Joy of Japan* (Tuttle Publishing)

A ア damaged イ encountered ウ referred エ drew
B ア friend イ country ウ life エ college
C ア Somehow イ However ウ Therefore エ Literally

解答：A イ　B ウ　C ア

類題で問題演習の幅を広げよう！②

高等学校学習指導要領(平成30年告示)解説 外国語編では，「聞くこと」，「読むこと」，「話すこと［やり取り］」，「話すこと［発表］」，「書くこと」の五つの領域の言語活動及びこれらを結び付けた統合的な言語活動を通して，情報や考えなどを的確に理解したり適切に表現したり伝え合ったりするコミュニケーションを図る資質・能力の育成をめざしている。

このことを踏まえ，複数の領域を効果的に関連付けるために，あなたは授業中にどのような言語活動を行いますか。具体的な言語活動内容と指導上の留意点を含め，100語程度の英語で書きなさい。

解答例：I will have my students engage in discussion activities. First, I will have my students read newspaper articles on social topics, such as environmental issues. Then, I will have them exchange opinions with each other. If they have difficulties organizing their ideas in English, I will provide them with the necessary words and expressions, and scaffold them to use the target grammar they have learned. Also, I will instruct them to logically convey the information from what they read and present their own ideas to others. After the discussion, I will provide a writing task to summarize their opinions using worksheets. (101 words)

類題で問題演習の幅を広げよう！③

英語の授業で，次の(1)・(2)のとき，授業者が生徒に英語でどのように話すかを書きなさい。

(1) 用紙を後ろから前に手渡しするように指示を出すとき。

(2) このページの上から3行目を見るように指示を出すとき。

解答：(1) Pass your sheet from the back to the front. (2) Look at the third line from the top of the page.

類題で問題演習の幅を広げよう！④

「中学校学習指導要領解説　外国語編」(平成29年7月)に即して答えなさい。次は，第2章　第2節　3 指導計画の作成と内容の取扱い (2) 内容の取扱いの一部である。(　①　) ～ (　④　)に当てはまる語句を【語群】A ～ Hから選び，記号を書きなさい。

> 指導に当たっては，活動の(　①　)に応じて，全体学習，個人学習，ペア・ワーク，グループ・ワークなど様々な学習形態を活用していくことが重要である。教室には様々な個性や特性のある生徒がいるため，それを把握した上で，指導に効果的と考えられる学習形態を柔軟に選択していくことが求められている。特にペア・ワークやグループ・ワークは，「友達に質問をしたり質問に答えたりする力」を育成する上で有用であり，そうした情報や考えなどのやり取りを(　②　)に行うことで，互いの考えや(　③　)などを理解し，(　④　)をもって外国語で伝え合う力を育成することにつながる。

【語群】

A　目的　　B　頻繁　　C　状況　　D　豊富　　E　気持ち
F　理由　　G　根拠　　H　願い

解答：①　A　　②　D　　③　E　　④　G

類題で問題演習の幅を広げよう！⑤

(1) 次は高等学校学習指導要領「第2章　各学科に共通する各教科」「第8節　外国語」「第2款　各科目」「第1　英語コミュニケーションⅠ」「1　目標」「(5)　書くこと」の一部である。(　①　)～(　④　)にあてはまる語句を書きなさい。

イ　社会的な話題について，使用する語句や文，事前の準備などにおいて，多くの支援を活用すれば，(　①　)したことを基に，(　②　)な語句や文を用いて，情報や考え，気持ちなどを(　③　)に注意して(　④　)を書いて伝えることができるようにする。

(2) 次は高等学校学習指導要領「第2章　各学科に共通する各教科」「第8節　外国語」「第2款　各科目」「第4　論理・表現Ⅰ」「2　内容」「(3)　言語活動及び言語の働きに関する事項」「①　言語活動に関する事項」「イ　話すこと[発表]」の一部である。(　①　)～(　④　)にあてはまる語句を書きなさい。

(ア)　関心のある事柄や(　①　)などの日常的な話題について，使用する語句や文，(　②　)が十分に示されたり，準備のための多くの時間が確保されたりする状況で，情報や考え，気持ちなどを適切な理由や(　③　)とともに話して伝える活動。また，発表した内容について，(　④　)をしたり，意見や感想を伝え合ったりする活動。

解答：(1)　①　聞いたり読んだり　②　基本的　③　論理性　④　文章　(2)　①　学校生活　②　発話例　③　根拠　④　質疑応答

第 1 章

文法・語法

文法・語法　動詞

ポイント

1　自動詞と他動詞

●基本形●

(1)　他動詞＋名詞

(2)　自動詞＋前置詞＋名詞

◆動詞は大別して２種類ある

動詞には目的語をとる他動詞と，目的語をとらない自動詞がある。

(1)　We reached Boston three days ago.

(2)　We arrived at Boston three days ago.

(私たちは3日前ボストンに着いた)

意味は同じなのに構造が異なることに注目しよう。(1)の動詞reachは他動詞なので，目的語の名詞Bostonが直後に続いているが，(2)の動詞arriveは自動詞なので，名詞をそのまま直後に置くことはできず，〈前置詞＋名詞〉という修飾要素の形にして続けているのである。

例題 1

不要な箇所が1つある。その番号を答えよ。

①I ②liked ③in ④the way ⑤she ⑥organized ⑦the meeting.

CHECK!　他動詞＋名詞

解 説　likeは他動詞なので，直後がin the wayでは基本形に沿っていない。前置詞inを消せばlike the wayとなり，〈他動詞＋名詞〉となる。

解 答　③「彼女がその会合を主催したやり方に私は好感を持った」

例題 2

次の文の空所に入る最も適当なものを1つ選び，番号で答えよ。

Jim was so tired that he (　　) down and slept.

①　lay　　②　lied　　③　lain　　④　laid

CHECK!　lieは自動詞で，layは他動詞である。

解 説 自動詞lie(横になる・ある)と他動詞lay「～を置く・～を横にする」の区別は頻出。また，それぞれの活用がlie-lay-lain-lying, lay-laid-laid-layingで非常に紛らわしいので正確に覚えておこう。空所の直後のdownが副詞であることから，目的語となる名詞が存在しないことがわかる。したがって，自動詞lieの過去形layが正解。

解 答 ① 「ジムはとても疲れていたので横になって眠った」

例題 3

次の文の空所に入る最も適当なものを1つ選び，番号で答えよ。

Bill (　　) the room.

① entered　② entered to　③ entered into
④ entered onto

CHECK! enter「～に入る」は他動詞。

解 説 enterが他動詞であると知っていれば，基本形通りになる①enteredが選べるはず。

解 答 ① 「ビルはその部屋に入った」

2 第2文型S＋V＋C

●基本形●

S＋V＋形容詞または名詞　V＝「～になる」型，「～のまま」型，五感型

◆第2文型をとる動詞

(1) 「～になる」型…become, get, grow, come, go, turn, run, fall, prove, turn out
(2) 「～のまま」型…be, keep, remain, stay, lie
(3) 五感型…look「～に見える」, seem「～に見える・思われる」, appear「～に見える・思われる」, sound「～に聞こえる」, taste「～の味がする」, smell「～のにおいがする」, feel「～に感じる」

◆補語になれる語，句，節

(1) 主格補語になれるのは，名詞(句・節)，形容詞(句)，分詞など

(2) すべてS(主語)＝C(主格補語)の関係が保たれている。Mr . Harrison is my English teacher. (ハリソン氏＝私の英語の先生), John kept quiet during the class. (John＝quiet), Mary looked happy to see you. (Mary＝happy)。

例題 1

次の文の空所に入る最も適当なものを1つ選び，番号で答えよ。

The parents seem (　　) about the grades on their child's report card.

① angry　② angrily　③ to anger　④ to be anger

CHECK! S＋V＋形容詞

解 説 「怒っているように思われる」という日本語から副詞のangrilyを選んではいけない。seemは第2文型の動詞だから，基本形通りに形容詞angryを選ぶ。④がto be angryであれば形容詞句として補語になり得るがto be angerでは不可。

解 答 ① 「その両親は子どもの通信簿の成績について怒っている様子だ」

例題 2

次の文の空所に入る最も適当なものを1つ選び，番号で答えよ。

Luckily the weather (　　) fine.

① turned up　② came to　③ turned out

④ changed into

CHECK! turn out (to be)＋C＝prove (to be)＋C「結局Cになる・Cだと判明する」

解 説 空所の後が形容詞fineであることから，第2文型をとる動詞を選ぶ。選択肢の中ではturned outしかない。

解 答 ③ 「幸運なことに，天気はよくなった」

例題 3

次の文の空所に入る最も適当なものを1つ選び，番号で答えよ。

Natsuko (　　) elegant in her new black suit.

① sounds　② grows　③ looks　④ sees

CHECK! sound + C「Cに聞こえる」，grow + C「(次第に) Cになる」，look + C「Cに見える」

解説 空所の後が形容詞であることを確認。④see(s)は他動詞で第2文型をとらないから消去。服を着たときにどうなのかを考えれば，look「～に見える」を選べるだろう。

解答 ③「新しい黒のスーツを着て，ナツコは優雅に見える」

3 第4文型S＋V＋ＩＯ＋DO

●基本形●

S + V + 名詞A + 名詞B

◆第4文型とは

後に目的語となる名詞が2つくる動詞を第4文型の動詞という。名詞Aを間接目的語(ＩＯ)，名詞Bを直接目的語(ＤＯ)という。

第4文型をとる動詞の代表例は，buy，give，lend，send，show，tell，teachなどである。

例題 1

次の文の空所に入る最も適当なものを1つ選び，番号で答えよ。

The music (　　) me a headache. It's so old-fashioned.

① catches　② feels　③ gives　④ shows

CHECK! give + A + B「AにBを与える」
show + A + B「AにBを見せる・示す」

解説 空所の後の構造を見ると，meとa headacheという2つの名詞が並んでいるので，第4文型の基本形である。「その音楽は私に頭痛を与える」→「その音楽を聞くと私は頭痛がする」と考え，③givesを選ぶ。

解答 ③「その音楽を聞くと頭痛がする。あまりに流行遅れだ」

例題 2

次の文の空所に入る最も適当なものを1つ選び，番号で答えよ。

Carelessness may (　　) you your life.

① cause　② cost　③ put　④ take

CHECK! cost + A + B「AにBを費やさせる・犠牲にさせる」

cause + A + B「AにBを引き起こす・もたらす」

take + A + B「AにとってB(時間・労力など)を必要とする」

解 説　空所の後に2つの名詞が並んでいるので，第4文型の動詞を選ぶ。③putは第4文型をとらないので不可。②costを選ぶと「不注意があなたに命を失わせるかもしれない」となって文意が通る。

解 答　②「不注意はあなたの命取りになるかもしれない」

例題 3

次の文の空所に入る最も適当なものを1つ選び，番号で答えよ。

Could you (　　) me a few minute? I've something to ask of you.

① save　② spare　③ make　④ help

CHECK! spare + A + B「AにB(時間・金など)を割く・分けてやる」

save + A + B「AからBを省く」

make + A + B「AのためにBを作る」

解 説　helpは第4文型を取らないから消去。「私に時間を少し割いてくれませんか」と考えて，②spareを入れる。

解 答　②「少しお時間をいただけませんか。お尋ねしたいことがあるのです」

4　第5文型S＋V＋O＋C(その1)

●基本形●

(1)　S + V + O + 形容詞・名詞

(2)　S + V + O + 現在分詞

(3)　S + V + O + 過去分詞

◆第5文型の特徴

・〈O＋C〉の間に意味の上で〈主語＋述語〉の関係が成立する。

・Cの位置に分詞がくる場合，「Oが～する(している)」という能動関係ならば，Cは現在分詞，「Oが～される」という受動関係ならば，Cは過去分詞になる。

例題 1

次の文の空所に入る最も適当なものを1つ選び，番号で答えよ。

Don't you think it (　　) that he is not here?

① strange　② strangely　③ stranger

CHECK! S＋V＋O＋形容詞

解説　think＋O＋C「OがCであると思う」という意味。「それが奇妙である」という〈主語＋述語〉の関係を押さえ，基本形に合わせて形容詞strangeを選ぶ。なお，itはthat以下を受ける形式目的語である。

解答　①「彼がここにいないのは奇妙だと思いませんか」

例題 2

次の文の空所に入る最も適当なものを1つ選び，番号で答えよ。

I'm sorry to have kept you (　　) so long.

① waited　② to wait　③ waiting　④ wait

CHECK! S＋V＋O＋現在分詞

解説　keepが第5文型をとる動詞であることを確認し，〈O＋C〉及び〈主語＋述語〉の関係を考える。すると，「あなたが待っている(待つ)」という能動関係なので，現在分詞waitingを選べばよい。

解答　③「こんなに長くお待たせして申し訳ありません」

例題 3

次の文の空所に入る最も適当なものを1つ選び，番号で答えよ。

Yukiko left no letter (　　).

① unanswered　② unanswering　③ to answer

④ answering

CHECK! S + V + O + 過去分詞

解説 要するに「ユキコはすべての手紙に返事を出した」とすればよい。動詞 left に注目すると，〈leave + O + C〉「OがCである状態を放置する」の第5文型が見えてくるはず。手紙と answer「〜に返事する」の関係は，A letter was answered.という受動関係になるので，過去分詞unansweredが正解。

解答 ① 「ユキコはどの手紙も返事を出さずに放っておくことはなかった」

5　第5文型S＋V＋O＋C(その2)・使役動詞

●基本形●

make[let, have] + O + 原形・過去分詞

◆使役動詞という名称

使役動詞という名称は，make, let, haveを〈S + V + O + 原形〉の形で使ったときに，「Oに〜させる」という“使役”の意味を表すからである。

◆Cに過去分詞がくるとき

Cが原形となるのは〈O + C〉の間に「OがCする」という能動関係が成立するときで，「OがCされる」という受動関係のときは，Cが過去分詞(letの場合はbe + 過去分詞)となる。

I <u>had</u> my hat <u>blown</u> off.　(私は帽子を吹き飛ばされた)

例題 1

日本文とほぼ同じ意味になるように，空所に適当な語を入れよ。
私は子供たちに好きなようにさせておきます。

I (　　) my children have their own way.

CHECK! let + O + 原形「Oに〜させてやる」

解説 空所の後の動詞の原形haveに注目すれば，〈S + V + O + 原形〉の形になることがわかる。あとは文意から“許可・容認”の意味合いを持つ使役動詞letを入れればよい。

解答 let

例題 2

次の文の空所に入る最も適当なものを1つ選び，番号で答えよ。

His glasses (　　) him look older by ten years.

① give　② make　③ keep　④ get

CHECK! make + O + 原形「Oに～させる」

解説 目的語himの後に動詞の原形lookがきているので，使役動詞makeを選ぶ。他の選択肢は〈S + V + O + 原形〉の形をとらない。

解答 ② 「彼はメガネをかけると10歳は老けて見える」

例題 3

次の文の空所に入る最も適当なものを1つ選び，番号で答えよ。

When I visited Paris last summer, I could hardly make myself (　　) in French.

① to understand　② understand
③ understanding　④ understood

CHECK! make + O + 過去分詞「Oが～される状況にする」

解説 動詞がmakeだからといって，機械的に原形understandを選ばないこと。〈O + C〉の関係を考えると，「私自身が理解する」では何を理解するのか不明。ここでは「私自身が理解される」と受動関係でとらえるのが正しい。したがって過去分詞understoodが正解。make oneself understoodは「自分の言うことを相手に理解させる」という意味の慣用的な表現。

解答 ④ 「昨年の夏にパリを訪れたとき，私はほとんどフランス語で話が通じなかった」

例題 4

次の文の空所に入る最も適当なものを1つ選び，番号で答えよ。

I'm having my house (　　) at the moment, so could you come over next Friday instead?

① be painted　② paint　③ painted　④ to paint

CHECK! have＋O＋過去分詞「Oを～してもらう・させる・される」

解説 paintは「～にペンキを塗る」という意味の他動詞だから，〈O＋C〉の関係は「家がペンキを塗られる」という受動関係になる。よって，過去分詞paintedを選べばよい。

解答 ③「今，家にペンキを塗ってもらっているので，代わりに今度の金曜日に来てくれませんか」

例題 5

次の文の空所に入る最も適当なものを1つ選び，番号で答えよ。

I will (　　) the flowers.

① have her to water　② have her water

③ have her watered　④ have her watering

CHECK! have＋O＋原形「Oに～してもらう・させる」

解説 waterに「～に水をやる」という意味の他動詞の用法があることを知らないと難しい。ここは「彼女が花に水をやる」という能動関係から，〈have＋O＋原形〉の形になっている②を選ぶ。

解答 ②「花に水をやるのを私は彼女にさせるつもりだ」

6　第5文型S＋V＋O＋C（その3）・知覚動詞

●基本形●

知覚動詞＋O＋原形・現在分詞・過去分詞

◆考え方は同じ

see，hearなどの知覚動詞も，Cの位置に原形をもってくることができる。原形・現在分詞・過去分詞の区別は，やはり〈O＋C〉の関係で決まる。

例題 1

次の文の空所に入る最も適当なものを1つ選び，番号で答えよ。

My mother was happy to see her guest (　　) her cakes gladly.

① eaten　② eats　③ to eat　④ eating

CHECK! 知覚V＋O＋現在分詞「Oが〜しているのをVする」

解説 知覚動詞seeが用いられているから，目的語の後に置く動詞の形は原形不定詞(動詞の原形)，現在分詞(動詞のing形)，過去分詞のいずれかとなり，④eatingが現在分詞であてはまる。②で迷うかもしれないが，eatsで三人称単数現在のsがついており，現在形ではあるが原形不定詞ではないので基本形にあてはまらない。

解答 ④「私の母は自分のケーキをお客さんが嬉しそうに食べているのを見て喜んだ」

例題2

次の文の空所に入る最も適当なものを1つ選び，番号で答えよ。

I felt the floor (　　) beneath my feet.

① to move　② move　③ have shaken　④ shaked

CHECK! 知覚V＋O＋原形「Oが〜するのをVする」

解説 知覚動詞feelが使われているので，基本形と照らし合わせると②moveしかない。あとは〈O＋C〉の「床が動く」という能動関係を確認すればよい。

解答 ②「私は足の下で床が動くのを感じた」

例題3

次の文の空所に入る最も適当なものを1つ選び，番号で答えよ。

Have you ever heard that song (　　) in French?

① sang　② sing　③ singing　④ sung

CHECK! 知覚V＋O＋過去分詞「Oが〜されるのをVする」

解説 知覚動詞hearが用いられおり，形の上では②③④いずれもあてはまるので，〈O＋C〉の関係から判断する。「歌が歌われる」という受動関係から，過去分詞の④sungが正解。

解答 ④「あの歌がフランス語で歌われるのを聞いたことがありますか」

文法・語法　時制

ポイント

1　未来を表す現在形

●基本形●

時・条件の副詞節を導く接続詞＋S＋現在形のV～

◆ **現在形で未来のことを表す用法**

I'll return the money when I <u>see</u> you next Sunday.

(今度の日曜に君に会ったときにそのお金を返すよ)

時・条件を表す副詞節の中では，未来のことを現在形で表す。この規則は，「主節が未来を表しているから，副詞節まで単純未来のwillを使わなくてもいい」という考え方が根底にある。つまり，単純未来のwillを使わないということに重点があるので，現在完了を使うこともある。

This work will become easy when you <u>have had</u> more experience.

(もっと経験を積んだら，この仕事は簡単になるだろう)

例題 1

次の文で誤りがあれば訂正せよ。

I'm going to do my homework when I will get home this afternoon.

CHECK!　時・条件の副詞節を導く接続詞＋S＋現在形のV～

解説　「今日の午後家に帰る」のは未来のことだが，これは接続詞whenに導かれた，do my homework にかかる副詞節。したがって，基本形に合わせてwillは使わず現在形のgetにする。

解答　will get→get　「今日の午後家に帰ったら宿題をするつもりです」

例題 2

次の文で誤りがあれば訂正せよ。

If anyone happens to call me up while I will be out shopping, please ask the person to call me again in the evening.

CHECK!　時・条件の副詞節を導く接続詞＋S＋現在形のV～

解説 while「～する間」は，時の副詞節を導く接続詞。そこでwill beではなく，現在形のamにする。

解答 will be→am 「私が買物に出ている間に誰かがたまたま電話をしてきたら，夕方までにまた電話してもらえるようにその人に頼んでください」

2 進行形

●基本形●

be＋～ing (動作動詞)

◆ 動作動詞と状態動詞

動詞には動作を表すものと状態を表すものがあるが，進行形は動作が進行中であることを表すのが基本だから，状態動詞は進行形にしないのが普通である。

例題 1

次の文の空所に入る最も適当なものを1つ選び，番号で答えよ。

"Where is Peggy?" "She (　　) a bath."

① is taking　② take　③ takes　④ took

CHECK! 「～している最中」

解説 前のセリフの動詞が現在形なので，is takingかtakesにしぼられるが，現在形takesでは「習慣的に風呂に入る」ということになってしまう。「風呂に入っているところ」としたいので，進行形のis takingが正しい。

解答 ① 「ペギーはどこにいるの？」「お風呂に入っているよ」

例題 2

文法上，正しくない英文を選べ。

① We were having a good time then.

② We were having a nice car last year.

③ We were having a party about this time last year.

④ We were having some tea when he came.

CHECK! be + ～ing (動作動詞) 状態動詞は進行形にしない

解 説 すべてhaveが使われているが，それぞれ意味が異なる。①は「(楽しいときを)過ごす」，②は「持っている」，③は「(パーティーを)開く」，④は「(お茶を)飲む」。「持っている」のhaveは状態動詞なので進行形にできない。過去形のhadを用いるべき。

解 答 ②

3 完了形

●基本形●

(1) 現在完了形…have + 過去分詞

① 現在に至るまでの完了・経験・継続などを表す。

② 動作の継続を表すには現在完了進行形〈have been ～ing〉にする。

(2) 過去完了形…had + 過去分詞

① 過去の一時点に至るまでの完了・経験・継続などを表す。

② 過去の一時点よりも前に起こったことを表す。

③ 動作の継続を表すには過去完了進行形〈had been ～ing〉にする。

(3) 未来完了形…will have + 過去分詞

① 未来の一時点に至るまでの完了・経験・継続などを表す。

② 動作の継続を表すには未来完了進行形〈will have been ～ing〉にする。

例題 1

(1)と(2)がほぼ同じ意味になるように，空所に適当な語を入れよ。

(1) Mary got sick two weeks ago. She is still in bed.

(2) Mary (　　) (　　) sick in bed for two weeks.

CHECK! have + been + 形容詞：現在に至るまでの継続

解 説 「2週間前に病気になって，今でも寝込んでいる」ということは，「現在に至るまでの2週間，病気の状態が続いている」ということ。よって，現在完了形を用いて表現できる。has gotとしてしまうと，「病気になった」という“完了”になるので注意。

解答 has, been 「メアリーは2週間病気で寝込んでいる」

例題 2

次の文で誤りがあれば訂正せよ。

Ten years passed since I met you last.

CHECK! 期間＋have passed since＋S＋過去形～「Sが～して以来…が過ぎた」＝it is＋期間＋since＋S＋過去形～「Sが～して以来…になる」

解説 since～は「～以来(今まで)」という“現在に至るまで”の時間枠を教えてくれる語句なので，過去形のpassedは不自然。現在完了にする。

解答 passed→have passed 「私が最後にあなたに会ってから10年がたった」

例題 3

次の文の空所に入る最も適当なものを1つ選び，番号で答えよ。

“Tom is late. We (　　) an hour now.” “Yes, I wonder if anything has happened to him.”

① are waiting　② were waiting　③ have been waiting
④ had been waiting

CHECK! have been＋～ing：現在に至るまでの動作の継続

解説 nowに惑わされてare waitingを選ばないこと。Nowは現在が基準であることを明らかにしてくれるだけ。その前にan hourがあるので，「現在に至るまで1時間待っている」ということで，現在完了進行形にするのが正しい。

解答 ③ 「トムは遅いなあ。もう1時間も待ってるぞ」「そうだな，あいつに何かあったんじゃないか」

例題 4

あとの文の下線部のうち誤っているものを1つ選び，番号で答えよ。

My brother ①<u>has finished</u> ②<u>writing</u> ③<u>the report</u> last night, and now he will begin ④to read some books on management.

CHECK! 明らかに過去の一時点を示す語句があるときは過去形

解説 last nightは明らかに過去の一時点を示すので，has finishedという現在完了形は使えない。過去形のfinishedが正しい。

解答 ①「私の兄は昨夜レポートを書き終えた。そして今度は経営の本を読み始めるつもりだ」

例題 5

次の文の空所に入る最も適当なものを1つ選び，番号で答えよ。

They (　　) many large buildings in Osaka when I first arrived in 1959.

① aren't building　② hadn't built
③ haven't built　④ don't build

CHECK! had＋過去分詞：過去の一時点に至るまでの事柄

解説 when I … arrived～で示される過去の一時点が基準となる。これだけで②以外の選択肢は選べなくなる。ここでの過去完了は，「それまで建っていなかった」と読み取ればいい。

解答 ②「私が1959年に初めて大阪に着いたときには大きなビルはあまり建っていなかった」

例題 6

次の文の下線部のうち誤っているものを1つ選び，番号で答えよ。

①After ②this next trip, I ③have been to Paris three times, and I want to ④make more trips.

CHECK! will have＋過去分詞：未来の一時点に至るまでの経験

解説 After this next trip「今度の旅行が終わったら」とあるので未来が基準になる。したがって現在完了形は間違い。will have beenとするのが正しい。

解答 ③「今度の旅行がすんだら，私はパリに3回行ったことになる。そして私はもっと旅がしたい」

文法・語法 助動詞

ポイント

1　基本助動詞の注意点

●基本形●

(1) cannot「～のはずがない」　must「～に違いない」
may「～かもしれない」

(2) would「(どうしても)～しようとした」

(3) used to～「昔は～した」: 現在との対比

(4) ought to～= should　否定形はought not to～

(5) had better + 原形「～した方がよい」
否定形はhad better not + 原形

例題 1

次の文の空所に入る最も適当なものを1つ選び，番号で答えよ。

You (　　) walk around in such a place at night.

① had better not　② had not better

③ had better not to　④ didn't have better

CHECK! had better not + 原形「～しない方がいい」

解 説　助動詞had betterの否定形〈had better not + 原形〉を知っていれば苦もなく①が選べる。

解 答　①「夜にそんなところをうろうろしない方がいい」

例題 2

次の文の空所に入る最も適当なものを1つ選び，番号で答えよ。

She (　　) be over thirty. She must still be in her twenties.

① can　② can't　③ oughtn't　④ must

CHECK! can't「～のはずがない」，must「～に違いない」

解 説　2つ目の文の「彼女はまだ20代に違いない」から考えて，「30を超えているはずがない」とすればよい。

解答 ②「彼女は30過ぎのはずはない。まだ20代に違いない」

例題 3

次の文の空所に入る最も適当なものを1つ選び，番号で答えよ。

Linda doesn't dance much now, but I know she (　　) a lot.

① was used to　② used to　③ would　④ would have

CHECK! 現在との対比を示すused to～「昔は～した」

解説 前半に「今はあまりダンスをしない」とあるのがポイント。「今は～だが昔は～だった」という文脈ではwouldではなくused to～を用いる。①のwas used toは「～に慣れていた」という意味で，toは前置詞なので注意が必要。

解答 ②「リンダは今ではあまりダンスをしないが，昔はよくしたものだ」

2 助動詞＋have＋過去分詞

●基本形●

(1) cannot have＋過去分詞「～したはずがない」

(2) must have＋過去分詞「～したに違いない」

(3) may have＋過去分詞「～したかもしれない」

(4) should[ought to] have＋過去分詞「～するべきだったのに」

should not[ought not to] have＋過去分詞「～するべきではなかったのに」

(5) need not have＋過去分詞「～する必要はなかったのに」

例題 1

次の文の空所に入る最も適当なものを1つ選び，番号で答えよ。

Look, the whole garden's white. It (　　) during the night.

① must snow　② must be snowing

③ must have snowed　④ must have been snowed

CHECK! must have＋過去分詞「～したに違いない」

解 説　①や②では現在のことになるから文意が不自然。〈must have＋過去分詞〉の③を入れれば，「夜の間に雪が降ったに違いない」となって，自然な英文となる。なお，snowは自動詞で受動態にはならないから④は不可。

解 答　③「ほら，庭じゅう真っ白だよ。夜の間に雪が降ったに違いない」

例題 2

次の文の空所に入る最も適当なものを1つ選び，番号で答えよ。

I (　　) that picture, but I hardly remember I have.

①　can draw　　②　may have drawn

③　may had drawn　　④　may draw

CHECK!　may have＋過去分詞「～したかもしれない」

解 説　後で「覚えがない」と言っているので，can drawやmay drawでは現在の意味になって矛盾する。したがって〈may have＋過去分詞〉の形になっている②を選び，「描いたかもしれないが覚えがない」とする。

解 答　②「私がその絵を描いたかもしれないが，ほとんど覚えがない」

3　助動詞を含む慣用表現

●基本形●

(1)　cannot help ～ing = cannot but＋原形「～せずにいられない」

(2)　cannot～too＋形容詞・副詞「どんなに～してもしすぎることはない」

(3)　may well＋原形「～するのももっともだ」

(4)　may[might] as well＋原形～(as …)「(…するより)～した方がよい・(…するくらいなら)～した方がましだ」

(5)　would rather＋原形～(than …)「(…するよりも)～したい」

例題 1

次の文の空所に入る最も適当なものを1つ選び，番号で答えよ。

I would (　　) die than live in a miserable condition.

①　better　　②　happier　　③　more　　④　rather

CHECK! would rather + 原形～ than … 「…するよりも～したい」

解 説　空所の後のwouldと直後の原形die，さらにthanに目をつけて，〈would rather + 原形～ than …〉に当てはめればよい。

解 答　④ 「惨めな状態で生きるくらいなら私は死んだ方がましだ」

例題 2

次の文の空所に入る最も適当なものを1つ選び，番号で答えよ。

If you say that you cannot (　　) doing something, you mean you cannot prevent or avoid it.

①　but　　②　have　　③　help　　④　restrain

CHECK! cannot help ～ing 「～せずにいられない」

解 説　後半の「それを防げない，または避けられない」と同様の意味になるようにする。空所の前のcannot，直後の～ing形から〈cannot help ～ing〉の形にすればよい。

解 答　③ 「人が何かをせざるを得ないと言うときには，それを防げない，あるいは避けられないという意味である」

例題 3

(1)と(2)がほぼ同じ意味になるように，空所に適当な語を入れよ。

(1)　He may (　　) be against the plan.

(2)　He has good reason to be against the plan.

CHECK! may well + 原形「～するのももっともだ」

解 説　may well + 原形 = have good[every] reason to～の書き換えはしっかり記憶しておくこと。後者は文字通りに「～するだけの十分な根拠を持っている」という意味。

解 答　well 「彼がその計画に反対するのももっともだ」

例題 4

次の文の空所に入る最も適当なものを1つ選び，番号で答えよ。

You (　　) as well throw away the money as lend it to him.

① can　② should　③ must　④ might

CHECK! 〈might as well＋原形＋as〉…「…するくらいなら〜した方がましだ」

解説 〈might as well＋原形＋as …〉の形に当てはめる。

解答 ④「彼にお金を貸すぐらいなら捨てた方がましだ」

例題 5

次の文の空所に入る最も適当なものを1つ選び，番号で答えよ。

We cannot (　　) against injustice.

① but protest　② help but protesting

③ help protest　④ but protesting

CHECK! 〈cannot but ＋ 原形〉「〜せずにいられない」

解説 紛らわしい選択肢が並んでいるが，〈cannot help 〜ing〉および〈cannot but＋原形〉と照らし合わせて，①が正解。

解答 ①「私たちは不正には抗議しないわけにはいかない」

例題 6

次の文の空所に入る最も適当なものを1つ選び，番号で答えよ。

We (　　) be too careful in the choice of our books.

① ought not to　② may not　③ should　④ cannot

CHECK! cannot〜too＋形容詞・副詞「どんなに〜してもしすぎることはない」

解説 形だけならどれも可能だが，too carefulがあることから，〈cannot 〜 too＋形容詞・副詞〉に当てはめてみると，「本を選ぶ際には，どんなに注意してもしすぎることはない」という意味の自然な英文ができる。

解答 ④「本を選ぶ際には，どんなに注意してもしすぎることはない」

文法・語法 仮定法

ポイント

1 仮定法過去と仮定法過去完了の基本形

●基本形●

(1) 仮定法過去
If + S + V (過去形)…, S + 助動詞の過去形 + 原形〜
「(今)…なら〜だろうに」

(2) 仮定法過去完了
If + S + had + 過去分詞…, S + 助動詞の過去形 + have + 過去分詞〜
「(あのとき)…だったら〜だっただろうに」

(3) 未来を表す仮定法
① If + S + should + 原形…, (主節は仮定法でも直接法でもよい)
「万一…したら〜だろう」
② If + S + were to …, S + 助動詞の過去形 + 原形〜
「仮に…とすれば〜だろう」

例題 1

次の文の空所に入る最も適当なものを1つ選び，番号で答えよ。

If I had had much money, I would (　　) you.

① have been paid　② have pay　③ been paid
④ have paid

CHECK! If + S + had + 過去分詞…, S + 助動詞の過去形 + have + 過去分詞〜

解説 if節の中の動詞を見ると，had hadと過去完了になっている。したがって，仮定法過去完了の基本形に合わせて，主節の動詞の形を決めればよい。仮定法過去完了の主節の動詞は〈助動詞の過去形 + have + 過去分詞〉だから，これに合うのは①か④。ただし，ここは受身ではおかしいので①は間違い。

解答　④「私がお金をたくさん持っていたらあなたに払ったのだが」

例題 2

次の文の空所に入る最も適当なものを1つ選び，番号で答えよ。

If I (　　) wings now, I would fly away.

①　am having　　②　had　　③　had had　　④　will have

CHECK!　If + S + V (過去形)…, S + 助動詞の過去形 + 原形〜

解説　主節の動詞がwould flyで〈助動詞の過去形 + 原形〉だから，仮定法過去の基本形に当てはめればよい。すなわち，if節の中の動詞は過去形となるので，②hadが正解。

解答　②「今私に翼があれば飛んでいくのになあ」

例題 3

次の文の空所に入る最も適当なものを1つ選び，番号で答えよ。

If I were (　　) go abroad, I would go to France.

①　on　　②　to　　③　about　　④　for

CHECK!　If + S + were to …, S + 助動詞の過去形 + 原形〜

解説　前がwereで後が動詞の原形goなので，〈If + S + were to …〉にする以外にない。他はただの前置詞だから，後に動詞の原形がくることは絶対にない。

解答　②「仮に外国へ行くとしたら，私はフランスへ行くだろう」

例題 4

次の文の空所に入る最も適当なものを1つ選び，番号で答えよ。

If it had not been for the medicine, I (　　) alive now.

①　should not have been　　②　should not be

③　should not　　④　should not have

CHECK!　仮定法過去完了と仮定法過去のミックス：If + S + had + 過去分詞…, S + 助動詞の過去形 + 原形〜

解説　aliveは形容詞なので③④が不可なのはわかるだろう。問題はif節の動詞がhad〜beenと過去完了になっていることから，仮定法過去完了の基本形だということで①を選ぶのは間違いだということ。なぜなら，主節にはnowがあって，“現在”の事柄を述べているからだ。現在のことを表すなら，仮定法過去にすべきなので，〈助動詞の過去形＋原形〉の形になっている②が正解。

解答 ②「その薬がなかったら，私は今ごろ生きてはいないだろう」

2 倒置によるifの省略

●基本形●

(1) If + S + were ～⇒Were + S ～

(2) If + S + had + 過去分詞～⇒Had + S + 過去分詞～

(3) If + S + should + 原形～⇒Should + S + 原形～

◆ifがなくても仮定法

仮定法過去，仮定法過去完了のどちらにおいても，条件節のifが省略されることがある。このとき，条件節の主語と動詞(助動詞)の語順に倒置が生じる。

If I were there, I would help him.

Were I there, I would help him.

(もし私がそこにいれば，彼を助けてあげるのだが)

＊仮定法過去の倒置は，if節にbe動詞や助動詞があるときにしか生じないので注意すること。

If I had had money yesterday, I would have bought the book.

Had I had money yesterday, I would have bought the book.

(昨日お金を持っていたらその本を買ったのに)

例題 1

次の文の空所に入る最も適当なものを1つ選び，番号で答えよ。

(　　) in your position, I would have hung up the phone in anger.

① While I was　　② If I were

③ Thought I had been　　④ Had I been

CHECK! If + S + had + 過去分詞～⇒Had + S + 過去分詞～

解 説 主節の動詞が〈助動詞の過去形＋have＋過去分詞〉で仮定法過去完了であることを押さえる。すると①③は論外だし，②も動詞がwereでは仮定法過去なので不可。残る④は，If I had been⇒Had I beenという基本形を思い浮かべればよい。

解 答 ④「私があなたの立場だったら，私は怒って電話をたたきつけただろう」

例題 2

次の文の空所に入る最も適当なものを1つ選び，番号で答えよ。

(　　) I to tell you all the story of my life, one week would not be enough.

① Am　② Are　③ Have　④ Were

CHECK! If + S + were～⇒Were + S～

解 説 Iの後にto tellがきているが，通常ではなりえない形。そこで主節の動詞が〈助動詞の過去形＋原形〉であることから，仮定法過去の文だと判断し，If I were to tell～⇒Were I to tell～と考えてWereを選ぶ。

解 答 ④「仮に私が自分の人生の話をすべてあなたに話すとしたら，1週間では不十分であろう」

3　仮定法を含む重要構文

●基本形●

(1) I wish[If only] + S + 仮定法「～だったらなあ」

(2) as if[though] + S + 仮定法「まるで～かのように」

(3) It is time + S + 仮定法過去「もう～してよいころだ」

(4) if it were not for～「～がなければ」= without～，but for～

(5) if it had not been for～「～がなかったら」= without～，but for～

例題 1

(1)と(2)がほぼ同じ意味になるように，空所に適当な語を入れよ。

(1)　I'm sorry I cannot stay here longer.

(2)　I (　　) I could stay here longer.

CHECK!　I wish + S + 仮定法「～だったらなあ」

解説　「いられなくて残念だ」ということは,「ここにいられたらいいのに」ととらえることができる。よって,〈I wish + S + 仮定法〉にすればよい。

解答　wish 「(1)ここにもっといられなくて残念です。／(2)ここにもっといられたらなあ」

例題 2

次の文の空所に入る最も適当なものを1つ選び，番号で答えよ。

It's about time you (　　) a Shakespearean play.

①　are seeing　　②　have seen　　③　saw　　④　will see

CHECK!　It is time + S + 仮定法過去「もう～してよいころだ」

解説　〈It is time + S + 仮定法過去〉に当てはめるだけ。なお，about は「もうそろそろ～」という感じを出す。

解答　③「君ももうそろそろシェイクスピアの劇を観てもいいころだ」

例題 3

(1)と(2)がほぼ同じ意味になるように，空所に適当な語を入れよ。

(1)　Without water, nothing could live.

(2)　If (　　) (　　) (　　) for water, nothing could live.

CHECK!　if it were not for ～ = without ～「～がなければ」

解説　「～がなければ」の書き換えパターンを押さえていれば簡単。主節の動詞を見て仮定法過去だと判断できれば，〈if it were not for ～〉に当てはめればよい。

解答　it，were，not 「水がなければ何も生きられない」

例題 4

日本文とほぼ同じ意味になるように，空所に適当な語を入れよ。

もっと早く来たら，彼はぼくの妹に会えたのに。

(　　) (　　) (　　) earlier, he could have seen my sister.

CHECK! 〈If + S + had + 過去分詞〉⇒〈Had + S + 過去分詞〉

解 説 まず，主節の動詞の形〈助動詞の過去形 + have + 過去分詞〉から，仮定法過去完了にすることを確認。すると，If he had come 〜とするのがふつうだが空所が足りない。そこで倒置によるifの省略を利用し，Had he comeとすれば空所の数と一致する。

解 答 Had, he, come

例題 5

次の文の空所に入る最も適当なものを1つ選び，番号で答えよ。

(　　) another chance, he would do his best.

① Be given he should　　② Given he should be

③ He should be given　　④ Should he be given

CHECK! 〈If + S + should + 原形〉⇒〈Should + S + 原形〜〉

解 説 ①や②のような語順は英語にはない。③はふつうの文ならいいが，ここでは後ろとつながらない。④はIf he should be givenが元の形で，そこから倒置によるifの省略をしたものだと見ることができる。

解 答 ④「もう一度チャンスが与えられたら，彼はベストを尽くすだろう」

例題 6

次の文の空所に入る最も適当なものを1つ選び，番号で答えよ。

A better bridge could have been built (　　).

① if they assisted us　　② had it been for their help

③ having had them help us　　④ had we had their assistance

CHECK! 〈If + S + had + 過去分詞〉⇒〈Had + S + 過去分詞〉

解 説 主節が仮定法過去であることから，空所には仮定法過去完了が入ることがわかる。②はhad it not been for their helpであれば，if it had not been for～「～がなかったら」の倒置形によるifの省略をしたものと考えられるが，notが抜けているので間違い(notがあっても意味的に不適)。④はif we had had their assistance「もし彼らの援助があれば」が元の形で，そこから倒置によるifの省略をしたもの。これを選べば文意も通るので④が正解。

解答 ④「彼らの援助があれば，もっとよい橋が造れたことだったろうに」

例題 7

(1)と(2)がほぼ同じ意味になるように，空所に適当な語を入れよ。

(1) I'm sorry you didn't let me know the news.

(2) I wish you (　　) (　　) me know the news.

CHECK! 〈I wish + S + 仮定法〉「～だったらなあ」

解説 「私に知らせてくれなかったのは残念だ」=「私に知らせてくれていたらなあ」と考える。そして，これは「過去」の話なので仮定法過去完了にする。

解答 had, let「(1) あなたが私にそのニュースを知らせてくれなかったのは残念だ。／(2) あなたが私にそのニュースを知らせてくれていたらなあ」

例題 8

次の文の空所に入る最も適当なものを1つ選び，番号で答えよ。

It is high time you (　　) a new enterprise.

① start　② started　③ will start

④ will have started

CHECK! 〈It is time + S + 仮定法過去〉「もう～してよいころだ」

解説 〈It is time + S + 仮定法過去〉に当てはめると，過去形の②が正解とわかる。このhighは「もうとっくに」という感じを出す。

解答 ②「君は新しい事業を始めてもよい時期だ」

例題 9

(1)と(2)がほぼ同じ意味になるように，空所に適当な語を入れよ。

(1) But for your timely rescue, the child would have been drowned.

(2) If (　　) had not been (　　) your timely rescue, the child would have been drowned.

CHECK! if it were not for ～ = but for ～「～がなければ」

解説 「～がなければ」の書き換え問題である。

解答 it, for「君がタイミングよく助けなかったら，その子は溺れていたことだろう」

文法・語法 不定詞

ポイント

1 It is＋形容詞＋of__ to～

●基本形●

It is + 形容詞 + of__ to～ = __is + 形容詞 + to～「～するとは__は…だ」

◆不定詞の意味上の主語は “for__” が基本

It is necessary for me to study French everyday.

(私はフランス語を毎日勉強する必要がある)

上の例文では，for meがなければto studyの意味上の主語がなくなり，一般的なことを述べているにすぎない文になる。

◆of か for か

〈It is + 形容詞 + for__ to～〉「__が～することは…だ」が行為に対する客観的評価を表すのに対し，〈It is + 形容詞 + of__ to～〉は行為を行った人に対する，話者の主観的評価・判断を表す。したがって，“of__” の前には，人の性質・人柄などを表す形容詞がくるという点が重要である。一方，“for__” の前には，行為の性質を表す形容詞がくる。

It is impossible for him to solve the problem.

(彼がこの問題を解くことは難しい)

It is kind of you to give me the book.

(本をくれるとはあなたは親切だ→本をくださってありがとう)

例題 1

次の文の空所に入る最も適当なものを1つ選び，番号で答えよ。

It was careless (　　) you to forget your homework.

① for　② of　③ with　④ to

CHECK! It is + 形容詞 + of__ to～「～するとは__は…だ」

解 説　careless「不注意な」は人の性質を表す形容詞。よって〈It is + 形容詞 + of__ to～〉の構文に当てはめればよい。

解 答 ②「宿題を忘れるとは君は不注意だったね」

例題 2

次の文の空所に入る最も適当なものを1つ選び，番号で答えよ。

It is necessary (　　) this advice.

① you following　　② your following

③ of you to follow　　④ for you to follow

CHECK! 〈It is＋形容詞＋for＿ to～〉「＿が～することは…だ」

解 説 necessary「必要な」は行為の性質を表す形容詞。したがって〈It is＋形容詞＋for＿ to～〉「＿が～することは…だ」の構文の方を用いる。

解 答 ④「あなたはこの忠告に従う必要がある」

2　不定詞の形容詞的用法

●基本形●

名詞＋(for＿) to～＋前置詞「(＿が)～する／すべき／するための名詞」

◆名詞が to～に後続する前置詞の意味上の目的語になる関係

不定詞の形容詞的用法において，不定詞が前置詞を伴うため，不定詞が前置詞をぶら下げた形に見えることがある。この場合は，被修飾語の名詞が意味上で前置詞の目的語の関係になっている。

I had no house to live in.

(私には住む家がなかった)

この前置詞は一見必然性がないように思えるが，落とすと間違いになるので気をつけよう。

例題 1

次の文で誤りがあれば訂正せよ。

There weren't any passengers for us to talk to.

CHECK! 名詞＋(for＿) to～＋前置詞

解 説 この文の最後に前置詞toがあって目的語がないことに注意。この形に慣れていないと，toを落としてしまったり，toの後に余計な目的語を入れてしまったりするが，それは間違い。このto talk toは直前の名詞passengersを修飾する形容詞的用法の不定詞で，この文には文法的に悪いところはない。

解答 誤りなし 「私たちが話をできる乗客は誰もいなかった」

例題 2

(1)と(2)がほぼ同じ意味になるように，空所に適当な語を入れよ。

(1) I have no pencil with which I can write.

(2) I have no pencil (　　) write (　　).

CHECK! 名詞＋to～＋前置詞

解説 I can write with a pencilという文からの変形を考える。writeの前に空所が1つだけあることから，to writeと不定詞にするしかない。2つ目の空所に何が入るかというと，元の文でpencilは前置詞withの目的語だったのだから，〈名詞＋to～＋前置詞〉の形になるようにwithを入れればよい。

解答 to, with 「私は書くのに使う鉛筆を持っていない」

3 不定詞を含む重要構文

●基本形●

(1) 程度・結果を表す構文

① too＋形容詞・副詞＋to～「～するにはあまりにも…」(程度)・「非常に…なので～することができない」(結果)(≒so＋形容詞・副詞＋that S cannot～)

② 形容詞・副詞enough to～≒so＋形容詞・副詞＋as to～「非常に…なので～する」(結果)・「～するほど…」(程度)

(2) 目的を表す構文

in order to～＝so as to～「～するために」(≒so that S may[can, will]～)

in order not to～＝so as not to～「～しないように」(≒so that S may[can, will] not～)

例題 1

次の文の空所に入る最も適当なものを1つ選び，番号で答えよ。

The wall wasn't (　　) dogs out.

① high enough to keep　② so high as keep
③ higher than to keep　④ so high that can keep

CHECK! 形容詞・副詞＋enough to～「～するほど…」(程度)

解説 〈形容詞・副詞＋enough to～〉の基本形に当てはまる①が正解。②はasの後ろがto keep，④はthat節に主語があれば正解となりうる。

解答 ①「その壁は犬を締め出しておくには高さが足りなかった」

例題 2

次の文の空所に入る最も適当なものを1つ選び，番号で答えよ。

I'm not so stupid as (　　) its great beauty.

① deny　② to deny　③ denying　④ to denying

CHECK! so＋形容詞・副詞＋as to～「～するほど…」(程度)

解説 so stupid asの語順と選択肢を照らし合わせて，〈so＋形容詞・副詞＋as～〉の形を選べばよい。

解答 ②「私はその偉大な美を否定するほど愚かではない」

例題 3

次の文の空所に入る最も適当なものを1つ選び，番号で答えよ。

He found that the stone was too heavy (　　).

① for him to lift　② for him to lift it
③ so that he couldn't lift it　④ that he couldn't lift it

CHECK! too＋形容詞・副詞＋to～「～するにはあまりにも…」(程度)

解説 空所の直前がtoo heavyなので，〈too＋形容詞・副詞＋to～〉に合わせて①か②。一見すると他動詞lift「～を持ち上げる」の目的語itがある②がよさそうだが，itがthe stoneを受けるとすると「その石はそれを持ち上げるには重すぎる」となって，おかしい。このように，主語が意味上で不定詞の目的語になる場合はそれを置いてはならず，①が正解である。

解答 ①「彼はその石は重すぎて自分には持ち上げられないとわかった」

例題 4

次の英文の中から正しいものを1つ選べ。

① I bought a second car in order for my son to learn to drive.

② I bought a second car in order my son to learn to drive.

③ I bought a second car in order that my son to learn to drive.

④ I bought a second car so as for my son to learn to drive.

CHECK! in order to～＝so as to～「～するために」(目的)

解説 まず，③のin order thatは後ろにS＋Vがこなければならないので不可。他の3つは一応in order to～またはso as to～の形で，そこに不定詞の意味上の主語を置こうとしたもの。in order to～の場合は，原則通りfor～をto～の直前に置いてもよいが，so as to～ではそれができない。よって①が正解。

解答 ①「私は息子が車の運転を身につけられるよう2台目の車を買った」

例題 5

(1)と(2)がほぼ同じ意味になるように，空所に適当な語を入れよ。

(1) His thoughts were so complicated that we couldn't understand him.

(2) His thoughts were (　　) complicated (　　) understand.

CHECK! 〈too＋形容詞・副詞＋to～〉「非常に…なので～することができない」(結果)(≒〈so＋形容詞・副詞＋that S cannot～〉)

解説 〈too＋形容詞・副詞＋to～〉「非常に～なので…することができない」と，〈so＋形容詞・副詞＋that S cannot～〉の書き換えはあまりにも有名。ただし，(2)の〈too＋形容詞・副詞＋to～〉の文の主語が，to～の目的語も兼ねていることに注意しよう。understand themとはならないことに注目。

解答 too，to「彼の考えはあまりに複雑で理解できなかった」

例題 6

次の英文の中から正しいものを1つ選べ。

① I shut the door quietly to not wake the baby.

② I shut the door quietly not so to wake the baby.

③ I shut the door quietly so that not wake the baby.

④ I shut the door quietly so as not to wake the baby.

CHECK! so as not to～＝in order not to～「～しないように」(目的)
(≒so that S may[can, will] not～)

解説 so as to～の否定形は，so as not to～となる。これに当てはまるのは④のみ。

解答 ④「私は赤ん坊を起こさないようにドアを静かに閉めた」

4 "結果"の不定詞

●基本形●

(1) … only to～「…したがその結果～しただけだった」

(2) … never to～「…だが(その結果)二度と～しなかった」

(3) live to be～「～まで生きる」

例題 1

次の文の空所に入る最も適当なものを1つ選び，番号で答えよ。

He went out of his way to consult the well-known doctor, ( ) to fail to see him.

① but ② only ③ even ④ for

CHECK! … only to～「…したがその結果～しただけだった」

解説 前半の「わざわざ診てもらいに行った」とto fail以下の「会えない」の関係を考えると，「行った結果会えなかった」と考えるのが自然。よって，"結果"を表すonly to～にする。butやevenでは"目的"の意味になってしまうので不自然。

解答 ②「彼はわざわざ有名な医者に診てもらいに行ったが，結局会えずじまいだった」

例題 2

(1)と(2)がほぼ同じ意味になるように，空所に適当な語を入れよ。

(1) My grandmother lived until she was ninety-nine.

(2) My grandmother lived (　　) (　　) ninety-nine.

CHECK! live to be～「～まで生きる」

解 説 「99歳まで生きた」という意味なので，live to be～で表せる。

解 答 to, be 「私の祖母は99歳まで生きた」

5 完了不定詞 to have＋過去分詞

●基本形●

It seems that + S + V (現在形)⇒S seem to～

It seems that + S + V (過去形)⇒S seem to have + 過去分詞

◆時のずれを表す完了不定詞

不定詞は，単純不定詞・完了不定詞という形をとることにより，本動詞との時間的関係を表すことができる。完了不定詞(to have + 過去分詞)は，本動詞が表す「時」よりも「以前の時」を表す。

例題 1

(1)と(2)がほぼ同じ意味になるように，空所に適当な語を入れよ。

(1) It seems that he read the letter.

(2) He seems to (　　) (　　) the letter.

CHECK! It seems that + S + V (過去形)⇒S seem to have + 過去分詞

解 説 readが現在形ならreadsとなるはずなので，このreadは過去形だとわかる。すると，seemsが現在形だから，明らかに“時のずれ”がある。よって基本形通りに変形し，〈S seem to have＋過去分詞〉の形にする。

解 答 have, read 「彼はその手紙を読んだようだ」

文法・語法 動名詞

ポイント

1 動名詞を目的語にとる動詞

●基本形●

(1) 動名詞を目的語にとるが，不定詞を目的語にとらない動詞

admit, avoid, consider, deny, enjoy, escape, finish, give up, imagine, mind, miss, postpone, practice, put off, resist, stop など

(2) 目的語が動名詞か不定詞かで意味が変わる動詞

① remember ～ing「～したのを覚えている」
remember to～「忘れずに～する・～するのを覚えている」

② forget ～ing「～したのを忘れる」
forget to～「～するのを忘れる」

③ try ～ing「試しに～してみる」
try to～「～しようと(努力)する」

④ regret ～ing「～したことを後悔する・～することを残念に思う」
regret to～「残念ながら～する」

⑤ want[need] ～ing「～される必要がある」
want to～「～したい」
need to～「～する必要がある」

例題 1

次の文の空所に入る最も適当なものを1つ選び，番号で答えよ。

Would you mind (　　) the door?

① to open　② about opening　③ on opening
④ opening

CHECK! mind ～ing「～するのを嫌がる・気にする」

解説 mindが動名詞のみを目的語にとる動詞であることを知っていれば，それだけで解決。なお，Would you mind ～ing? は「～していただ

けませんか」と丁寧に依頼をする表現。

解答 ④「ドアを開けていただけませんか」

例題 2

次の文の空所に入る最も適当なものを1つ選び，番号で答えよ。

We considered (　　) but finally decided against it.

① go　② to go　③ going　④ about to go

CHECK! consider ～ing「～しようかと考える」

解説 considerは動名詞のみを目的語にとる動詞。

解答 ③「私たちは行こうかと考えたが結局やめることに決めた」

例題 3

次の文の空所に入る最も適当なものを1つ選び，番号で答えよ。

Please remember (　　) off the lights before you leave.

① turning　② to turn　③ turn　④ turned

CHECK! remember to～「忘れずに～する」

解説 rememberは目的語が動名詞か不定詞かで意味が違うので文意を考えなければいけない。ここはbefore you leave「出る前に」とあることから，「明かりを消す」のはこれから先のことだとわかる。remember～ingは「～したことを覚えている」なので不可。「忘れずに消してください」となるように，remember to～の形に当てはめる。

解答 ②「出発前に明かりを忘れずに消してください」

例題 4

次の文の空所に入る最も適当なものを1つ選び，番号で答えよ。

The boy is a bit unwell and wants (　　) after.

① for looking　② in looking　③ to look　④ looking

CHECK! want ～ing「～される必要がある」

解説 動詞がwantだからto lookと短絡的にしてはいけない。look after「～の世話をする」では「その男の子が世話をしたい」となって意味自体もおかしいし，文法的にもafterの目的語がなくて不可。一方，

want ～ingは，主語が動名詞または後続する前置詞の意味上の目的語を兼ねるので，ここにlookingを入れると「その男の子は世話をされる必要がある」となって文意が通る。

解答 ④「その男の子は少し身体が弱いので世話をしてあげる必要がある」

2 動名詞の一般的な問題

●基本形●

(1) 前置詞の目的語は動名詞　不定詞は不可

(2) 動名詞の意味上の主語…所有格／目的格＋～ing「…が～すること」

(3) 動名詞の否定形…not ～ing

(4) 完了動名詞…having＋過去分詞⇒述語動詞が表す時よりも前の事柄を表す。

例題 1

次の文の空所に入る最も適当なものを1つ選び，番号で答えよ。

We are all looking forward (　　) you and your family.

① see　② seeing　③ to see　④ to seeing

CHECK! 前置詞＋動名詞：look forward to ～ing

解説 look forward to～「～を楽しみに待つ」のtoは前置詞なので，～には名詞か動名詞がくる。したがってto seeingが正解。

解答 ④「私たちはあなたとご家族に会うのを楽しみにしています」

例題 2

次の文の空所に入る最も適当なものを1つ選び，番号で答えよ。

I don't mind leaving at six o'clock. (　　) up early.

① I used to getting　② I was used to get

③ I'm used to get　④ I'm used to getting

CHECK! 前置詞＋動名詞：be used to ～ing

解説 be used to～「～に慣れている」のtoも前置詞。よって～の位置に動名詞を使っている④が正解。

解 答 ④ 「6時に出発でもかまいません。早起きには慣れていますから」

例題 3

(1)と(2)がほぼ同じ意味になるように，空所に適当な語を入れよ。

(1) There was proof that he had cheated in the exam.

(2) There was proof of ( ) ( ) ( ) in the exam.

CHECK! 所有格／目的格＋～ing

解 説 「彼がカンニングをしたという証拠」と言うのに，(2)では前置詞ofを使って表すという問題。前置詞の後ろに続くのは動名詞だから，having cheatedとし，主語のheは動名詞の意味上の主語になるので，所有格のhisあるいは目的格のhimにしてhavingの前に置けばよい。

解 答 his[him]，having，cheated 「彼が試験でカンニングをしたという証拠があった」

3 動名詞を含む慣用構文

●基本形●

(1) It is no use[good] ～ing「～しても無駄だ」

(2) There is no～ing「～することはできない」

(3) on ～ing「～すると・～するとすぐに」

(4) be worth ～ing「～する価値がある」 ＊主語が動名詞または後続する前置詞の意味上の目的語を兼ねる。

(5) be busy (in) ～ing「～するのに忙しい」

(6) have difficulty (in) ～ing「～するのに苦労する」

(7) spend＋時間・お金など＋(in) ～ing「～して時間・お金などを費やす」

(8) feel like ～ing「～したい気がする」

(9) never[cannot] … without ～ing「…すれば必ず～する」

(10) of one's own ～ing「自分で～した」

(11) go ～ing「～しに行く」

例題 1

次の文の空所に入る最も適当なものを1つ選び，番号で答えよ。

I don't feel (　　) this morning.

① like　② like to eat　③ like eating　④ to eat

CHECK! feel like ～ing「～したい気がする」

解説 feel like ～ing「～したい気がする」を知っていれば問題ない。

解答 ③「今朝は食事をする気になれない」

例題 2

次の文の空所に入る最も適当なものを1つ選び，番号で答えよ。

This symphony is real masterpiece. I think it's worth (　　) over and over again.

① be listening to　② listening to

③ to be listened to　④ to listen to

CHECK! be worth ～ing「～する価値がある」

解説 be worth ～ing「～する価値がある」の知識だけで解決。

解答 ②「この交響曲は真の傑作だ。何度も聞く価値があると思う」

例題 3

次の文の空所に入る最も適当なものを1つ選び，番号で答えよ。

There is no (　　) spoilt children.

① satisfied　② satisfy　③ satisfying　④ satisfaction

CHECK! There is no～ing「～することはできない」

解説 There is no～ingに当てはめるだけ。他の選択肢では後のspoilt childrenとつながらない。

解答 ③「甘やかされた子どもを満足させることはできない」

例題 4

(1)と(2)がほぼ同じ意味になるように，空所に適当な語を入れよ。

(1) As soon as you become a member, you will receive a membership card.

(2) (　　)(　　)(　　)(　　), you will receive a membership card.

CHECK! on ～ing「～すると，～するとすぐに」

解説 〈as soon as＋S＋V〉は「～するとすぐに」という意味。したがって，〈on ～ing〉に書き換えられる。

解答 On, becoming, a, member 「入会するとすぐに，会員証がもらえます」

例題 5

(1)と(2)がほぼ同じ意味になるように，空所に適当な語を入れよ。

(1) He always makes a lot of mistakes when he speaks Spanish.

(2) He can't speak Spanish (　　) making a lot of mistakes.

CHECK! cannot … without ～ing「…すれば必ず～する」

解説 (1)が「彼はスペイン語を話すとき，いつも多くの間違いをする」という意味だから，〈cannot … without ～ing〉で表現できる。

解答 without 「彼はスペイン語を話すとき，いつも多くの間違いをする」

例題 6

(1)と(2)がほぼ同じ意味になるように，空所に適当な語を入れよ。

(1) Is this a picture that you have drawn by yourself?

(2) Is this a picture of your (　　)(　　)?

CHECK! of one's own ～ing「自分で～した」

解説 (1)は関係代名詞thatを用いて，「これはあなたが自分で描いた絵ですか」という意味を表している。「自分で～した」だから〈of one's own ～ing〉で書き換えられる。

解答 own, drawing 「これはあなたが自分で描いた絵ですか」

文法・語法 分詞

ポイント

1　分詞の形容詞的用法

●基本形●

(1)　名詞＋現在分詞「～している／～する名詞」

(2)　名詞＋過去分詞「～された／～される名詞」

◆名詞との関係

分詞を名詞の直前または直後に置いて，その名詞に対する修飾語として用いることができる。まず，位置が問題になるが，分詞が単独なら前，他の語句を伴えば後ろというのが原則である。

次に，現在分詞にするか過去分詞にするかだが，これは名詞との関係で決まる。つまり，意味の上で，“名詞が～する／～している”という能動関係が成立すれば現在分詞，“名詞が～される”という受動関係が成立すれば過去分詞を用いるのである。

The man <u>standing</u> over there is Mr. Sato.
(あそこに立っている人が佐藤さんです)

On the moon there are some dark places <u>called</u>“seas”.
(月には「海」と呼ばれる暗い場所がある)

例題 1

次の文の空所に入る最も適当なものを1つ選び，番号で答えよ。

This is a dog (　　) a horse.

①　resemble　　②　resembled　　③　resembling

④　to resemble

CHECK!　名詞＋現在分詞「～している／～する名詞」

解 説　resembleとa dogの関係を考えると，「犬が(馬に)似ている」という能動関係があるから，現在分詞のresemblingが正解。

解 答　③「これは馬に似ている犬だ」

例題 2

次の文の空所に入る最も適当なものを1つ選び，番号で答えよ。

There is no milk (　　) in the bottles.

① leave　② having left　③ leaving　④ left

CHECK! 名詞＋過去分詞「〜された／〜される名詞」

解 説 「ミルクが残っている」と日本語で言うことから，③leavingを選んでしまうのが典型的な間違い。leaveは「残る」ではなく，「〜を残す」という意味の他動詞。よって「ミルクが残される」という受動関係でとらえるのが正しく，過去分詞の④leftを入れなければならない。

解 答 ④「瓶にはミルクが少しも残っていない」

2 分詞構文

●基本形●

(1) 分詞構文の基本形

〜ing (現在分詞) …, S + V〜「(Sは)…して，SはVする」

〜ed (過去分詞) …, S + V〜「(Sは)…されて，SはVする」

⇒分詞の意味上の主語はSと一致。

(2) 独立分詞構文

S'＋〜ing (現在分詞) …, S + V〜「S'が…して，SはVする」

S'＋〜ed (過去分詞) …, S + V〜「S'が…されて，SはVする」

⇒分詞の意味上の主語はSと異なる。

(3) 完了形の分詞構文

(S'＋) Having＋過去分詞…, S + V〜

⇒Vが表す時よりも前の事柄を表す。

(4) 分詞構文を用いた慣用句

(S'＋) Not＋分詞…, S + V〜

⇒分詞を否定するnotは分詞の直前に置く。

(5) generally speaking「概して言うと」, talking of〜「〜と言えば」, judging from〜「〜から判断すると」など⇒意味上の主語は特定されない。

◆あいまいな分詞構文

分詞を用いてその場の状況を漠然と表し，主文につなぐ形を分詞構文という。主文との意味関係は文脈によって決まるが，接続詞を用いた副詞節と比べるとあいまいな表現で，解釈する場合に，はっきり“時”や“理由”を表すとわかるときは問題ないが，そうでない場合はあっさりつなげてしまうのがよい。

また，現在分詞か過去分詞かは，意味上の主語との関係が能動関係か受動関係かで決まる。

Looking down from the plane, I could see the east coast of the island.
(飛行機から見下ろすと，島の東岸が見えた)

Surrounded by the sea, Japan has a mild climate.
(海に囲まれていて，日本は温和な気候である)

例題 1

次の文の空所に入る最も適当なものを1つ選び，番号で答えよ。

(　　) nothing better to do, I read the paper over again.

① Has　② Had　③ Have　④ Having

CHECK! ～ing (現在分詞)…, S + V～「(Sは)…して，SはVする」

解説 Has, Had, Haveでは，後ろのI read～とつながらない。Havingを入れれば分詞構文の基本形となる。

解答 ④「他にもっとよい，することがなかったので，私は新聞を何度も読んだ」

例題 2

次の文の空所に入る最も適当なものを1つ選び，番号で答えよ。

(　　) from a distance, the building looks like an elephant.

① Seeing　② To see　③ Seen　④ Having

CHECK! ～ed (過去分詞) …, S + V～「(Sは)…されて，SはVする」

解説 「遠くから見ると」という日本語から，Seeingを入れてはいけない。この場合，意味上の主語は文の主語に一致するからthe buildingである。すると，SeeingやHaving seeingでは「建物が見る〔見た〕」ことになっておかしい。ここでは「建物が見られる」という受動関係なので，過去分詞のSeenが正解。

解答 ③「遠くから見ると，その建物はゾウのように見える」

例題 3

次の文の空所に入る最も適当なものを1つ選び，番号で答えよ。

The car (　　), Mary went on to trim the shrubs.

① washing　② washes　③ wash　④ washed

CHECK! S'+～ed (過去分詞) …, S + V～「S'が…されて，SはVする」

解説 ①か④で分詞構文にするのだが，この場合，意味上の主語は直前に置かれているThe carである。そこで，「車が洗われる」の受動関係となり，過去分詞の④washedが正解。

解答 ④「車を洗って，メアリーは生け垣の手入れにとりかかった」

例題 4

次の文の空所に入る最も適当なものを1つ選び，番号で答えよ。

(　　) my homework, I finally could watch television.

① Being done　② Doing　③ Had done

④ Having done

CHECK! (S'+) Having＋過去分詞…, S + V～

解説 まず③は論外。①の受身もあり得ない。②Doingでは「宿題をやりながら」というような意味にとられかねない。よって，④Having doneを選ぶ。これなら，時の前後関係がはっきりする。

解答 ④「宿題をやって，私はやっとテレビを見ることができた」

例題 5

次の文の空所に入る最も適当なものを1つ選び，番号で答えよ。

Alice, (　　) where to find the book, asked her mother where it was.

① not to know　　② never to know

③ with no knowledge　　④ not knowing

CHECK! Not + 分詞…, S + V～

解説 ①や②の不定詞では“目的”の意味にしかとれないので，文意が通らない。③では意味不明。④not knowingは，位置が文中ではあるが，分詞構文の否定形通りで，全く問題ない。

解答 ④「アリスは，どこにその本があるのかわからなくて，母親に場所を尋ねた」

例題 6

次の文の空所に入る最も適当なものを1つ選び，番号で答えよ。

(　　) in haste, the pamphlet has many misprints.

① Printing　② Printed　③ Be printed

CHECK! 〈～ed (過去分詞) …, S + V〉「(Sは)…されて，SはVする」

解説 意味上の主語はthe pamphlet。そこで「パンフレットが印刷される」という受動関係を押さえて，過去分詞のPrintedを選べばよい。

解答 ②「急いで印刷したので，そのパンフレットにはたくさんの誤植がある」

例題 7

次の文の空所に入る最も適当なものを1つ選び，番号で答えよ。

(　　) in an easy style, the new book is well adapted for beginners.

① Having written　② Writing　③ Written

④ To write

CHECK! 〈～ed (過去分詞) …, S + V～〉「(Sは)…されて，SはVする」

解説 意味上の主語はthe new bookだから，「本が書かれる」という受動関係でないとおかしい。正解は過去分詞のWritten。

解答 ③「やさしい文体で書かれているので，その新しい本は初心者向きだ」

例題 8

次の文の空所に入る最も適当なものを1つ選び，番号で答えよ。

All things (　　), he did well.

① consideration　② considered　③ considering

④ to consider

CHECK! 分詞構文を用いた慣用句：all things considered「あらゆることを考慮すると」

解 説　独立分詞構文の形。前のAll thingsが意味上の主語になるから,「すべてのことが考慮される」という受動関係が成立。したがって過去分詞のconsideredを入れる。

解 答　②「あらゆることを考慮すると，彼はよくやった」

文法・語法 接続詞

ポイント

1　時に関する重要表現

●基本形●

(1)　～するとすぐに

①　as soon as + S + V～ = the moment + S + V～「SがVするとすぐに」

②　S + had hardly[scarcely] + 過去分詞～when[before] S' + 過去形…
= S + had no sooner + 過去分詞～than S' + 過去形…
「Sが～するとすぐにS'は…した」

(2)　It will not be long before + S + V～「まもなくSはVするだろう」
It was not long before + S + V～「まもなくSはVした」

(3)　by the time + S + V～「SがVするまでに(は)」

(4)　since + S + V～「SがVして以来」

(5)　once + S + V～「いったんSがVすると」

例題 1

次の文の空所に入る最も適当なものを1つ選び，番号で答えよ。

We had hardly started (　　) it began to rain.

①　after　　②　since　　③　as　　④　before

CHECK!　S + had hardly + 過去分詞～before S' + 過去形…「Sが～するとすぐにS'は…した」

解説　hardlyと動詞の過去完了形に注目して，「～するとすぐに」の基本形に合わせてbeforeを入れればいい。

解答　④「私たちが出発するとすぐに雨が降りだした」

例題 2

次の文の空所に入る最も適当なものを1つ選び，番号で答えよ。

It won't be long (　　).

① before spring comes　② that spring will come
③ till spring will come　④ when spring comes

CHECK! It will not be long before + S + V～「まもなくSはVするだろう」

解説 〈It will not be long before + S + V～〉に当てはめるだけの問題。他の選択肢では意味がとれない。

解答 ①「まもなく春がくるだろう」

例題 3

次の文の空所に入る最も適当なものを1つ選び，番号で答えよ。

Luckily, I have never been ill (　　) poverty came in at my door.

① before　② since　③ when　④ till

CHECK! since + S + V～「SがVして以来」

解説 主節の動詞が現在完了，空所の後の動詞が過去形であることに注意。beforeやwhenやtillではこの時制の関係に矛盾してしまう。sinceなら“過去のある時以来現在まで”という関係でうまくつながる。

解答 ②「幸いにも，家が貧乏になってから私は病気一つしていません」

2　理由に関する重要表現

●基本形●

(1) becauseのほかに，since, asも理由を表すことがある。
(2) not … because + S + V「～だからといって…ではない」
(3) now that + S + V「今や(もう)～なので」

例題 1

次の文の空所に入る最も適当なものを1つ選び，番号で答えよ。

Don't give up (　　) it is difficult.

① at　② because　③ that　④ so

CHECK! not … because + S + V「～だからといって…ではない」

解説 atは前置詞だから論外。また，thatやsoでは前後がつながらない。そこでbecauseを使うのだが，ここでは前のnotと呼応して，「～だからといって…ではない」という意味になる。

解答 ②「難しいからといってあきらめてはいけない」

例題 2

次の文の空所に入る最も適当なものを1つ選び，番号で答えよ。

(　　) he was late, he could not take the test.

① Though　② Regardless　③ Due to　④ Since

CHECK! 理由を表すsince

解説 regardlessとdue toは接続詞ではないからまず消去。またthough「～だけれども」では「遅れたけれどもテストを受けられなかった」となりおかしい。一方，sinceは「～以来」だけでなく「～なので」と理由を表すこともあるので，これが正解となる。

解答 ④「彼は遅刻したのでテストを受けられなかった」

3　目的を表す重要表現

●基本形●

(1) so that + S + may[can, will] + V～「～するように」

(2) for fear (that) + S + V「～しないように・～するといけないから」

(3) lest + S + (should) 原形「～しないように・～するといけないから」

(4) in case + S + V「～の場合に備えて・～するといけないから」

例題 1

次の文の空所に入る最も適当なものを1つ選び，番号で答えよ。

Albert hid the letter under the carpet (　　) they wouldn't find it.

① that　② in order　③ so that　④ unless

CHECK! so that + S + will not + V～「～しないように」

解説 「手紙を隠した」のは「彼らが見つけないようにするため」だと考えるのが自然。そこで基本形通りにすればよい。so thatの構文では中で使われる助動詞も一つの目安になる。なお，②はin order thatとなっていれば正解。

解答 ③「アルバートはその手紙を，彼らに見つからないようにじゅうたんの下に隠した」

例題 2

日本文とほぼ同じ意味になるように，空所に適当な語を入れよ。

彼らは立ち聞きされるといけないから低い声で話した。

They talked in low tones for (　　) they should be overheard.

CHECK! for fear (that) + S + V「～するといけないから」

解説 「～といけないから」という日本文から基本形を思い浮かべ，直前のforに注目して，〈for fear (that) + S + V〉の形にする。

解答 fear

4　結果を表す重要表現

●基本形●

(1)　so＋形容詞・副詞＋that S＋V

①「とても…なので～する」(結果)

②「～するほど…」(程度)

(2)　such＋名詞＋that S＋V

①「大変な…なので～する」(結果)

②「～するほどの…」(程度)

例題 1

次の文の下線部のうち誤っているものを1つ選び，番号で答えよ。

The boy looked ①<u>very funny</u> that ②<u>I couldn't</u> ③<u>help laughing</u> ④<u>at him</u>.

CHECK! so＋形容詞・副詞＋that S＋V「とても…なので～する」(結果)

解説 このままでは接続詞thatの働きが不明。①のveryをsoにして，〈so

＋形容詞・副詞＋that S＋V〉の基本形にすれば文意も通って解決。

解答 ①「その少年はとてもこっけいに見えたので，私は彼を笑わずにはいられなかった」

例題 2

次の文の空所に入る最も適当なものを1つ選び，番号で答えよ。

It was (　　) a hard test that we did not have time to finish.

① so　② great　③ such　④ much

CHECK! such＋名詞＋that S＋V「大変な…なので～する」(結果)

解説 後ろに接続詞thatがあるので，greatやmuchでは前後がつながらない。そこでsoかsuchだが，空所の直後がa hard testとなっていることに注意。soなら直後に形容詞・副詞がこないといけないので，ここでは不可。そこで〈such＋名詞＋that S＋V〉の基本形にする。

解答 ③「非常に難しいテストだったので，私たちは最後までやる時間がなかった」

5　譲歩を表す重要表現

●基本形●

(1) though[although]＋S＋V「～だけれども」

(2) 形容詞・副詞＋as＋S＋V「～だけれども」　＊asの代わりにthoughを置くこともある。

(3) even if[though]＋S＋V「たとえ～しても」　＊ifだけでもこの意味になることがある。

(4) whether＋S＋V　＊or notとともに使われることがある。

① 「～しようとしまいと」(譲歩)

② 「～するかどうか」(名詞節)

(5) while＋S＋V

① 「～する間」　② 「～するけれども」　③ 「一方～」

例題 1

(1)と(2)がほぼ同じ意味になるように，空所に適当な語を入れよ。

(1) In spite of his hard work, he remained poor.

(2) (　　) he worked hard, he remained poor.

CHECK! though[although] + S + V「〜だけれども」

解 説 in spite of〜は「〜にもかかわらず」という意味の群前置詞。「懸命に仕事をしたにもかかわらず」ということは，「懸命に働いたけれども」とできる。したがって譲歩の接続詞thoughまたはalthoughを入れればよい。

解 答 Though[Although] 「彼は懸命に働いたけれども，貧しいままだった」

例題 2

(1)と(2)がほぼ同じ意味になるように，空所に適当な語を入れよ。

(1) Her sorrow was very deep, but she became calm in the end.

(2) Deep (　　) her sorrow was, she became calm in the end.

CHECK! 形容詞 + as + S + V「〜だけれども」

解 説 形容詞deepが文頭に出ていることがポイント。(1)が「彼女の悲しみは深かったが〜」となっていることも合わせて考えると，〈形容詞 + as + S + V〉の形に当てはめる以外にない。

解 答 as「彼女の悲しみは深かったけれども，結局は心が落ち着いた」

例題 3

空所に適当な語を入れよ。

You will have to do it, (　　) you like it (　　) not.

CHECK! whether + S + V + or not「〜しようとしまいと」(譲歩)

解 説 最後にnotがあることに注目。これはwhether〜or notの形にするしか使いようがない。そうすると「好もうと好むまいと，それをしなければならない」という意味になって文意が通る。

解 答 whether, or「好むと好まざるとにかかわらず，君はそれをしなければならない」

6 その他の注意すべき表現

●基本形●

(1) 命令文，and～「…しなさい。そうすれば～」
命令文，or～「…しなさい。さもなければ～」

(2) thatの重要な用法
① 名詞＋that S＋V「～するという名詞」
② in that S＋V「～という点において」「～なので」
③ except that S＋V「～という点を除いて」

(3) unless S＋V「～でない限り」

(4) as[so] far as S＋V「～する範囲内では」⇒「～する限り」
as[so] long as S＋V「～する時間内では」⇒「～する限り」「～さえすれば」

(5) 接続詞asの注意すべき用法
①「～しながら・するにつれて」
②「～するように・～する通りに」
③ as＋S＋be「Sのあるがままに」

例題 1

次の文の空所に入る最も適当なものを1つ選び，番号で答えよ。

(　　) I know, he is very intelligent.

① As far as　　② Although　　③ If

CHECK! as far as S＋V「～する限り」

解説 althoughやifでは意味が通らない。as far as S＋Vにすれば「私の知る限り」となる。

解答 ①「私の知る限り，彼はとても知的です」

例題 2

(1)と(2)がほぼ同じ意味になるように，空所に適当な語を入れよ。

(1) Hurry, or you will be late.

(2) (　　) you hurry, you will be late.

CHECK! 命令文，or～「…しなさい。さもなければ～」

unless S + V「～でない限り」

解説 (1)は〈命令文，or～〉の形。「…しなさい。さもなければ～」ということは「…しない限り～」と読み換え可能。したがってunlessを用いる。

解答 Unless「急がないと遅れるよ」

例題 3

空所に適当な語を入れよ。

The belief is commonly held (　　) cancer is incurable disease.

CHECK! 名詞 + that S + V「～するという名詞」(同格のthat)

解説 主文「その考えは一般に広く信じられている」だけだと，独立した一文としては意味を成さない。The beliefという抽象名詞の内容を具体的に示す必要があり，そういう場合に同格のthatを用いて，「that以下の考え」として説明することができる。that以下の情報に大きな重点が置かれている場合，しばしば問題文のように同格節(that以下)が後置され，説明対象の名詞から離れて置かれる点に注意。

解答 that 「癌は治療不可能だという考えが一般に信じられている」

例題 4

次の文の空所に入る最も適当なものを1つ選び，番号で答えよ。

Human beings differ from animals (　　) they can speak and laugh.

① in that　② so that　③ by which　④ for fear

CHECK! in that + S + V「～という点において」「～なので」

解説 so thatやfor fearの「目的」構文は明らかにおかしい。また，by whichは先行詞がないから不適。〈in that + S + V〉の形にすれば，「言葉を使い笑うという点で人間と動物は異なる」という意味になる。

解答 ① 「言葉を使い笑うという点で人間と動物は異なる」

例題 5

次の文の空所に入る最も適当なものを1つ選び，番号で答えよ。

One of the basic concepts of architecture is the idea (　　) buildings should fit into their surroundings.

① by which　② that　③ of　④ and

CHECK! 〈名詞 + that + S + V〉「～するという名詞」(同格のthat)

解説 同格のthatを使えば,「建物は周囲にとけ込むべきだという考え」となり, 文意が通る。

解答 ②「建築の基本概念の1つは, 建物は周囲にとけ込むべきだという考えである」

例題6

次の文で誤りがあれば訂正せよ。

I don't care if we have to stand here all afternoon, as far as we get to see Princess Diana when she comes out.

CHECK! 〈as[so] long as + S + V〉「～する時間内では」→「～する限り」「～しさえすれば」

解説 as far as we get to see ～「～が見える範囲内では」では不自然。「見えさえすれば, ずっと立っていなければならないとしてもかまわない」となるように, as long asを用いるのが正しい。

解答 as far as→as long as 「ダイアナ妃が出てきたときに見えさえすれば, 私たちは午後ずっとここに立っていなければならないとしてもかまわない」

例題7

次の文の空所に入る最も適当なものを1つ選び, 番号で答えよ。

As far as ( ), the cost of the repair is not my responsibility.

① my concerning　② I concern

③ I concern myself　④ I am concerned

CHECK! 〈as[so] far as + S + V〉「～する範囲内では」→「～する限り」

解説 as far as S is concerned「Sに関する限り」という慣用表現である。

解答 ④「私に関する限り, その修理代は払う必要はない」

例題 8

次の文の空所に入る最も適当なものを1つ選び，番号で答えよ。

He is as lazy as you are, (　　) he gets up a little earlier than you.

① and that　② except that　③ in that　④ on that

CHECK! 〈except that ＋S＋V〉「～という点を除いて」

解 説　except that を選べば，「彼が君より少し早く起きるという点を除いて」となり，文意が通る。

解 答　②「君より少し早起きだという点以外は，彼は君と同じくらい怠惰だ」

例題 9

次の英文の空所に適当な語を入れよ。

We are rarely able to see those who are very close to us (　　) they really are.

CHECK! 〈as＋S＋be〉「Sのあるがままに」

解 説　as they really areは「ありのままに」という副詞節で，文の動詞seeを修飾している。

解 答　as「私たちは，自分の非常に身近な人たちをありのままに見ることがめったにできない」

例題 10

次の日本文とほぼ同じ意味になるように，空所に入る最も適当な語を選べ。

彼が私たちの申し出を拒否したことは，私たちには非常な驚きでした。

(　　) he refused our proposal was a real surprise to us.

① If　② That　③ What　④ Which

CHECK! thatは名詞節を導いて，「～ということ」という意味を表す。

解 説　文の構造を確認すると，he refusedというS＋Vがあり，さらに動詞wasがある。このままではwasに対する主語がないので，空所に入るのは，proposalまでをwasの主語となる名詞節にまとめる働きをするものでなければならない。しがたって，名詞節を導く接続詞のthatが正解。

関係代名詞whatも名詞節を導くが，ここではwhat (= the thing which, that which)自体の働き場がないので不適切。

解答 ②

例題 11

次の文の空所に入る最も適当なものを1つ選び，番号で答えよ。

I never saw Brandon again, (　　) was a pity.

① which　② what　③ whom　④ who

CHECK! S + V～，which + V～

解説 前に人名があるからといってwhoを選んではいけない。a pityは「残念なこと」だから，人間が主語ではおかしい。「二度と会わなかった」ことが残念だ，と考えて，主節の全部を先行詞にするwhichを選ぶ。

解答 ①「私はブランドンに二度と会わなかったが，それは残念なことだった」

例題 12

次の文の空所に入る最も適当なものを1つ選び，番号で答えよ。

(　　) is often the case with geniuses, he often forgets the day of the month.

① Which　② Such　③ So　④ As

CHECK! as is often the case with～「～にはよくあることだが」

解説 カンマをはさんで節が2つ並んでおり，前の文ではisの主語になるものが必要な点で，関係詞節が前に出て前の文を導いている形と判断できるので，①か④の選択になる。問題文の場合は関係代名詞asの非制限用法で，asは後ろの文he often forgets…を受け，「それはよくあることなのだが,」と，主節に短いコメントをつける働きをしている。この働きはas特有のものでwhichにはないものであると同時に，whichは前の文しか受けることが出来ないので文頭に出ているこのようなケースでは使用できない。

解答 ④「天才にはよくあることだが，彼はしょっちゅう日付を忘れる」

例題 13

次の文で誤りがあれば訂正せよ。

We should read such books that will help us.

CHECK! such + 名詞 + as (+ S) + V～「(Sが)Vするような名詞」

解 説 先行詞にsuchがついているときの関係代名詞はas。なおsuch ～ that + S + Vの構文は，主として形容詞のついた名詞をsuchで強調し，従属接続詞that以下に結果を記して因果関係を表現するもので，問題文にはあてはまらない。

解 答 that → as 「私たちは自分の助けになるような本を読むべきだ」

文法・語法 関係詞

ポイント

1 関係代名詞の基本

●基本形●

(1) 主格who, which, that

① 先行詞＋who/which/that＋V～

＊whoは先行詞が「人」，whichは先行詞が「人以外」，thatは両方OK。

② 先行詞＋who/which/that＋[S＋V]＋V～

③ 先行詞(＋that)＋S＋be

(2) 所有格whose

先行詞＋whose＋名詞(＋S)＋be

(3) 目的格whom, which, that

① 先行詞＋whom/which/that＋S＋V～

＊whomは先行詞が「人」，whichは先行詞が「人以外」，thatは両方OK。

② 先行詞＋S＋V～ ＊①の関係代名詞を省略した形。

③ 先行詞＋前置詞＋whom/which＋S＋V～

④ 先行詞＋名詞＋前置詞＋whom/which(＋S)＋V～

◆主格の注意点

主格の関係代名詞は，自分自身のまとめる節の中で主語(S)として働く。単純な形なら問題はないが，基本形(1)の②では関係代名詞が[S＋V]の後のVに対する主語になることに注意。この場合，[S＋V]のVには「思う・言う」の類の動詞が来ることが多い。また，③のように関係代名詞が主格補語として働くときは，thatを用いる。

He came with a girl who [he said] was his cousin.
(彼は自分のいとこだという女の子と一緒に来ました)

I got a totally false impression of the sort of man (that) he is.

(私は彼の人柄について全く誤った印象を持ってしまった)

◆**所有格の注意点**

所有格whoseについては，“whose＋名詞”でセットになることが大切で，このセットが主語や目的語などの働きをすることになる。

This book is intended for the people whose ***mother tongue*** is not English.

(この本は英語を母国語としない人々向けである)

◆**目的格の注意点**

目的格の関係代名詞は，他動詞の目的語として働く場合と，前置詞の目的語として働く場合の，大きく2つに分かれる。そして，前置詞の目的語になるときは，関係代名詞を節の先頭に出す場合，“前置詞＋関係代名詞”をセットにして先頭に出す場合，“名詞＋前置詞＋関係代名詞”をセットにして先頭に出す場合の3つのケースがある。

This is the office (which) he works ***in.***

This is the office ***in*** which he works.

(ここは彼が勤めている会社です)

His room is lined with books, ***none of*** which he has read.

(彼の部屋には本が並んでいるが，彼はまだ一冊も読んでいない)

例題 1

次の文の空所に入る最も適当なものを1つ選び，番号で答えよ。

The guide (　　) was only ten years old.

① who took there　　② who took us there

③ he took us there　　④ took us there

CHECK! 先行詞(人)＋who＋V～

解説 まず④を入れると，1つの英文に“つなぎの言葉”がなく，Vも2つ(tookとwas)あるという最悪の間違いになる。③はheとThe guideとがつながらず不可。①はtookの目的語がないのでダメ。②は基本形通りで「私たちをそこへ連れて行ったガイド」となる。

解答 ② 「私たちをそこへ連れて行ったガイドはたった10歳だった」

例題 2

次の文の空所に入る最も適当なものを1つ選び，番号で答えよ。

The man (　　) wallet was stolen is a teacher.

① which　② who　③ whose　④ whom

CHECK! 先行詞＋whose＋名詞＋V～

解説 whichやwhoやwhomでは，これらの働き場がないし，直後のwalletが単数・無冠詞なのもおかしい。whoseを入れればwhose walletがセットでS，was stolenがVとなって問題ない。

解答 ③「財布を盗まれた男性は教師です」

例題 3

次の文の空所に入る最も適当なものを1つ選び，番号で答えよ。

This is Mr. Tanaka, (　　) you met last year.

① that　② what　③ which　④ whom

CHECK! 先行詞(人)＋whom＋S＋V～

解説 空所の後を見ると他動詞metがあるがその目的語がない。ということは空所に目的格を入れれば基本形に当てはまる。先行詞は人だから，whomが正解。なお，直前にコンマがあるのでthatは不可。

解答 ④「こちらは田中さんです。あなたは去年会っていますよ」

例題 4

次の文の空所に入る最も適当なものを1つ選び，番号で答えよ。

He is a famous novelist, about (　　) many books have been published.

① who　② whom　③ whose　④ that

CHECK! 先行詞(人)＋前置詞＋whom＋S＋V～

解説 空所の直前にある前置詞aboutの目的語が必要だから，whoとthatは消える。whoseを入れるとwhose many booksがセットとなるが，これをaboutの目的語とするとSがなくなってしまう。結局，目的格のwhomを入れれば基本形通りで完成する。

解答 ②「彼は有名な小説家で，彼について数多くの本が出版されている」

例題 5

次の文の下線部のうち誤っているものを1つ選び，番号で答えよ。

There are many ①species of wild flowers in North America, ②most of ③such smell ④very sweet.

CHECK! 先行詞(人以外) + 名詞 + 前置詞 + which(+ S) + V～

解 説 このままでは2組のS + Vが“つなぎの言葉”もなく並んでいる。文意から考えて，suchはwild flowersを指したいのだろうから，これを関係代名詞のwhichにしてやれば，前後がつながる。

解 答 ③「北アメリカには多くの種の野生の花があり，その大部分はとても甘い香りがする」

例題 6

次の文の空所に入る最も適当なものを1つ選び，番号で答えよ。

He made a list of all the scientists (　　) he thought were important in the nineteenth century.

① who　② whom　③ whose　④ what

CHECK! 先行詞(人) + who + S + V～

解 説 空所の後にS + Vが見えているので，うっかりすると目的格のwhomを選んでしまいがちなので注意。空所の後の構造を確認する。まずhe thoughtというS + Vがあり，さらに動詞のwereがある。このままではwereに対する主語がないので，主格の関係代名詞whoを入れ，基本形に合っていることを確かめればいい。whatでは意味をなさない。

解 答 ①「彼は19世紀において重要だと思われるすべての科学者の一覧表を作った」

例題 7

次の文の空所に入る最も適当なものを1つ選び，番号で答えよ。

The girl (　　) used to work for our company.

① you were talking to　② you were talking

③ who were talking to　④ whom you were talking

CHECK! 先行詞(人) + S + V～　＊関係代名詞の省略

解説 まず③はwhoが働き場を失っており，前置詞toの目的語もないから論外。残り3つの比較では，talkが自動詞であること，すなわち目的語をとらないことを出発点にして，そこから考えられるかがポイント。よって，②④は基本形に合わない。①は前置詞toの目的語がないように見えることが，目的格whomの省略を教えてくれる合図となる。

解答 ①「あなたが話をしていた女性は，以前私たちの会社で働いていました」

2 関係副詞

●基本形●

(1) 時を表す名詞＋when＋S＋V～

(2) 場所を表す名詞＋where＋S＋V～

(3) the reason why＋S＋V「SがVする理由」

(4) how＋S＋V～＝the way (in which/that)＋S＋V
「SがVする方法」

◆関係副詞は副詞

関係副詞によってまとめられる節が，先行詞に対する修飾語または補足説明になるという点は，関係代名詞と共通している。しかし，関係副詞は，その名が表すように副詞として働くことを忘れないこと。これは見方を変えれば，関係副詞の後に続くS＋Vのところは文法的に欠けるところがない，ということになる。

I remember the house where I was born.
(私は自分の生まれた家を覚えている)

The day when we arrived was a holiday.
(我々が到着した日は休日だった)

例題 1

次の文の空所に入る最も適当なものを1つ選び，番号で答えよ。

I would like to be a school teacher in the village (　　) I was born.

① that　② what　③ where　④ which

CHECK! 場所を表す名詞＋where＋S＋V～

解説 空所の後のI was bornには文法的に何も欠けるところがないから，関係代名詞を入れることはできない。そこで，直前の名詞villageは“場所を表す名詞”と考えられるので，関係副詞whereを選ぶ。I was born there.という文のthereが関係副詞のwhereに変わって前に出たものと見ればよい。

解答 ③「私は自分が生まれた村の教師になりたい」

例題 2

次の文の空所に入る最も適当なものを1つ選び，番号で答えよ。

Los Angels is one of the places (　　) I'd like to visit.

① where　② which　③ on which　④ to which

CHECK! 関係副詞は“副詞”

関係代名詞は“代名詞”

解説 直前のplacesを見てwhereを選び，「私が訪れたい場所」と訳して何の疑問も抱かないようではまだ理解不足。空所の後のvisitは他動詞だから，関係副詞を入れるとvisitの目的語がないままになってしまう。つまり，visitの目的語になるものを入れなければならないので，目的格の関係代名詞whichが正解。

解答 ②「ロサンゼルスは私の行きたい場所の1つです」

例題 3

日本文とほぼ同じ意味になるように，空所に適当な語を入れよ。

ここではそんなやり方はしません。

This is not (　　) (　　) we do things here.

CHECK! the way＋S＋V～「SがVする方法」

解説 与えられた日本文と英文の形から，「これは私たちがここで物事をするやり方ではない」と考える。空所が1つならhowだが，ここでは2つなのでthe wayを入れれば基本形通り。

解答 the, way

3 what

●基本形●

(1) what + V～「Vするもの〔こと〕」 ＊whatはSとして働く。

(2) what + S + V～「SがVするもの〔こと〕」

＊whatはV～のところに出てくる他動詞の目的語，前置詞の目的語，あるいは補語として働く。

(3) 関係形容詞

what + 名詞(+ S) + V～「(Sが) Vするすべての名詞」 ＊"what + 名詞" がSやOなどになる。

◆名詞節をまとめるwhat

whatは，これまでの関係詞とは少し毛色が違う。それは，whatによってまとめられるかたまりが全体で1個の名詞と同じ働きをする点である。そして関係代名詞の場合はwhat自身が，関係形容詞の場合は "what + 名詞" が，その節の中で名詞として働くのである。

What they told you is different from what they told me yesterday.
(彼らが君に言ったことは，昨日私に言ったことと違う)

He has made me what I am. (今の私があるのは彼のおかげです)

I use what little space there is.
(私はわずかなスペースをすべて使っている)

例題 1

次の文の空所に入る最も適当なものを1つ選び，番号で答えよ。

( ) seems easy at first often turns out to be difficult.

① It ② That ③ What ④ Which

CHECK! what + V～「Vするもの〔こと〕」

解説 whatを「もの・こと」と読むだけで処理していると，特に接続詞のthatとの区別が曖昧になる。この問題では，まず空所直後の動詞seemsに対する主語が必要であり，次に，その後にあるturns (out) に対する主語もなければならない。この2つの条件を満たすのはwhatしかない。接続詞thatは名詞節をまとめるだけで，節の中では何もしない。

解 答 ③「最初は簡単に見えることが後で難しいとわかることがよくある」

例題 2

次の文の空所に入る最も適当なものを1つ選び，番号で答えよ。

This conclusion is based on a misunderstanding (　　) makes people good.

① about what　② all that　③ that which　④ to whom

CHECK! what + V～「Vするもの〔こと〕」

解 説 空所の直後だけを見ているとall that，that whichもあり得るが，これではallやthatがこの文の中で働かない。about whatならば，what ～goodが名詞節で前置詞aboutの目的語となり，what自身はmakesの主語になるので，すべての語が働きを持つことになり，①が正解。

解 答 ①「この結論は，人々をよくするものについての誤解に基づいている」

例題 3

次の文の空所に入る最も適当なものを1つ選び，番号で答えよ。

The facts of nature are (　　) they are, but we can only view them through spectacles of our mind.

① so　② which　③ what　④ that

CHECK! what + S + V～「SがVするもの〔こと〕」

解 説 文意をとって考えようとすると非常に難しい問題。こんなときこそ形にこだわることが大切。まず，前のareに続く補語が必要であること，次に，後の動詞がareだから，この補語もないといけないこと，この2つを同時に解決してくれるものは何かと考える。するとwhat以外ではどちらか一方しかやってくれないのに対し，whatを入れると，what they are全体が名詞節で前のareに続く補語となり，what自身はthey areというS + Vに対する補語として働いてくれる。

解 答 ③「自然の事実はその通りの姿であるが，我々は自分の心の色眼鏡を通してしかそれを見られない」

4　注意すべきas, whichの用法

●基本形●

(1)　as

①　such + 名詞 + as(+ S) + V～「(Sが) Vするような名詞」

②　the same + 名詞 + as[that](+ S) + V～「(Sが) Vするのと同じ名詞」

③　as is often the case with～「～にはよくあることだが」

＊ asは主節の全部または一部を先行詞にする関係代名詞。

(2)　which

主節の全部または一部を先行詞にする関係代名詞。

⇒S + V～，which (+ S) + V～

◆asの使いどころ

先行詞にsuch, the sameがつくと，関係代名詞asが用いられる。The sameの場合，asを使うと同種のものを表し，thatを使うと同一のものを表すと言われるが，実際にはそれほど厳密な区別はない。

I have never heard such stories as he tells.

(彼が言うような話は聞いたことがない)

This is the same watch as I lost.

(これは私がなくしたのと同じ時計だ)

また，asには主節の全部または一部を先行詞にする用法がある。

As is usual with old people, my grandfather gets up very early.

(老人には珍しくないことだが，私の祖父はとても早起きだ)

As is often the case with students, they borrow each other's notebooks.

(学生には良くあることだが，彼らはノートの貸し借りをしている)

◆コンマの後のwhichには要注意

関係代名詞のwhichがコンマの後に置かれて，主節の全部または一部を先行詞にする場合がある。asにも同様の用法があるが，asは位置が比較的自由で挿入的に用いられるのに対し，whichは必ず主節の後という特徴がある。また，このwhichが関係形容詞として用いられることもあ

る。

I tried to get out of the business, which I found impossible.

(私は仕事をやめようとしたが，それは不可能だとわかった)

I was told to go there not by train but on foot, which advice I followed.

(私は列車でなく徒歩で行くように言われ，その忠告にしたがった)

例題 1

次の文の空所に入る最も適当なものを1つ選び，番号で答えよ。

There are few places downtown for parking, (　　) is really a problem.

① what　② where　③ which　④ who

CHECK! S + V～，which + V～

解説 空所の直後が動詞isなので主格の関係代名詞を入れることになるが，whatではこれを導く名詞節の働き場がなく，whoは前に人を表す名詞がないのでいずれも無理。結局whichが正解で，このwhichは主節全部を先行詞としている。

解答 ③「繁華街には駐車する場所が少なく，これは本当に問題だ」

例題 2

次の文の空所に入る最も適当なものを1つ選び，番号で答えよ。

(　　) is usual with young people nowadays, he can't do without comics.

① Such　② As　③ Like　④ So

CHECK! as is usual with～「～には普通のことだが」

解説 コンマをはさんで2組S + Vがあるから“つなぎ言葉”が必要で，しかもisの主語になるものだから，関係代名詞のas以外にない。とはいえ，as is usual with～を知っていれば苦もなく正解が得られる。

解答 ②「近ごろの若者には普通のことだが，彼はマンガなしではやっていけない」

第 2 章

英作文

英作文 和文英訳

ポイント

和文英訳では「日本文化」，そして「英語教育」といったトピックを扱ったものが目立つ。「日本文化」に関連した和文英訳では，日本語でよく聞く慣例的な言い回しを英語でいかに表現するかが問われるため，英語で書かれた日本文化案内や観光ガイドなどを精読しておくとよい。英文法や構文の知識を問うオーソドックスな和文英訳問題では，着実に出題者が狙う構文を使って文章作りをすることが大切。また「英語教育」に関する英訳では，日本語をそのまま英語にしようとせずに，平易な英語に直して考えるトレーニングを重ねることが有効だ。

例題 1

次の(1)，(2)の日本文を，それぞれ適切な英文に書きかえよ。

Nowadays, many people have come to recognize that it is very important for foreigners to understand another country's culture if they would stay long and enjoy their lives. Here, let me talk about one of cultural things in Japan. (1)「お正月が，おそらく伝統的な日本の暦の中で最も重要な行事のひとつであることは疑いの余地のないところです。」Preparations start before New Year's Day. (2)「人々は，やりかけの仕事はやり遂げ，仕事場をきれいにすることになっています。」The idea is that New Year's Day should be a clean break from the last year.

CHECK! まずは和文をよく読み，文脈に合った英語の構文が思い浮かべられるようにすることが大切。例題1では，和文が翻訳調であるため英文を思い起こしやすい。

解答例

(1) There is no doubt that New Year is one of the most important events in the traditional Japanese calendar.

(2) People ought to finish the work in hand, and clean their

workplaces.

解説

(1)では，日本文に沿って「最も重要な行事のひとつ」「疑いの余地のない」を使った英文を作成するのが最も堅実な方法。doubtの後は必ずthatで文をつなぐこと。ifやwhetherを使わないように注意。「疑いの余地のない」を「確かである」と考え，It is certain that ～としてもよい。「お正月」は，文脈から考えて「新年の行事」を指しているのでNew Yearとする。特に元日(1月1日)を指す場合はNew Year's Day，大晦日はNew Year's Eve，正月休みはNew Year's holidaysとして覚えておくと便利。

(2)では，「することになっています」をうまく英語にするのがポイント。解答例では「～するのが当然のこととされている」といったニュアンスをought toで表現している。ought toは，should よりもやや強く，mustよりはやや弱い意味合いを持つ。またbe expected to，あるいはやや口語的になるがbe supposed toを使って「することになっている」と表現することもできる。「きれいにする」は，cleanが最も広く使える言葉。拭き掃除などを含め「清掃」を意味する。「整頓する」という意味合いでput in orderを使うこともできる。(2)におけるほかの解答例としては，People are expected to complete their work, and put their workplaces in order.など。

例題2

次の日本文を，英訳せよ。

「2月に行われる節分は日本の伝統的な年中行事のひとつです。人々は，邪気を払い，福を呼び込むために，寺や神社，家などで豆まきの儀式を行います。節分は日本中で行われますが，国民の祝日ではありません。」

CHECK! 「～するために」を見て不定詞の構文を思い浮かべられるようにする。また「邪気を払う」「福を呼び込む」など日本語で耳慣れた表現をいかにシンプルな英語に書き換えられるかが重要となる。

解答例

Setsubun held in February is one of the traditional annual events in Japan. People perform a ritual of bean-throwing at temples, shrines and at home to chase away evil spirits and invite fortune. This ritual is performed across the country, but Setsubun is not a national holiday.

解説

「邪気を払う」は，「悪いものを追い出す」のように簡単な日本語に言い換えて考えるのがコツ。たとえばevil spirits以外にもmisfortune, bad luckなどを使うこともできる。反対に「福を呼び込む」については「良いものを招く」と考えて，fortuneのほかにhappiness，good luckなどを使ってもよい。「儀式を行う」は，ほかにpractice a ceremonyと表現することも可。日本の年中行事や習慣に関する出題は多いので，traditional(伝統的)，annual event(年中行事)，a national holiday(国民の祝日)などの頻出語句を使った文章作りに慣れておくとよい。

例題 3

次の日本文を，英訳せよ。

「日本人は大晦日に年越しそばを食べ，長寿を祈願します」

CHECK! 「～を祈願する」の言い回しは，日本の年中行事を取り上げた和文英訳・自由英作文で頻出するので，押さえておくこと。

解答例

On New Year's Eve, people in Japan eat toshikoshi-soba, a buckwheat noodle dish, and pray for longevity.

解説

長寿はlongevity。あるいはlong lifeと言い換えても可。日本の年中行事を説明する英作文問題としては，「初詣」「七夕」「七五三」「お盆」などがよく取り上げられている。「長寿」に関係するものとしては，年越しそばのほかに七五三の千歳飴がある。また祈願する内容としては「家内安全」(pray for one's health and happiness)が一般的だが，「商売繁盛」(success in business),「交通安全」(safety)なども頭に入れておくと応用がきく。また「子どもの成長を祝う」(celebrate children's growth)なども合わせて覚えておきたい。

例題 4

次の日本文を英訳せよ。

「こたつは，日本でよく見られる暖房器具である。電気ヒーターが内側についたテーブルで，テーブルは厚い布団でおおわれている」

CHECK! 「日本特有」と思われるものを英語で説明する問題は，英語圏の生活状況で何に匹敵するかを想像しながら言葉を選ぶことが大切。たとえば「布団」ならば「ブランケット」と考えるとよい。

解答例

Kotatsu is a heating device commonly found in Japan. It is a table with an electric heater attached to the inner part of the table and is covered by a thick blanket.

解説

伝統行事と並んでよく出題されるのが，日本の文化に根ざした「もの」や「習慣」，「伝統芸能・工芸」などの説明文。これまでに，衣食住に関するものでは，「畳」「着物」「赤ちょうちん」「銭湯」，習慣に関するものでは「お中元・お歳暮」，伝統芸能・工芸に関するものでは「歌舞伎」「相撲」「こけし」などの出題が見られる。書店の洋書コーナーには，英語で日本文化を説明した本が並んでいるので，一読し，どのような言い回しが使われているかを研究しておくとよい。

例題 5

次の日本文を英訳せよ。

「歌舞伎は日本の伝統的な演劇で，その起源は江戸時代にさかのぼります。すべての歌舞伎役者は男性で，何人かの役者は女性の役を演じるのを専門にしています」

CHECK! 「その起源は～にさかのぼります」という表現を身につけておきたい。

解答例

Kabuki is a traditional Japanese theater whose origin dates back to the Edo period. All the Kabuki actors are men and there are some actors who are specialized in playing female roles.

解説

「～にさかのぼる」は，dates back to～。be specialized in～で，「～を専門としている」「～に特化している」の意味。「～時代」と歴史区分を言う場合には，Heian period，Edo periodのように通常periodを使う。

例題6

次の下線部の日本文を，適切な英文に書きかえよ。

Ichi-go ichi-e literally means one time, one meeting. <u>人々はしばしばひとつひとつの出会いがいかに貴重なものであるかを思い起こすためにこのことわざを使います。</u> It is particularly associated with the Japanese tea ceremony. In tea ceremony, it means that each tea meeting is unique. The message of this proverb is "Treasure every encounter, for it will never recur."

CHECK! 日本文化を説明する問題の中には，ことわざに関する問題もある。有名なことわざは，英語で説明できるようにしておきたい。

解答例

People often use this proverb to remind themselves how precious each encounter is.

解説

一期一会の意味を英語を使って説明する際に外せないキーワードは，encounter(遭遇・出会い)。「一生に一度の出会い」= once-in-a-lifetime encounter,「今回限り」= for this time only,「またとない」= never again,「人生に一度きりのチャンス」= one chance in a lifetimeなどを知っておけば自由英作文でこのことわざに関する出題があっても強い。

例題7

[　　　　]にあてはまることわざを英語で入れよ。

「アメリカから来たALTの先生に日本のことわざを英訳して紹介したら，とても興味を持ったようだった。たとえば日本で「そんなの朝飯前さ」ということわざは，アメリカでは[　(1)　]となる。「時は金なり」は英語でもまさに[　(2)　]。この言葉は実はアメリカの政治家ベンジャミン・フランクリンが広めた格言だとか。興味深かったのは，日米でまったく逆の意味を表すことわざがあったことだ。日本では，「出る杭は打たれる」［ (3) ］というが，アメリカでは［ (4) ］(きしむ車輪に油が注がれる)。両国に住む人々の考え方の違いがことわざに現れていて大変おもしろかった。」

CHECK! よく耳にする日本語のことわざの英訳は頭に入れておくとよい。

解答

(1) It's a piece of cake.

(2) Time is money.

(3) The stake that sticks up will be pounded [hammered] down.

(4) The squeaky wheel gets the grease.

解説

日本語のことわざで英語の定訳があるものやそれに関連する有名な英語のことわざは押さえておきたい。また，たとえば，「明日は明日の風が吹く」ならTomorrow is another day.というふうに日本のことわざの意味を英語で説明できるように練習をしておくとよい。中には一石二鳥のように英語が語源のものもある。

・温故知新　Learn a lesson from the past.
・蛙の子は蛙　Like father, like son.
・猫に小判　Pearls before swine.
・習うより慣れろ　Don't learn something, but get accustomed to it.
・学問に王道なし　There is no royal road to learning.
・一石二鳥　To kill two birds with one stone.

例題 8

次の日本語を英語に直せ。

1. 私の説明でわからないところがあれば，その都度遠慮なく質問していいですよ。
2. 列車の中で，携帯電話が鳴ることほど気に障ることはない。
3. 自分の名前を好きだろうが嫌いだろうが，それは私たちのアイデンティティーの本質的な部分である。私たちはそれを一生持ち続け，そのことにある種の安らぎを覚える。結婚後も夫の名字を名乗るより元の名前を名乗りたいと思う女性がいるのも驚くべきことではない。

CHECK! 一般的な話題を取り上げた和文英訳の問題。「遠慮なく～してください」「～ほど～なものはない」「～であろうがなかろうが」「驚くべきことではない」などの決まり文句を表現する構文をしっかり押さえること。

解答例

1. Please do not hesitate to ask any questions at any time if there is anything you don't understand in my explanation.
2. Nothing is more bothering than a ringing cell phone in a train car.
3. Whether we like our own names or not, they are an essential part of our identity. We live with our names for all our lives and we feel some kind of security by doing so. It is not surprising to find a woman who wants to use her maiden name rather than her husband's family name after she has got married.

解説

1の「遠慮なく～してください」はPlease do not hesitate～とするのが一般的。英文ビジネスレターでの定型句。

2では「～ほど～なものはない」でNothing is more ～ thanの構文を使って英文を作る。「気に障る」はbotheringのほかannoyingなど。

3のポイントは「～であろうがなかろうが」を表すWhether or notを，「驚くべきことではない」はIt is not surprising to ～を使う。いわゆる「旧姓」にあたる英語はmaiden name。

和文の中に「和文英訳」の定型句や構文が見えるときは，その構文を使った文章作りを最優先するのが賢明。

例題 9

あとの日本語を英訳せよ。

1. 若い頃に受けた印象ほど鮮やかに心に残るものはない。
2. 私はこの辺りの地理には明るくない。だれか道案内をしてくれる人はいませんか。

3. あの英語指導助手はまるで日本人のように話す。日本に来てまだ1年にしかならないそうだが，今度会ったら上達の秘訣を聞いてみよう。

CHECK! これも例題8と同様，和文英訳でよく使われる構文や定型句をしっかり押さえる。「〜ほど〜なものはない」「この辺りの地理には明るくない」「まるで〜のように」に注目。

解答例

1. Nothing remains more vividly in one's mind than the impression one gets in the early days of his/her life.

2. I am a stranger here. Is there anyone who can show me the way?

3. That assistant English teacher speaks as if she were Japanese. I hear that she has been in Japan only for a year. I am going to ask her the secret of mastering the language when I see her next time.

解説

1はNothing is more 〜 thanの構文。日本語の文章の語感から一般論として語っていると受け取れるので，主語にoneあるいはweを用いて英文を考えると作文がしやすくなる。

2では，I am a stranger hereで「この辺りの地理に明るくない」の意。

3はまず「まるで〜のように」をas if を使って英訳することが大切。またas if he was Japaneseではなくwereを使うことを忘れずに。「〜だそうだ」と伝聞を表現する場合によく使われるのがI hear that 〜の文。「〜の秘訣」は，the secret of 〜というのが英語の決まり文句になっている。

例題 10

次の文章中の下線部を英訳せよ。

(1) 毎年，多くのALTが来日し，各地の学校に着任する。<u>日本に来たばかりのALTの悩みの1つは，生徒に「質問は」と尋ねても，生徒が何も言わないでいることである。</u>

(2) アクション・リサーチは，教員にとって自身の日々の実践を見つめなおす非常に有益な方法になりうる。それは，ふつう教員の教室での実践を改善させるという理念のもとに行われる。<u>この種のリサーチで</u>

は，教員がこれまで悩まされてきた問題を，計画・実行・観察・改善の過程に踏み込んで検証することが要求される。

CHECK! 「悩み」「悩まされてきた問題」というフレーズを「悩む」という日本語にとらわれすぎずに英文にすることができれば，全体の文章を組み立てやすくなる。

解答例

(1) One of the difficulties that newly arrived ALTs face is that the students would not respond to their teacher when they are asked if they have any questions.

(2) In this type of research, teachers are required to investigate the problem which has been at issue by looking closely into the process of planning, implementation, observation and improvement.

解説

(1)では，ALTの「悩み」は，「ALTが直面する困難」と考えてみるとよい。またdifficultiesのほかに，problemsあるいはよりシンプルにthingsという言葉を選択することも可能。またface(直面する)以外には，trouble(手を煩わせる)，confuse(困惑させる)，puzzle(当惑させる)という言葉を考えてみることもできる。「生徒が先生に応答しない」ことが悩みであるという形になっているが，「ALTが生徒からの応答を得られない」ことが悩みであるという書きかたもできる。いずれの場合も悩みの内容を説明するthat以下の文章での主語を明確にしてシンプルにまとめることが大切。人称代名詞が文中で混乱しないようにする必要がある。(1)の解答例としては次のようなものも挙げることができる。

One of the things which confuse ALTs who have just arrived in Japan is that they would not get any response from their students when they ask if the students have any questions.

(2)では，「教員が悩まされてきた問題」を「解決されるべき，論点となってきた問題」と解釈している。(1)のALTの悩みが文化的な違いから来る「当惑」であるのに対して，(2)では，解決の道筋を模索しているがゆえに「悩まされている」という意味で，confuseやpuzzleなどの言葉を「悩み」に相当する言葉として使うことはできない。解答例では「検証する」にinvestigateを用いているが，類語としてはexamine，study，文脈によってdetermineがあるので覚えておくと便利。また「実行」「実践」にあたる言葉としてよく使われるのがimplement(名詞形でimplementation)。ほかにpracticeやactionなども文脈によって使うことができる。解答では，計画・実行・観察・改善のプロセスの中でimprovementを「改善」にあたる言葉として使っているが，adjustment(調整)も覚えておきたい言葉。

例題 11

次の1～4の日本文を英訳せよ。

1. 生徒が知っているか，推測できる語や句から始めて，授業中はできるだけ英語を使いなさい。
2. みんなが遠慮なく自分の意見を発表できるよう，友好的で協力的な教室の雰囲気作りをしなさい。
3. 必ず，生徒が自分の能力に自信がつくようなやり方ですべての活動が行われるようにしなさい。
4. 訂正しすぎないこと，そして完璧を期待しないこと。生徒に，間違うことを恐れないよう助言しなさい。

CHECK! 命令文の形を使って英文を作る。構文よりも日本文の内容を英文で表現することを重視して取り組みたい。

解答例

1. Use English in class as much as possible, starting with words and phrases that students know or can guess.

2. Create a friendly and cooperative classroom atmosphere so that students can express their thoughts and ideas without hesitation.

3. Make sure to conduct all activities in a way that students would be able to gain confidence in their abilities.

4. Avoid correcting too much. And also avoid expecting perfection. Advise students not to be afraid of making mistakes.

解説

2では「友好的」(friendly)，「協力的」(cooperative)をそのまま英語で使うことができる。「みんなが遠慮なく自分の意見を発表できるよう」の部分については，so that everyone can feel comfortable with giving his/her opinions. なども解答例として考えられる。「遠慮なく」(without hesitation)を「安心して」(feel comfortable)としてみるなど，日本文で使われている単語だけにとらわれずに，内容に即した形で柔軟に考えたほうが，英文が出てきやすい。自分の知っている英語表現に近づくよう，まず「和文和訳」することが和文英訳のコツ。

3では「必ず」が「活動が行われるように」にかかっていると考え，解答ではMake sure to conductとしている。Be certain to doやEnsure to haveなどを用いてもよい。Alwaysという言葉を使うことも可。「～なやり方」はin a way that[which] ～で表す。

4は，Don't correct too much. Don't expect perfection. という形の文でもよい。「間違いを恐れるな」はDon't be afraid of (making) mistakes. が定型句なので覚えておくとよい。いずれの場合にも，和文英訳では，ベーシックな単語を使ったシンプルな文を作るよう心がけたい。

例題 12

次の1，2の日本文を英語に直せ。

1. 「英語が使える」ようになるためには，文法や語彙などについての知識を持っているというだけではなく，実際にコミュニケーションを目的として英語を運用する能力が必要である。
2. このため，英語の授業においては，文法訳読中心の指導や教員の一方的な授業ではなく，英語をコミュニケーションの手段として使用する活動を積み重ね，これを通して，語彙や文法などの習熟を図り，「聞く」「話す」「読む」「書く」のコミュニケーション能力の育成を計っていく指導の工夫が必要である。

CHECK! この問題の2のように，問題文の日本語の文章が長い場合には，適宜，文章を区切って英文を作るとよい。

解 答 例

1. In order to be able to "make use of English", it is necessary not only to have a knowledge of grammar and vocabulary but also the

ability to use English for the purpose of actual communication.
2. Thus, in English classes, instruction mainly based on grammar and translation or teacher-centered classes are not recommended. Through the repetition of activities making use of English as a means of communication, the learning of vocabulary and grammar should be enhanced, and communication abilities in "listening", "speaking", "reading" and "writing" should be fostered. Such techniques for instruction are necessary.

解説

文部科学省が平成15年に発表した『「英語が使える日本人」の育成のための行動計画』からの出題。解答は，英訳版からの抜粋。英語での発表に目を通していることを示す意味では，できる限り表現やフレーズの定訳を頭に入れておきたい。一方で，類似問題や「英語教育」に関する自由英作文の出題を念頭に置いた場合には，こうしたトピックの文章を自ら英訳・英作文できる英語力をつけておきたい。

その場で一から自分自身で英訳を始める場合，日本語の単語によりそった直訳英文から，内容を表現することを重視した英文作りまで，さまざまな解答例が考えられるが，1の場合は，まずnot only～ but also～の構文を使って英文を組み立てていく。「英語が使える」をそのまま英語にすればto be able to use Englishあるいは英訳版にあるようにto be able to make use of Englishとなる。同様に「実際にコミュニケーションを目的として英語を運用する能力」は，字句どおりan ability to use English for the purpose of actual communicationとすることができるだろう。

まったく自作で英訳した場合の解答例として次のようなものを挙げてみよう。

1. In order to "be proficient in English", it is necessary not only to have a good knowledge of grammar and vocabulary but also to enhance an ability to use English in practical communication.
2. Thus, in English classes, teachers need to employ an instructional approach that enables them to enhance students' communication skills in "listening", "speaking", "reading" and

"writing" while improving their grammar and vocabulary. That can be done by repetition of activities which emphasize English as a means of communication, not by grammar and translation exercises or lecture-based instructions.

Proficientは日本語では「熟達した」とされているが，English proficiency testという場合には，習熟度を測る実力テストといった意味合いでも使われる。使用例としては，He is proficient in English. He is proficient at speaking English. など。「基礎学力の向上」improve students' basic scholastic proficiency，「習熟度レベル」level of proficiencyという形でも使われている。ほかに「英語がよく使える」という意味のhave a good command of Englishといったフレーズも，覚えておくと類似の英作文問題で使うチャンスがあるかもしれない。

2では，「コミュニケーション能力の育成を図っていく指導の工夫が必要」「それは文法訳読中心の指導や教員の一方的な授業ではなく，英語をコミュニケーションの手段として使用する活動を積み重ねることによって可能となる」という形に文章を再構成して英文を作成している。文法問題や英文和訳問題などの練習問題はexercise。「教員の一方的な授業」は，「一方的に講義をする」と考えればlecture-based instruction。「学ぶ側主体の」「生徒主導の」という言葉はstudent-centered teachingと言われることから，「教員の一方的な授業」を「教える側主体の」「教員主導の」という意味でteacher-centered teachingという言葉も使える。

「～の育成を図る」「～の習熟を図る」など，英語教育に関する和文英訳では，「生徒の能力を伸ばしていく」という意味の言葉が頻出する。この種の英単語のバラエティを増やしておくことは必須。strengthen, reinforce，enhanceのほかにcultivate，fosterなど。語彙に関してはbuild upも使える。また「指導の工夫」についても，teaching method, teaching strategy，teaching approach，ideaなど内容によって言葉を選びたい。

ちなみに「英語が使える日本人」の英訳はJapanese with English Abilities。

例題 13

次の文を英訳せよ。

「英語が使える日本人」の育成は，日々子どもに接する教員の実践を通して実現されるものであり，教員の指導力のあり方は極めて重要なものである。英語をコミュニケーションの手段として使用する活動を積み重ね，これを通して，語彙や文法などの習熟を図り，「聞く」「話す」「読む」「書く」のコミュニケーション能力の育成を図っていく授業を，普段から主に英語で展開するためには，英語教員に一定の英語力及び教授力が必要となる。

CHECK! 例題12の応用編。頻出キーワードを駆使し，文章を区切って英文を練り上げよう。

解答例

Cultivating "Japanese with English Abilities" is realized through the practice of teachers who have daily contact with children. The teaching methods of such teachers are extremely important. A certain level of English ability and teaching ability is required of English teachers to conduct classes which aim to develop proficiency in terms of vocabulary and grammar through the repetition of activities where English is used as a means of communication and to foster communication abilities in "listening", "speaking", "reading" and "writing" through classes principally taught in English.

解説

『「英語が使える日本人」の育成のための行動計画』の別の箇所からの抜粋。この計画には似たような表現が多用されているので丹念に英語版を読み，使われている言い回しを自分のものにすることが大切。

例題 14

次の文を英訳せよ。

「生きる力」は「確かな学力」，「豊かな人間性」，「健やかな体」から構成され，これらの要素は独立して機能するのではなく，様々なかたちで複雑に作用し合っているのです。

CHECK! 「生きる力」をはじめとしたよく聞くキーワードを英語で頭に入れておくこと。文章そのものは難しくない。

解答例

"Zest for living" consists of "firm academic ability", "rich humanity" and "health and physical strength". These elements don't function independently but interact with one another in various complicated ways.

解説

「生きる力」はZest for livingとして訳が定着しているので必ず押さえておきたい。ほかの3つは，「学力」= academic performance, academic achievement,「豊かな人間性」= well-rounded character,「健やかな体」= healthy body, mental and physical healthなど他の言葉で英訳することも可能。「複雑に作用し合う」をaffect intricately with one anotherとすると有機的に複雑に影響しあっているというニュアンスが表現できるが，使い慣れた言葉で書けばよい。

例題 15

異なった文型を使って，次の内容を表す英文を2文ずつ書け。

① おひさしぶりです。

② その本はとてもおもしろかったです。

CHECK! 近年よく出題されている形式。「異なった文型」という条件を守りながら文法的に誤りのない文を書く。

解答例

① I haven't seen you for a long time. / How have you been?

② I found the book very interesting. / The book was very interesting (to me).

解説

① I haven't seen you for a long time. は 第3文型。How have you been? は第2文型。

② I found the book very interesting. は 第5文型。 The book was very interesting (to me). は第2文型。

ここで，英語の5文型をおさらいしておこう。

〈第1文型〉 S＋V

Birds fly. （鳥が飛ぶ）

※文の要素が主語と動詞のみの構造。

〈第2文型〉 S＋V＋C

Tom is a doctor. （トムは医者です）

※文の要素が主語と動詞と補語の構造。主語＝補語の関係が成り立つ。

〈第3文型〉 S＋V＋O

I study math. （私は数学を勉強する）

※文の要素が主語と動詞と目的語の構造。

〈第4文型〉 S＋V＋O＋O

My father gave me this book. （私の父がこの本をくれた）

※文の要素が主語と動詞と2つの目的語の構造。give，showなどの限られた動詞で用いられる。この文型は第3文型で言い換えられることが多い。My father gave me this book. はMy father gave this book to me. と言い換えられる。

〈第5文型〉 S＋V＋O＋C

The news made us sad. （その知らせは私たちを悲しませた）

※文の要素が主語と動詞と目的語と補語という構造。目的語＝補語の関係が成り立つ。make，name などの限られた動詞で用いられる。この文型は第2文型に書き換えられることが多い。The news made us sad. はWe were sad at the news. と書き換えられる。

以上の5文型を念頭におきつつ，英文を作る。注意しておきたいのは，「前置詞＋名詞」の句は，目的語ではないということである。例えば，I listen to music.(私は音楽を聞く)という文は，「を聞く」という日本語からmusicを目的語だと誤って考えてしまうことがある。しかし，「前置詞＋名詞」の句は修飾句であって，文の要素にはならない。したがって，この例文は第3文型ではなく，第1文型である。このような区別をしっかりしておかないと，書いた英文が結果的に同じ文型になってしまっているという間違いをおかすことになるので注意が必要だ。

例題 16

異なった文型を使って，次の内容を表す英文を2文ずつ書け。

① 山田さんは英語を話すのが上手です。

② そのニュースを聞いて私はびっくりしました。

解 答 例

① Mr. Yamada speaks English well. / Mr. Yamada is a good speaker of English.

② I was surprised at the news. / The news surprised me.

解 説

① Mr. Yamada speaks English well. は 第3文型。Mr. Yamada is a good speaker of English. は第2文型。

② I was surprised at the news. は 第2文型。The news surprised me. は第3文型。

例題 17

次の文章中の下線部を英訳せよ。

<u>優れた放送文化は宗教や民族の壁をも越えて人々の心をつかむ。それを生み出すことができるのは，自由な発想と高い志をもつ人と組織である</u>。NHKの改革論議も，そのような放送文化の最も大切な根幹を見失わないようにしたい。

(毎日新聞『余録』)

CHECK! この問題のように，新聞のコラムの一節を英作文させる問題がしばしば出題される。

解 答 例

Brilliant broadcasting culture attracts people regardless of their religious or ethnic background. People and organization with free-minded thinking and strong ambitions can produce such culture.

解 説

まず，日本語で一番重要な骨組みを作ってみよう。「優れた放送文化は宗教や民族の壁をも越えて人々の心をつかむ」の部分の骨組みは「優れた放送文化は人々をひきつける」である。これはBrilliant broadcasting culture attracts people.となる。次の「それを生み出すことができるのは，自由な発想と高い志をもつ人と組織である」の部分の骨組みは「人と組織がその文化を生み出す」である。これはPeople and organization can produce the culture.となる。この骨組みに，修飾的な内容を加えていけば，解答例のような英文となる。

例題 18

次の文章中の下線部を英訳せよ。

日本社会では，伝統的に，組織の意見が個人の考えよりも優先する傾向があり，いったん自分の立場が決まると個人的な意見を抑えなければならないという暗黙の規範もありました。

他方，日本よりも個人主義的な傾向の強いアングロ・サクソンの文化では，組織の意見と個人の意見は区別され，個人的見解を述べる自由が保障されていたと言うことができそうです。

(本間正人『英語で鍛えるロジカルシンキング！』)

CHECK! 日本語で書かれた抽象的な文章は長い場合が多い。英作文の際には短い文に区切った方が分かりやすい。

解答例

In the Japanese society, traditionally an organization's opinion tended to be more important than an individual thought. There was an unspoken rule that people must hold an individual opinion once their position was decided.

解説

解答例ではまず，下線部を「日本社会では，伝統的に，組織の意見が個人の考えよりも優先する傾向があった」と「いったん自分の立場が決まると個人的な意見を抑えなければならないという暗黙の規範もあった」に分けた。その上で抽象的な内容をできる限り平易な表現を使って書けばよい。「日本社会では，伝統的に，組織の意見が個人の考えよりも優先する傾向があった」は英語にしやすいように，「日本社会では伝統的に組織の意見の方が個人の考えよりも重要であるという傾向にあった」とする。細かな語感を伝えることを意識しすぎると，かえって全体として意味不明な英文になってしまうことが多い。思い切って単純に言い切った方が高得点につながる。

例題 19

次の文章中の下線部を英訳せよ。

<u>私はその人を常に先生と呼んでいた。だからここでもただ先生と書くだけで本名は打ち明けない</u>。これは世間を憚かる遠慮というよりも，その方が私にとって自然だからである。私はその人の記憶を呼び起すごとに，すぐ「先生」といいたくなる。筆を執っても心持は同じ事である。よそよそしい頭文字などはとても使う気にならない。

(夏目漱石『こころ』)

CHECK! 小説など文学的文章の一節を英語にするという出題も目立つ。原文(日本語)の意味の中心を，シンプルな英文で表現することが重要だ。

解答例

I always called him *sensei*. So, I will not tell his name here but write just *sensei*.

解説

文学的文章だからといって，英作文を文学的にする必要はない。日本語の意味をはっきりさせてから英文を作るようにした方が，解答の作成がスムーズになる。この文章で言えば，2つ目の「だからここでもただ先生と書くだけで本名は打ち明けない」という文は，①彼の名前は言わない，②先生とだけ書く，という2点が伝えるべき意味と言える。それをストレートに英語にすると解答例のようになる。シンプルにできるところはできるだけシンプルに書くことによって，分かりやすく誤りの少ない英文になる。例えば，「私はその人を常に先生と呼んでいた」の「その人」はthe personとするよりhimとした方がシンプル。また，「呼んでいた」で，わざわざ過去完了を使うよりは，単純にcalledと過去形にしてしまった方が分かりやすい。「先生」をどう英語にするか悩むところだ。直訳すればteacherだろうが，やや奇異だ。なぜならば，英語のコミュニケーションの中で，teacherと呼びかけることはないからだ。そこで日本語をそのまま英文の中に入れることにする。その場合は，*sensei*のように斜字体にしておくとよい。

例題 20

次の文章中の下線部を英訳せよ。

<u>子供は，烏賊というものを生れて初めて食べた。象牙のような滑らかさがあって，生餅より，よっぽど歯切れがよかった</u>。子供は烏賊鮨を食べていたその冒険のさなか，詰めていた息のようなものを，はっ，として顔の力みを解いた。うまかったことは，笑い顔でしか現わさなかった。

(岡本かの子『鮨』)

CHECK! 「初めて」はfor the first timeを使う。このような決まり文句はきちんと覚えて使っていきたい。

解答例

The child had a squid for the first time. It was smooth like ivory and much easier to bite off than a rice cake.

解説

「生餅より，よっぽど歯切れがよかった」が難しい。「餅よりも，ずっとかみ切りやすかった」と単純化して考えるとよいだろう。

英作文　自由英作文

ポイント

英語科の自由英作文の出題内容は「理想の教師像」「ALT」「辞書の使い方」などと幅広い。また形式や難易度，字数制限にもばらつきがある。内容を把握して語彙の強化に努めたい。

例題 1

平成29年3月に告示された「中学校学習指導要領　第2章　第9節　外国語」では，「生徒が英語に触れる機会を充実するとともに，授業を実際のコミュニケーションの場面とするため，授業は英語で行うことを基本とする。」と示されている。これを踏まえ，あなたが英語で授業を行うときに，気を付けるべきことについて，その理由も含めて，英単語50語以上70語以内で書け。

CHECK! 学習指導要領解説に示されている内容をまとめるようにする。

解答例

For the purpose of students' positive use of English, teachers should use English positively in their lessons. Teachers' positive use of English during lessons in principle leads to the chance of students' using English and the real scene of communication through English. What affects greatly to the students' positive use of English is the teachers' attitude for their use of English and their activity during their lessons. (67語)

解説

設問で示された中学校学習指導要領の解説では，「生徒が積極的に英語を使って取り組めるよう，まず教師自身がコミュニケーションの手段として英語を使う姿勢と態度を行動で示していくことが肝心である」という記述がある。また，授業を基本的に英語で行うことのポイントは，「英語に触れる機会」と「実際のコミュニケーションの場面」であるとの記述もある。このような内容をまとめればよい。

例題 2

あなたが外国人に知ってもらいたい日本の慣習を一つ挙げ，その理由を説明しながら70語程度の英語で書け。

CHECK! 字数制限に気を付けて文章の構成を考えることが重要である。

解答例

I want foreigners to know about the Japanese practice of removing shoes before entering homes. Traditionally, Japanese homes have tatami mats as flooring, and we tend to sit on them to do our daily activities. So keeping our floor clean is necessary. In addition, we feel more relaxed and refreshed when we take off our shoes. If we go barefoot, I think that we will be healthier. I'm sure they will like this Japanese custom. (75words)

解説

解答例では，日本では家に入る時に靴を脱いで，家の中では伝統的に畳の上で生活することについて記述している。第2文のsitからactivitiesまでは，to live our daily lives on themとしてもよい。また，第3文は，Thus, we must keep our floor cleanでも可能である。このように記述した場合には74語になる。

例題 3

グローバル化社会を生きるうえで，あなたが英語の授業を通じて生徒に身につけさせたい資質や能力として最も大切だと思うものを，一つ挙げ，その理由を付けて80語以上の英語で意見をまとめよ。

CHECK! 中学校(平成29年3月告示)及び高等学校(平成30年3月告示)学習指導要領の外国語科の目標の共通部分は，「外国語によるコミュニケーションにおける見方・考え方を働かせ，外国語による聞くこと，読むこと，話すこと，書くことの言語活動」である。この観点が重要であり，そのための具体的な記述が問われている。

解答例

I think that receptivity is one of the most important qualities to possess for students living in today's globalized society.

Through globalization we have more opportunities to interact and communicate with people from various backgrounds. In order to foster and maintain good relationships in today's cultural diverse society, we must be receptive to other cultures, religions, customs, and in general be open to different ways of thinking, even when they differ from and challenge our own way of thinking, or even our core values.

For this reason, I think we should place a strong emphasis on promoting receptivity among our students through our English lessons. (105 words)

解説

解答例では「受容性」を挙げている。「グローバル化した現代社会では，受容性が様々な文化的背景を持つ人々との相互理解に重要であり，異なる考え方を理解する助けになる。英語の授業を通じてそのことを強調していく。」と述べている。英文は，最初に結論を述べ，次にその理由を記述し，最後でまとめるという構成である。80語以上での記述が条件だが，上限は100語程度と考えてよい。

例題 4

授業で「自分の住んでいる町」というテーマで生徒にスピーチ原稿を作成させた。その原稿を使い，生徒同士の活動を通して文法や語彙・表現等を定着させるために，あなたならどのような授業を展開するか，具体例を挙げながら，あなたの考えを70語以上100語以内の英語で書け。

CHECK! 生徒が作成したスピーチ原稿を教材として使い，「文法や語彙を定着させる」ことが授業のねらいである。

解答例

I would do a pair work activity first. One student can give a speech to the other student and then change the roles. By doing so, both students will be able to use the grammar and expressions that they learned in class and deepen their understanding of them.

Next, I would move on to a group activity. This time students will

have to speak to a larger audience and after the speech, he/she will be asked some questions. Through this interaction, they will have a better understanding of the grammar and expressions. (92 words)
(別解) I would record the students' presentations with a video camera and make DVDs of the presentations. After the students' presrntations, I would allow the class/them to watch all the DVDs together.

Students will be able to watch all the presentations including their own. By comparing thier presentations with others, they will be able to see the good points and bad points of their presentations. Other students will make some useful comments about the presentations. I think this will lead to a better understanding of grammar and expressions. (87 words)

解説

最初の解答例のキーワードは，pair work, the grammar and expressions, deepen their understanding, group activity, interaction, better understanding of grammar and expressionsである。まずはペアワークで内容を相互に理解して，次にグループワークでそれらについて共有し，理解を深める流れである。別解では，キーワードは，make DVDs of the presentations, watch all the DVDs together, By comparing their presentations with others, better understanding of grammar and expressionsである。全員の発表をDVDに録画して全員で見ることにより，自分と他の者との比較を通して理解を深める流れである。いずれの方法も，自分の発表を他者と比較する点がポイントである。そうすることで，理解がより深まるのである。

例題 5

次のテーマについて，賛成か反対の立場を明確にしてあなたの意見を90語程度の英語で述べよ。

国際社会に生きる日本人として，生徒に英語によるコミュニケーション能力を身に付けさせることは重要である。

CHECK! 英文エッセイの問題。条件は，①賛成か反対かをはっきり述べること，②90語程度で書くことの2点。

解答例

I think it's important to develop students' communication abilities in English. Globalization has been accelerating international competition and increasing the necessity of coexistence and cooperation with different cultures and civilizations. Students who are destined to survive such a world will have to have discussions with people from other countries on many occasions. They will be expected to maintain world peace by living in harmony with people from many nations and cultural backgrounds. This will be carried out by using English, which is used in most international conferences as an official language. (90語)

解説

このような英作文形式で意見を述べる場合，内容の適切さ，論の展開及び分量，語彙・文法の適切さを考えて述べていく。特に論の展開が重要である。

例題 6

次の英文を読み，あなたの意見を英語でまとめよ。なお，使用した語数を書け。

Some people believe that children of different levels of academic achievement should be taught together. Do you agree or disagree with this statement? Write your opinion in English in about 80 words, giving at least one concrete example to support your opinion.

CHECK! 自分の意見を述べる英作文では，まず自分がどちらの立場に立つのかを必ず明らかにし，最後まで立場を変えずに述べなければならない。

解答例

(賛成の場合の解答例) I agree with this statement. I think teaching together makes no one feel inferior because the students are not divided into different groups according to their ability. Furthermore, superior students may have some opportunities to teach inferior students, which enables both to understand better. A certain survey shows that in a class based on the degree of academic achievement, superiors tend to see their peers as inferior students, which leads to an undesirable relationship between them. Therefore, I agree with this statement. (82語)

(反対の場合の解答例) I disagree with this statement. I think dividing by level is a better way to improve students' abilities because they are taught according to their degree of academic achievement. Teachers can teach more effectively if students' abilities are almost the same, which enables teachers to teach more difficult content. Students will be satisfied with the method of teaching and gain confidence in their ability. Teaching together will deprive students of their eagerness to learn because they would get bored with the class. Therefore, I disagree with this statement. (88語)

解説

学力の熟達度が違う子どもたちを一緒に指導すべきかどうかについての問題である。この問題において賛成の場合，熟達度の高い生徒が低い生徒に教えることができ，相乗効果が得られること，反対の場合，教師としては学力が等質な子どもに指導した方が効果的であるということ，などが挙げられる。

例題 7

次の英文を読んで，自分の意見を100語程度の英語で述べよ。

The education ministry has told the nation's prefectural boards of education to instruct primary and middle school authorities to ban students from bringing cell phones to school. It also has called for improvement in the education of morals related to communications.

Many schools have taken similar steps. As of December 2008, 94 percent of publicly run elementary schools and 99 percent of publicly run middle schools prohibited students from taking cell phones to school. Twenty-four of the nation's 47 prefectural boards of education and 510 of the nation's 1,826 municipal boards of education have instructed school authorities to give students proper guidance on the use of cell phones.

What do you think about education ministry's policy? Please give two reasons with concrete examples to clarify your idea.

CHECK! ①賛成か，反対か，自分の立場をはっきり決める。②意見を最初に書き，次に理由を書く。

解答例

(賛成の場合の解答例) I agree with the idea. One reason is that cell phones are not necessary in the classroom. I'm sure that children who are addicted to their cell phones cannot pay attention in their classes while they are supposed to be studying.

Another reason is that the use of cell phones could cause trouble. Banning the use of cell phones at schools might reduce incidents of Web site bullying or lead to a decrease in the number of students falling victim to crimes.

We need to save children from addiction to cell phones and prevent them from becoming crime victims. That's why I agree with the ideas. (106語)

(反対の場合の解答例) I disagree with the idea. One reason is that cell phones could be effective in preventing children from falling victim to crimes. Some parents give their children cell phones because they are worried about their safety.

Another reason is that banning the use of cell phones at school is not likely to produce positive improvements. Although some people are worried about the rise in cases of bullying that is conducted through cell phones, I think that we should strive to make children more aware of how their words can harm others and how they can prevent themselves from becoming crime victims, rather than just banning students from bringing cell phones to school. (112語)

解説

携帯電話をめぐる規制に関して，自分の意見を英語で述べる問題である。解答例では賛成と反対の両方の立場を示している。教育界で問題となっている事柄は問題として使われることが多い。

例題 8

ネイティブスピーカーの活用はどのような意味で意義があるか。60語以内の英語で述べよ。

CHECK! learn living English (生きた英語を学ぶ)／familiarize oneself with foreign languages and cultures (外国語や外国文化等に親しむ)／motivation for English learning (英語学習へのモティベーション)を中心にまとめてみよう。

解答例

A native speaker of English provides a valuable opportunity for students to learn living English and familiarize themselves with foreign languages and cultures. To have one's English understood by a native speaker, increases the students' joy and motivation for English learning. In this way, the use of a native speaker of English has great meaning. (55語)

解説

(日本語版原文)ネイティブスピーカーの活用は，生きた英語を学ぶ貴重な機会であるとともに，外国語や外国文化等に親しみ，自分の英語がネイティブスピーカーに通じたという喜びと英語学習へのモティベーション(動機づけ)を高めるなどの意味で，大きな意義を有する。

「『英語が使える日本人』の育成のための行動計画」(英語版)からネイティブスピーカーについての部分をまとめた。ネイティブスピーカーやALTに関する出題は多い。基本的な考え方と，具体的な指導法などについて英語でまとめられるようにしておきたい。

例題 9

高等学校のライティングの指導においては，手紙やeメールなどで，実際にコミュニケーションする機会をもうけるべきか。あなたの考えを，その理由とともに英文で説明せよ。ただし，以下の条件を守ること。

条件① 150語以内の英文で書くこと。

条件② 高校生が理解できる簡単な表現で書くこと。

CHECK! 論理の展開がはっきり分かるエッセイを書こう。

解答例

Should English teachers give their students opportunities to have actual communications through such methods as English letters or emails? Some teachers might think they should make students work only on grammar exercises. However, I think actual communications are essential for fostering students' writing skills for two reasons : First, actual communications give students strong motivation for learning English writing. Students will think they are able to communicate in English when they get reply from English speakers. Such experience must give them confidence and motivation. Second, actual communications are very effective for learning English writing. Students will try to find a proper expression when they don't know how to express what they really want to say in English. After using the expressions they have found for themselves, they will never forget them. For these reasons, I think teachers should give their students real communication opportunities. (142語)

解説

(全訳)

英語の教師は，手紙やeメールなどで実際にコミュニケーションする機会を生徒に与えるべきだろうか。生徒に文法の学習だけに取り組ませるべきだと考える教師もいるかもしれない。しかし，私は2つの理由から，実際のコミュニケーションは生徒のライティングの力を養うために不可欠だと考える。第一に，実際のコミュニケーションは，生徒たちに英文ライティングの学習への強いモティベーションを与える。英語を話す人から返事をもらったときに，生徒たちは英語で意思の伝達ができるんだと思うだろう。このような経験は彼らに自信とやる気を与えるに違いない。第二に，実際のコミュニケーションは英文ライティングの学習にとって大変効果的だ。生徒たちは，自分が本当に言いたいことを英語で何と言えばよいか分からないときに，適切な表現を見つけようとするだろう。自力で見つけた表現を使った後には，彼らはそれらを忘れることがないだろう。これらの理由から，教師は実際のコミュニケーションの機会を生徒に与えるべきだと私は考える。

英文エッセイの一般的なセオリーには次のようなものがある。

① 1文は8語～18語

多少の例外があるにせよ，要するに「長すぎてはいけない」ということである。しばしば「英文エッセイはKissで」と言われる。Keep it simple and short. ということである。

② Introduction，Body paragraph，Conclusionの3部構成

導入部・主要部・結論，という3つの部分から構成する。そして，それぞれの部分の役割や文の数が通常決まっている。通常，Introductionは3～4文，Body paragraphは6～8文，Conclusionは3～4文である。Body paragraphは書く内容によって，2段落や3段落になる。

さて，問題は，教員採用試験の自由英作文での書き方である。この試験の場合，語数制限が，多くて200語，たいていは100語程度である。したがって，5～10文程度しか書けない。ここで問題が起こる。5～10文程度では，上述した一般的なセオリーで，英文エッセイを書き切ることが不可能という問題である。では，セオリーを無視して非論理的に書けばよいかといえば，当然そうではないだろう。

求められる書き方は，英文エッセイのセオリーを生かした論理的な書き方である。以下に，例題9の解答をモデルとして，少ない語数での論理展開の一例を説明する。

例題9の解答は，1段落で9の文で書かれている。この9の文の中に，通常の英文エッセイのIntroduction，Body paragraph，Conclusionの3部構成を凝縮した。

Introduction

通常の英文エッセイでのイントロダクションの役割は①「問い」の提示と，それに対する②「自分の結論」の提示である。一言で言うと，英文エッセイは，「問い」に対する「答え」を論理的に書く文章である。その「問い」が何であるかをまず，はっきり書く。通常，疑問文の形で冒頭に書かれる。この「問い」について，自分の結論以外の意見や事実を述べる文が後に続く。そして，自分の結論を書く。イントロダクションに「自分の結論」が書かれる点は非常に重要だ。例題9で見てみよう。

□「問い」の提示の文は以下である。

Should English teachers give their students opportunities to have actual communications through such methods as English letters or emails? (英語の教師は，手紙やeメールなどで実際にコミュニケーションする機会を生徒に与えるべきだろうか)

□以下の文は，「問い」を受け，「自分の結論」への準備をする。

Some teachers might think they should make students work only on grammar exercises. (生徒に文法の学習だけに取り組ませるべきだと考える教師もいるかもしれない)

□次が「自分の結論」を提示する文である。

However, I think actual communications are essential for fostering students' writing skills for two reasons: (しかし，私は2つの理由から，実際のコミュニケーションは生徒のライティングの力を養うために不可欠だと考える)

※このように，いくつかの例を列挙する場合は文尾にコロン[:]を置き，順番に例を挙げていく。

Body paragraph

通常の英文エッセイでの主要部の役割は，Introductionで示した自分の結論の理由を述べることである。通常はBody paragraphの段落は6～8文で構成される。最初に，この段落で述べる内容をまとめたtopic sentenceが置かれ，それに続いて具体例がいくつかの文を使って述べられる。Body paragraphは連続した2から3程度の段落で書く。しかし，教員試験は，語数制限から，このような方法でBody paragraphを書くことができない。そこで，topic sentenceをはっきり書き，それをサポートする文を簡潔に書く。例題9で見てみよう。

□以下の文が1つ目のtopic sentenceである。第一の理由が書かれる。

First, actual communications give students strong motivation for learning English writing. (第一に，実際のコミュニケーションは，生徒たちに英文ライティングの学習への強いモティベーションを与える)

□以下の2つの文は第一の理由をサポートする。

Students will think they are able to communicate in English when they get reply from English speakers. (英語を話す人から返事をもらった時に，生徒たちは英語で意思の伝達ができるんだと思うだろう)

Such experience must give them confidence and motivation. (このような経験は彼らに自信とやる気を与えるに違いない)

□そして，2つ目のtopic sentenceで第二の理由が書かれる。

Second, actual communications are very effective for learning English writing. (第二に，実際のコミュニケーションは英文ライティングの学習にとって大変効果的だ)

□以下の2つの文は第二の理由をサポートする。

Students will try to find a proper expression when they don't know how to express what they really want to say in English. (生徒たちは，自分が本当に言いたいことを英語で何と言えばよいか分からないときに，適切な表現を見つけようとするだろう)

After using the expressions they have found for themselves, they will never forget them. (自力で見つけた表現を使った後には，彼らはそれらを忘れることがないだろう)

Conclusion

□結論の文は以下である。

For these reasons, I think teachers should give their students real communication opportunities. (これらの理由から，教師は実際のコミュニケーションの機会を生徒に与えるべきだと私は考える)

少ない語数とはいえ，英文でのエッセイである以上，セオリーを生かした論理的な文章を書く練習をしておきたい。

例題 10

次のような場合にはどのようなClassroom Englishを使うか。英語で答えよ。

(1) 出席を取るとき。

(2) この前の授業の復習をすることを知らせるとき。

(3) 教科書の89ページを開くように指示するとき。

(4) このitは何を指すかをたずねるとき。

(5) 物語を聞いてあらすじを聞き取るように言うとき。

(6) プリントを集める際に，名前が記入されているか確認させるとき。

CHECK! Classroom Englishとは英語学習の際に主に，先生が生徒に対して指示を出す際に用いる英語表現のこと。シンプルで分かりやすい英語で指示することが大切だ。毎年のように出題されている問題なのでしっかり準備しておきたい。

解答例

(1) I'm going to call the roll now.

(2) Let's review the last lesson.

(3) Open your textbook to page eighty-nine.

(4) What does this "it" show?

(5) I'll tell you a story. Please listen carefully to get the outline of it.

(6) I'd like to collect your handouts now. Please make sure your names are on them.

解説

(1)「出席を取る」はcall the rollが教室英語としては一般的。 (2)「復習する」はreview。 (3)「89ページを」はto page eighty-nine。toという前置詞の使い方を覚えておきたい。 (4)「指す」はshowやmeanが使える。 (5)「あらすじ」はoutline。 (6)「プリント」はhandout。このように，カタカナをそのままprintなどと英語にすると不自然になるものには十分注意が必要だ。

例題 11

次のような場合，英語でどのように声かけをするか。英語で書け。

(1)　欠席者を確かめたいとき。

(2)　CDをしっかり聴くように指示するとき。

(3)　単語(difficult)の綴りをたずねるとき。

(4)　声が小さくて，聞き取れなかったとき。

(5)　必要なら辞書を使ってもよいことを伝えるとき。

(6)　みんなの前でスピーチした生徒をほめるとき。

CHECK!　問題文を理解した上で，相手にどのような働きかけをすれば必要な情報が得られるかイメージし，英語だとどのように表現するか思い浮かべる。

解答例

(1)　Is anyone absent today?

(2)　Listen to the CD carefully.

(3)　How do you spell “difficult”?

(4)　Can you say it louder?

(5)　You can use your dictionary if necessary.

(6)　Your speech is very good. You did a great job.

解説

(1)「欠席する」はbe absentが一般的だ。欠席者の名前を確かめるならWho is absent?となる。　(2)「～を聴く」はlisten to。toを忘れずに。(3)「綴る」は動詞spell一語で済む。「綴り」と名詞にして，“What is the spelling of “difficult”?” としてもよい。　(4)「もっと大きく」はlouderである。　(5)「必要なら」はif necessary。設問の場合，if you need toとしてもよい。　(6)「よくできました」はa great jobでよい。

例題 12

生徒に対し英語で問いかけ，生徒に英語で答えさせる授業を行うものとする。以下のような状況でどのように英語で問いかけるか，6単語以内の英語で，先生のセリフを書け。

〈状況〉　生徒に何のスポーツが好きか聞き，生徒から答えを引き出したい。ただし生徒は最初，What sport do you like?という質問を容易には理解できないものとする。解答はWhat sport do you like? で始め，先生のセリフのみを書け。

CHECK! 「何のスポーツが好きですか」という質問自体を理解していない状況から，どのように質問を分からせるかがポイント。難しい単語や言い回しを使ったりすると，さらに分からなくなる点に注意が必要だ。

解答例

What sport do you like?

I like soccer.

What sport do you like?

Baseball? Basketball?

What sport do you like?

解説

What sport do you like? が何についての質問なのかを分からせたいという状況だ。解答例では，まず，What sport do you like? と聞いた上で，先生自身がI like soccer. と答えている。これにより，生徒はsoccerという単語からスポーツが話題であることが理解しやすくなる。その上でWhat sport do you like? と再び聞き，今度はBaseball? Basketball? と具体例を挙げている。これによりさらに，「何のスポーツが好きですか」と聞かれていると理解しやすくなる。

例題 13

生徒に対し英語で問いかけ，生徒に英語で答えさせる授業を行うものとする。あとのような状況でどのように英語で問いかけるか，6単語以内の英語で，先生のセリフを書け。

〈状況〉 生徒に何の果物が好きか聞き，生徒から答えを引き出したい。ただし生徒は最初，What fruit do you like? という質問を容易には理解できないものとする。解答はWhat fruit do you like? で始め，先生のセリフのみを書け。

CHECK! 「何の果物が好きですか」という質問自体を理解していない状

況から，どのように質問を分からせるかがポイント。

解答例

What fruit do you like?

I like oranges.

What fruit do you like?

Strawberries? Apples?

What fruit do you like?

解説

例題12と同様の問題。What fruit do you like? が何についての質問なのかを分からせたいという状況だ。解答例では，まず，What fruit do you like? と聞いた上で，先生自身がI like oranges. と答えている。これにより，生徒はorangesという単語から果物が話題であることが理解しやすくなる。その上でWhat fruit do you like? と再び聞き，今度はStrawberries? Apples? と具体例を挙げている。これによりさらに，「何の果物が好きですか」と聞かれていると理解しやすくなる。

例題 14

不定詞を用いて自分の考えや気持ちを表現できることを目標とする単元において，授業の最後に「将来の夢」というテーマのスピーチ活動を設定しました。あなたなら，どのようなモデルスピーチを生徒に提示しますか。英語で答えよ。

CHECK! モデルスピーチの作成で注意したいのは，①使わせたい用法を含むこと，②生徒がまねをしやすいようなスピーチにすること，③文法的な誤りやスペルミスをしないことである。

解答例

Hello, everyone. I want to be a teacher. I want to teach English in junior high school. I study English hard to speak English well.

解説

モデルスピーチなので，生徒のレベルに合わせる必要がある。平易な単語，単純な文法の英文を作るように心がけたい。

(解答例の全訳)　皆さん，こんにちは。私は先生になりたいです。私は中学校で英語を教えたいです。私は英語を上手に話すために英語を一生懸命勉強します。

例題 15

英語で自分の意見を主張できるようになることを目標とする単元において，授業の最後に「中学生が携帯電話を持つことについて」というテーマでエッセイを書くアクティビティーを設定しました。あなたなら，どのようなモデルエッセイを生徒に提示しますか。英語で答えよ。

CHECK! モデルであるので，生徒が理解しやすくまねしやすいということを重視して書くようにしたい。構成がはっきり分かる文章を書くことが一番重要だ。

解答例

I think junior high school students should have cell phones. There are two reasons.

First, cell phones are convenient. We can talk to one another about club activities or homework after school.

Second, cell phones are useful. We can catch signals when an earthquake occurs.

As a conclusion, junior high school students should have cell phones.

解説

意見を主張するエッセイなので，①最初に自分の意見を書く，②複数の理由を順序だてて書く，③最後に結論をまとめる，という構成で書くとよい。

(解答例の全訳)　中学生は携帯電話を持つ方が良いと思います。理由は二つあります。

第一に，携帯電話は便利です。クラブ活動や宿題について放課後お互いに話し合うことができます。

第二に，携帯電話は役に立ちます。地震が起きたときシグナルを受けられます。

結論として，中学生は携帯電話を持つべきです。

例題 16

高校生がSNS(ソーシャル・ネットワーキング・サービス)を利用することについて，良い面と悪い面の両方を挙げながら，あなたの考える改善策を150語程度の英語で書け。

CHECK! 時事的要素を含んだ問題である。読みやすく説得力のある英文にする。

解答例

These days, social networking services called SNS are becoming the main means of communication for high school students. There are both advantages and disadvantages to them using SNS.

One of the advantages is that SNS make it possible to communicate with all kinds of people easily. For example, some Japanese students exchange messages with foreign students through Facebook. They can learn about different cultures, and learn new opinions on common social issues.

On the other hand, there have been a lot of troubles caused by SNS. Some students get bullied on LINE, because it allows people to post terrible comments in a closed community. What's worse, others may get involved in illegal activities with adults through SNS.

Therefore, I believe that it is important for high school students to learn how to use SNS properly. Parents can discuss the rules and manners of using it with their children and schools can offer classes to teach them its risks. (158 words)

解説

第1段落では高校生とSNSの現状について述べていて，導入となっている。第2段落では良い面(advantages)について述べている。ここでは，For example以下で具体例を示している。第3段落では悪い面(disadvantages)について述べているが，disadvantageという単語は使わず，thereからSNSまでの文章で「悪い面」という意味を表している点に注意。また，Some以下で第2段落と同様に具体例を述べている。第4段落では，I believeからproperlyまでで結論を述べ，さらにParents以下でその具体策を記述している。

例題 17

次のトピックについての立場を明らかにした上で，英語で自分の考えを述べよ。ただし，語数は80語以上とし，コンマ・ピリオド等は語数に含めない。また，使用語数を必ず記入すること。

Topic: "Volunteer work should be compulsory for high school students."

CHECK! まずは賛成か反対かの立場を明確にし，なぜそう主張するのか理由を明記することが必要である。

解答例

(賛成の場合の解答例) I agree with this statement. I have two reasons for this. First, high school students are old enough to care not only about themselves but also about other people. So, when a disaster or an emergency occurs, they can be a big help. In order to prepare for such situations, volunteer work would be a good way for high school students to foster the idea of caring about others and contributing to society. Second, through volunteer experience, high school students can acquire some skills and attitudes necessary for their future jobs and can also be a promising workforce in the future. In volunteer work, students should understand what is needed and cooperate with other people. Through volunteer work, every student can obtain the opportunity to learn such skills. For these reasons, I agree that all high school students should be forced to do volunteer work. (145語)

(反対の場合の解答例) I disagree with this statement. First, volunteer work should be done voluntarily when students want to help others or contribute to society. And when they do so, they can feel some joy. If students are forced to do the work, they may lose the joy of volunteering. Next, if volunteer work is compulsory, students will do it because teachers or schools tell them to do so, or the work is necessary for graduation. However, that is not what schools and teachers should do. What is important is that schools and teachers should teach students to make decisions on their own. Volunteer work is done on a voluntary basis and people who are not willing to do should not be forced to do it. For these reasons, I don't agree with the statement. (132語)

解説

解答例では賛否両方の英文が示されている。賛成の場合を検証してみると，まずはI agree with…で立場を明確にしている。次に，I have two reasons for thisと述べて主張の理由を記述している。さらに続けて，First及びSecond という表現で具体的な理由を記している。ここでは，Through volunteer workという書き出しで，いわば補足をしていると考えてよい。最後に，For these reasons以下でまとめている。日ごろから，さまざまなテーマにつき，賛否いずれの立場でも自分の考えをまとめられるように準備をしておくことが望ましい。特に学校活動や教育問題については，自分の意見をしっかり持っておく必要がある。

第 3 章

長文読解

長文読解 空所補充型

例題 1

次の英文は，2人の英語教員(Mr. Sato，Ms. Tanaka)とALT(Mr. Hill)の会話の一部である。あとの各問いに答えよ。

Mr. Sato : Today one of my students asked me the question, "Why do we have to study English?" I started teaching English at this senior high school in April. This was the first time I have been asked such a question. I was so confused, and I didn't know what to say.

Mr. Hil : So, what did you do?

Mr. Sato : Well. I said, "English is an important language for everyone, and you should study it."

Ms. Tanaka : Hmm... English is an important language.... I think you should have said something different. This is a difficult but inevitable question for English teachers. Mr. Hill, I heard you began to study Japanese when you were a junior high school student. Now you speak Japanese fluently. Why did you start studying Japanese in the first place?

Mr. Hill : Well, I like Japanese manga very much. At first, I read Japanese manga written in English. Then I wanted to read them in Japanese. That's why I started to study Japanese. Mr. Sato, why did you decide to study English and become an English teacher?

Mr. Sato : When I was a junior high school student, I talked with an ALT in an English class for the first time. My friends and I asked him some questions about his country. Of course, I made a lot of errors in the lesson, but he could still understand what I wanted to say in English. It was a lot of fun. Since then, I have enjoyed studying English.

I want to share my experience with a lot of students so that is why I became an English teacher.

Mr. Hill : Mr. Sato, you had a wonderful experience. You were able to communicate with someone in English, which gave you motivation, right?

Mr. Sato : Yes. I think [a] is important when students learn English.

Mr. Hill : That's true. I wanted to read Japanese manga in Japanese, so, I began to study Japanese. If students have better reasons for learning English, [1]. As for me, I was able to communicate with a lot of Japanese people about Japanese manga. I could also understand Japanese culture and different ways of thinking through communicating with Japanese people.

Mr. Sato : I see. When we learn foreign languages, we can experience different cultures and discover different ways of thinking.

Ms. Tanaka : When I became an English teacher, I didn't have chances to talk with ALTs during English lessons. Today, we have a lot. [2] now.

Mr. Hill : Of course, students can use more English now in lessons. They sometimes make errors, but they enjoy talking with me.

Mr. Sato : If they can communicate with others in English, they feel [b]. These students tend to be eager to use English in lessons.

Ms. Tanaka : The student who asked you that question today may not be good at English.

Mr. Sato : Exactly. That might be the reason why he asked that question.

Ms. Tanaka : Mr. Sato, what kind of English lessons do you want to have for students who aren't good at English like him?

Mr. Sato : Well, I want to make English lessons that will [c] them to study English.

Ms. Tanaka : Do you have any ideas?

Mr. Sato : Yes. I think the only way for students to gain confidence is to keep making small efforts. [3]. For example, students could practice ordering pizza on the phone, or asking their friends to the movies. If they achieve these goals, they will be actively learning English.

Ms. Tanaka : Mr. Sato, that's a good idea. It would be better to put such activities in your English lessons.

Mr. Hill : I agree with you, too. I want to try this in our English lessons.

Mr. Sato : Thank you, Mr. Hill. If other students ask me that same question, I'll be able to answer it better.

問1 [a]~[c]に入る語の組合せとして最も適切なものを，次の1～4のうちから1つ選べ。

1 a purpose b indifferent c enchant
2 a motivation b confident c encourage
3 a motivation b indifferent c encounter
4 a purpose b confident c ensure

問2 [1]に入る最も適切なものを，次の1～4のうちから1つ選べ。

1 they will correct their errors whenever students make mistakes in English
2 they think about good communicative activities for foreign people
3 they conduct language activities in each lesson so that they can use English
4 they will be more likely to work hard and keep studying English

問3 [2]と[3]に入る最も適切なものを，それぞれ次の1～6のうちから1つ選べ。

1 English teachers have to make their lessons unenjoyable
2 Speaking both English and Japanese would be better for students
3 Students can communicate in English with ALTs and English teachers
4 The bilingual experience appears to influence our ways of living in the past
5 English teachers should teach English grammar for better communication
6 To accomplish this, students should communicate in English using real world examples

解答

問1 2　問2 4　問3 [2] 3　[3] 6

解説

問1 a 生徒が英語を学ぶときに大切だとサトウ先生が考えているのは，motivation「モチベーション」。

b 生徒は他人と英語でコミュニケーションをとることができると，どのように感じるか。confident「自信に満ちた」。

c サトウ先生は，生徒に英語を勉強するよう促すような授業をしたいと考えている。encourage O to ～「O が～するよう励ます」。

問2 「生徒たちに英語を学ぶ十分な理由があれば」に続く文。4の「彼らはより一生懸命に取り組み，英語を学び続けるだろう」が適切。

問3 空所2の直前は，以前と比べると今は授業中に英語を話す機会が多いという文脈。3の「生徒たちはALTや英語教師と英語でコミュニケーションをとることができる」が正解。

空所3の直後では，電話でピザを注文する練習や友人を映画に誘うなど具体的なコミュニケーションの場面例が挙げられている。よって6の「これを達成するために，生徒は実例を使い英語でコミュニケーションするべきだ」が正しい。

例題 2

次の英文を読み，(1)～(4)の問いに答えよ。

When Tom Shicowich's toe started feeling numb in 2010, he brushed it off as a temporary ache. At the time, he didn't have health insurance, so he put off going to the doctor. The toe became infected, and he got so sick that he stayed in bed for two days with what he assumed was the flu. When he finally saw a doctor, the [①] immediately sent Shicowich to the emergency room. Several, days later, [②] amputated his toe, and he ended up spending a month in the hospital to recover.

Shicowich lost his toe because of [③] of Type 2 diabetes as he struggled to keep his blood sugar under control. He was overweight and on diabetes [④], but his diet of fast food and convenient, frozen processed meals had pushed his disease to life-threatening levels.

After a few more years of trying unsuccessfully to treat Shicowich's diabetes, his doctor recommended that he try a new program designed to help patients like him. Launched in 2017 by the Geisinger Health System at one of its community hospitals, the Fresh Food Farmacy provides healthy foods—heavy on fruits, vegetables, lean meats and low-sodium options—to patients in Northumberland County, Pennsylvania, and teaches them how to incorporate those foods into their daily diet. Each week, Shicowich, who lives below the federal poverty line and is food-insecure, picks up recipes and free groceries from the Farmacy's food bank and has his nutrition questions answered and blood sugar monitored by the dietitians and health care managers assigned to the Farmacy. In the year and a half since he joined the program, Shicowich has lost 60*lb., and his *A1C level, a measure of his blood sugar, has dropped from 10.9 to 6.9, which means he still has diabetes but it's out of the dangerous range. "It's a major, major difference from where I started from," he says.

"It's been a life-changing, lifesaving program for me."

Geisinger's program is one of a number of groundbreaking efforts that finally consider food a [⑤] part of a patient's medical care—and treat food as medicine that can have as much power to heal as drugs. More studies are revealing that people's health is the sum of much more than the medications they take and the tests they get—health is affected by how much people sleep and exercise, how much stress they're shouldering and, yes, what they are eating at every meal. Food is becoming a particular focus of doctors, hospitals, insurers and even employers who are frustrated by the slow progress of drug treatments in reducing food-related diseases like Type 2 diabetes, heart disease, hypertension and even cancer. They're also encouraged by the growing body of research that supports the idea that when people eat well, they stay healthier and are more likely to control chronic diseases and perhaps even avoid them altogether. "When you prioritize food and teach people how to prepare healthy meals, *lo and behold, it can end up being more impactful than medications themselves," says Dr. Jaewon Ryu, interim president and CEO of Geisinger. "That's a big win."

The problem is that eating healthy isn't as easy as popping a pill. For some, healthy foods simply aren't available. 【A】 So more hospitals and physicians are taking action to break down these barriers to improve their patients' health. 【B】 In cities where fresh produce is harder to access, hospitals have worked with local grocers to provide discounts on fruits and vegetables when patients provide a "prescription" written by their doctor; the Cleveland Clinic sponsors farmers' markets where local growers accept food assistance vouchers from federal programs like *WIC as well as state-led initiatives. 【C】 And some doctors at Kaiser Permanente in San Francisco hand out recipes instead of (or along with) prescriptions for their patients, pulled from the organization's Thrive Kitchen, which also provides low-cost monthly cooking classes for members of its health plan. Hospitals and clinics across the country have also visited Geisinger's program to learn from its success. 【D】

But doctors alone can't accomplish this food transformation. ⑥<u>[but / that / healthier members / also / only / avoid / recognizing / live longer / not] expensive visits to the emergency room</u>, insurers are starting to reward healthy eating by covering sessions with nutritionists and dietitians. In February, Blue Cross Blue Shield of Massachusetts began covering tailored meals from the nonprofit food program Community Servings for its members with congestive heart failure who can't afford the low-fat, low-sodium meals they need. Early last year, Congress assigned a first ever bipartisan Food Is Medicine working group to explore how government-sponsored food programs could address hunger and also lower burgeoning health care costs borne by Medicare when it comes to complications of chronic diseases. "The idea of food as medicine is not only an idea whose time has come," says Dr. Dariush Mozaffarian, a cardiologist and the dean of the Friedman School of Nutrition Science and Policy at Tufts University. "It's an idea that's absolutely essential to our health care system."

*lb : pound

*A1C : hemoglobin A1C

*lo and behold : look and see

*WIC : Special Supplemental Nutrition Program For Women, Infants, and Children

(TIME March 4, 2019　より引用)

(1)　本文中の～に入る語の組み合わせとして最も適当なものを次のA～Dから1つ選び，記号で答えよ。

	①	②	③	④
A	physician	surgeons	medications	complications

B	surgeons	physician	medications	complications
C	physician	surgeons	complications	medications
D	surgeons	physician	complications	medications

(2) 本文中の［⑤］に入る最も適当なものを次のA～Dから1つ選び，記号で答えよ。

A evaluative　B critical　C desperate　D negative

(3) 次の英文を入れるのに最も適当な箇所を本文の【A】～【D】から1つ選び，記号で答えよ。

And if they are, they aren't affordable.

(4) 下線部⑥の[　]内の語句を意味が通るように並べかえよ。ただし，文頭に来る語も小文字で示してある。

解答

(1) C　(2) B　(3) A　(4) Recognizing that healthier members not only live longer but also avoid

解説

食べ物が健康において果たす役割について述べている文章である。

(1) Shicowich氏はインフルエンザだと思い，2日間ベッドにいたと第1段落の3文目に述べられている。そのため，最初は①physician「内科医」に診てもらったことが推測される。しかし，すぐに緊急治療室に運ばれ，数日後足指を切断したとあるので，次に②surgeons「外科医」が診断を下したと考えられる。つまり，③complications「合併症」のために足指を失い，肥満で糖尿病の④medications「薬物治療」を行ったということがわかる。

(2) 第4段落の1文目にあるダッシュの前後が似た意味のことを述べている。ダッシュの直後は，「食べ物を，薬と同じくらいに治す効果があるものとして扱う」という意味である。そのため，⑤には「重要な意味を持つ」という意味のcriticalが入る。

(3) affordableとは「値段が手頃である」という意味。挿入すべき語句の"And if they are"の後ろには【A】の直前にあるavailableが省略されている。つまり「入手可能であったとしても，値段が手頃ではない」という意味の表現である。

(4) 下線部の後に主節が来ているが，下線部には副詞節を導く接続詞がない。そのため分詞構文を使う。not only ～ but also …を使って2つの動詞を結びつける。

例題 3

次の(1)，(2)に示す二つの英文は，*Jeremy Harmer*が著書*The Practice of English Language Teaching*で述べているものである。

(1) 次の英文は，"The CEFR levels" について説明している一部である。この英文を読んで，本文中の[　　]に当てはまる語句として最も適切なものを，あとの①～⑤から1つ選べ。

The CEFR levels

The Common European Framework of Reference (CEFR) was the result of collaboration between the Council of Europe and the Association of Language Testers in Europe (ALTE). It proposes a six-level frame of reference to describe [　　]. Originally designed to take account of the plurality of languages within Europe (the levels are equally applicable to any language), the CEFR has become widely referenced in many different parts of the world.

The six levels of the CEFR are A1 (breakthrough or beginner), A2 (waystage or elementary), B1 (threshold or intermediate), B2 (vantage or upper-intermediate), C1 (effective operational proficiency or advanced), and C2 (mastery or proficiency). They do not all describe equally long stretches of ability (which has led some to come up with labels such as B1 + , etc.) but what makes them special is that they are described not in terms of linguistic elements, but instead in terms of 'can do' statements, which describe what people are able to do with the language. Thus at the A1 level, a speaker 'can introduce himself/herself and others and can ask and answer questions about personal details such as where he/she lives, people he/she knows and things he/she has'.

At the B1 level, students 'can deal with most situations likely to arise while travelling in an area where the language is spoken' whilst at the C1 level, they can 'express ideas fluently and spontaneously without much obvious searching for expressions' and 'can use language flexibly and effectively for social, academic and professional purposes'. When students have reached 'mastery or proficiency' (that is the C2 level) they can 'express themselves spontaneously, very fluently and precisely, differentiating finer shades of meaning even in the most complex situations'.

① what people are able to do with the CEFR
② what teachers at the different levels are able to teach
③ how students at the same levels are able to learn
④ how teachers at the same levels are able to teach
⑤ what students at the different levels are able to do

(2) 次の英文は，"Viewing and listening techniques" について説明している一部である。この英文を読んで，本文中の(ア)～(エ)に当てはまる語句の組合せとして最も適切なものを，あとの①～⑤から1つ選べ。

Viewing and listening techniques
All of the following viewing and listening techniques are designed to awaken the students' curiosity through prediction, so that when they finally watch a film sequence in its entirety, they will have some expectations about it, and will be eager to see if these are fulfilled.
〔省略〕
Freeze frame At any stage during a video sequence, we can 'freeze' the picture, stopping the participants dead in their tracks. This is extremely useful for (ア) the students what they think will happen next or what a character will say next.
Partial viewing One way of arousing the students' curiosity is

to allow them only a partial view of the pictures on the screen. We can use pieces of card to cover most of the screen, leaving only the edges on view. Alternatively, we can put little squares of paper all over the screen and remove them one by one so that what is happening is only gradually revealed. Trying to work out exactly what is going on with such partial viewing encourages the students to (イ) the language they are hearing − and this forces them to listen very carefully.

〔省略〕

Pictureless listening(language) The teacher covers the screen, turns the monitor away from the students or turns the brightness control right down. The students then listen to (ウ) and have to guess such things as where it is taking place and who the speakers are. Can they guess their age, for example? What do they think the speakers actually look like?

〔省略〕

Videotelling We can ask the students to predict what they are going to see, based on clues we give them. We can then use their predictions to build up a story, which we use to introduce language. Next we show them the video clip to see if it (エ) their predictions and then have them tell the story of what they saw.

① ア asking イ summarise ウ a dialogue
エ matches

② ア proposing イ contextualise ウ an instruction
エ makes

③ ア proposing イ summarise ウ a dialogue
エ makes

④ ア asking イ contextualise ウ a dialogue
エ matches

⑤ ア proposing イ summarise ウ an instruction
エ matches

解答

(1) ⑤ (2) ④

解説

中程度の長さの英文を読んで，空所に入る表現や語(句)を選択する問題である。

(1) CEFR(ヨーロッパ言語共通参照枠)についての英文である。CEFRの等級はA1，A2，B1，B2，C1，C2の6段階に分かれており，「can-do descriptors」を用いて，学習者がその言語で「具体的に何ができるか」を，レベル別に示している。

(2) ビデオや映画等を視聴するテクニックについての説明文である。
ア ビデオを途中で止めて何をするかという動詞の部分を答える問題である。 イ 聞いている言葉を場面や状況に当てはめるよう促す，という内容である。 ウ この空所の同じ文に出てくるitやthe speakersという表現に注目する。ここでのitがウに入る言葉である。また，the speakersと複数になっているため，複数での対話であることがわかる。 エ 仮にmakesを入れると「生徒に予想をさせる」という意味になるが，このVideotellingの項の1文目でまず予測をさせ，それからその予測に基づいてストーリーを作るという記述がある。その後に何をするかを述べている部分であるから，さらにここから予測をさせるのは文脈に合わない。

例題 4

次の英文の空所に最も適するものをあとのア～コから選び，記号で答えよ。(選択肢の書き出しはすべて小文字にしてある)

The idea of “law” exists in every culture. All societies have some kind of law to keep order and to control the interactions of people with those around them. The laws of any culture tell people three things : what they can do (their rights), what they must do (their duties) and what they may not do (illegal actions). In addition, there are usually specific types of punishment for those who break the law.

Although all societies have laws, the idea of justice —(①) and how "wrong" should be punished—can differ widely. In most Western cultures, it is thought that punishing criminals will prevent them from committing other crimes. Also, it is hoped that the fear of punishment will prevent other people from committing similar crimes ; in other words, (②) because of fear of punishment. In most non-Western cultures, by contrast, punishment is not seen as a deterrent. Instead, great importance is placed on restoring balance in the situation. A thief, for example, may be ordered to return the things he has stolen instead of, as in Western societies, spending time in prison.

Another difference in the concept of justice lies in various societies' ideas of what laws are. In the West people consider "laws" quite different from "customs". In many non-Western cultures, however, (③). Thus, an action may be considered a crime in one country but be socially acceptable in others. For instance, although a thief is viewed as a criminal in much of the world, in a small village where there is considerable communal living and sharing of objects, the word thief may have little meaning. (④).

Most countries have two kinds of law: criminal and civil. People who have been accused of acts such as murder or theft are tried in the criminal justice system, while (⑤). The use of the civil system reflects the values of the society in which it exists. In the United States, (⑥), civil law has become "big business". There are over 700,000 lawyers in the United States, and many of them keep busy with civil lawsuits ; that is, (⑦). If a man falls over a torn rug in a hotel and breaks his arm, for instance, he might decide to take the hotel owners to court so that they will pay his medical costs. In a country like Japan, by contrast, there is very little use of the civil justice system. Lawsuits are not very popular in Japan, (⑧), and where people would rather reach agreements outside court.

In societies where courts and judges simply don't exist, self-help is necessary and socially acceptable in disputes. (⑨), the owner's friends and relatives may get together and help him get the animal back. In small villages, everyone, in a sense, becomes a judge ; in such societies, where people's neighbors are also friends, members of their families, or co-workers, (⑩). Social disapproval of people's activities can serve both as powerful punishment for and as a strong deterrent to crime.

(注) deterrent：抑制力　criminal law：刑事法　civil law：民事法

ア. there is little separation of customs and laws

イ. where social harmony (peaceful agreement) is even more important than individual rights

ウ. what is "right" and "wrong"

エ. the opinions of the villagers are very important

オ. someone who has taken something without asking is simply considered an impolite person

カ. people who are considering a life of crime will decide against it

キ. if a cow has been stolen

ク. where personal, individual justice is considered very important

ケ. they work for people who want to bring legal action against others

コ. civil justice deals with people who are believed to have violated others' rights

解答

① ウ　② カ　③ ア　④ オ　⑤ コ

⑥ ク　⑦ ケ　⑧ イ　⑨ キ　⑩ エ

解説

① 直前のthe idea of justiceの説明にあたる文を選ぶ。

② in other words「言いかえれば，つまり」があるので，その前の文の「処罰が怖いために犯罪を思いとどまる」という内容に近いものを選ぶ。

③ howeverがあるので，前の文の内容と反対のものを選ぶ。

④ 「『泥棒』という言葉が意味を持たない」という，直前の内容を補強している文がオ。

⑤ while「ところが一方」があるので，criminal justiceと対立するcivil justiceを説明しているコを選ぶ。

⑥ the United Statesを先行詞にとれる関係副詞節はイとクの2つあるが，内容からクに決まる。

⑦ that is「つまり」があるので，前の文のlawyersの説明にあたるケを選ぶ。

⑧ あとに関係副詞whereの節があるので，ここも文法的に同じ形のイがきて，先行詞Japanを修飾する。

⑨ 文末にget the animal backがあるので，動物を話題にしたキが入ると見当をつける。

⑩ セミコロンの前の内容と適合するのがエ。

全訳

「法」の概念はどの文化にも存在する。すべての社会が，秩序を維持し，まわりの人々との相互作用を規制するある種の法を持っている。どの文化の法でも，人々に3つのことを示している。何をしてよいか(権利)，何をしなければならないか(義務)，何をしてはいけないか(違法な行為)ということである。加えて，ふつうは法を破る人に対する特別な処罰規定がある。

すべての社会に法があっても，何が「正しい」か「正しくない」か，そして「間違い」はいかに罰せられるべきかといった，正義の概念にはかなりの違いがある。ほとんどの西洋文化では，犯人を罰すれば，彼らが別の犯罪を犯すことを防止できると考えられている。また，処罰の恐怖は他の人間が同じ罪を犯すことを防止するだろう，言いかえれば，犯罪者になることを考えている人間が，処罰を恐れて犯罪を思いとどまるだろうということが期待されている。対照的に，ほとんどの非西洋文化では，刑罰は抑止力として考えられていない。それよりも，状況の均衡を回復することに重点が置かれている。例えば，泥棒は，西洋社会のように監獄で時間を過ごす代わりに，盗んだ物を返すように命じられるだろう。

正義の概念のもう一つの違いは，各社会での法とは何かという概念の違いにある。西洋では，人々は「法」は「慣習」とはまったく異なると考えている。しかし多くの非西洋文化では，法と慣習の区別はほとんどない。そこで，ある社会では犯罪と考えられるものが，他の社会では許容されることがある。例えば，泥棒は世界の多くの地域では犯罪者であるが，共同生活と物の共有がかなり存在する小さな村では，泥棒という言葉がほとんど意味を持たないかもしれない。伺いをたてずに物をとった人は単に無作法な人間だと考えられるだけだ。

たいていの国には，刑法と民法という2種類の法律がある。殺人や窃盗のような行為で告訴された人は，刑事法制度で裁かれるが，民事法制度では，他人の権利を侵害したと思われる人を扱う。民事法の適用はその社会の価値観を反映している。合衆国では，各人の個人的な正義が非常に重要であると考えられていて，民事法は「ビッグビジネス(大きな産業)」になっている。合衆国には70万人以上の弁護士がいて，多くが民事訴訟で，つまり他人に対して法的な訴えを起こしたい人たちのために働いていて，常に忙しい。例えば，もし人がホテルの破れた敷物の上でころんで腕の骨を折ったら，医療費の支払いを求めてホテルオーナーを裁判に訴えることを決心するだろう。日本のような国では対照的に，民事法制度を使うことがほとんどない。日本では，社会的な協調精神(平和的な解決)が個人の権利よりもはるかに重要であるため，訴訟はあまり一般的ではなく，裁判以外で合意に達することのほうが多い。

法廷や裁判官がまったく存在しない社会では紛争において自力救済が必要で，社会的に容認されている。もし牛が盗まれたら，所有者の友人や親類が集まって，動物を取り戻すのを手伝うだろう。小さな村では，だれもが裁判官であると言ってもよい。そのような社会では，隣人が友人や家族や同僚でもあり，村人の意見がとても重要である。人々の行動に対する社会的非難は，犯罪に対して効果的な処罰になるし，強力な抑止力にもなる。

例題 5

次の会話文の空所に入る最も適当なものをそれぞれ選べ。

My uncle was just about the worst farmer that ever lived. He wanted to plant something to bring him cash and see it grow. I myself planted more than a hundred *pomegranate trees. I drove a tractor, too, and so did my uncle. My uncle just liked the idea of planting trees and watching them grow. Only they wouldn't grow. It was on account of the soil. The soil was desert soil. (　①　).

One day my uncle and I got out of the Ford roadster and began to walk over the dry earth. We continued to walk over the dry land. When we came to some holes in the earth my uncle stood over them.

"This land is my land," he said. "Who lives down there?"

"Prairie dogs."

"What are they?"

"Well, (　②　). They belong to the same family as squirrels and beavers."

"What are all these things doing on my land?"

"They don't know it's your land. They're living here the same as ever."

"Do you think I scared them or anything?"

"I don't know for sure."

"(　③　). I'm going to build a house here some day."

"I didn't know that."

"I'm going to build a magnificent house."

"It's pretty far away."

"It's only an hour from town."

"If you go fifty miles an hour."

"It's not fifty miles to town. (　④　)."

"Well, you've got to take a little time out for rough roads."

"I'll build me the finest house in the world. What else lives on this land?"

"Well, there are three or four kinds of snakes."

"Poisonous or non-poisonous?"

"(⑤). The rattlesnake is poisonous, though."

"Do you mean to tell me there are rattlesnakes on this land?"

"This is the kind of land rattlesnakes usually live on."

"How many?"

"Per acre? Or on the whole six hundred and forty acres?"

"Per acre."

"Well, (⑥). Maybe only two."

"How many is that to the whole place?"

"Well, let's see. Two per acre. (⑦)."

"What else have we got around here that's poisonous?"

"I don't know of anything else. All the other things are harmless. The rattlesnakes are harmless, too, (⑧)"

"All right, you walk ahead and watch where you're going. If you see a rattlesnake, don't step on it. I don't want you to die at the age of eleven."

"Yes sir. I'll watch carefully."

"I'm going to make a garden in this awful desolation."

"Yes sir."

"I know what my problems are, and I know how to solve them."

"How? Do you mean the prairie dogs or the rattlesnakes?"

"I mean the problems. Well, the first thing I'm going to do is hire some Mexicans and put them to work."

"Doing what?"

"Clearing the land. Then I'm going to have them dig for water. After we get water, I'm going to have them plow the land, and then I'm going to plant."

"Wheat?"

"Wheat?" my uncle shouted "(⑨)? Bread is five cents a loaf. I'm going to plant pomegranate trees. They're practically unknown in this country. Ten, fifteen, maybe twenty cents each. I have in mind planting several other kinds of trees."

"Peach? How about apricots? I hope the Mexicans don't have any trouble finding water. Is there water under this land?"

"Of course. The important thing is to get started. I don't suppose apple trees would grow on this kind of land."

"(⑩)."

He started the car and we drove off the dry land on the dry road. The car bounced about slowly until we reached the road and then we began to travel at a higher rate of speed on the way back home.

(注) pomegranate：ザクロ

① (a) It was very green (b) It was like mud itself
(c) It was dry (d) It seemed fresh and wet

② (a) they're something like rats
(b) they belong to the family of birds
(c) they're similar to crocodiles
(d) they look like snakes

③ (a) Whenever I knew, I scared them
(b) If I did, I didn't mean to
(c) Even if I scared them, they were safe
(d) Tell me what I did

④ (a) It's seventy (b) It's more than sixty
(c) It's just sixty (d) It's thirty-seven

⑤ (a) Mostly non-poisonous (b) Almost all
(c) All of them (d) Nearly poisonous

⑥ (a) I like to say there are about two per acre, progressively
(b) I think there are about three per acre, originally
(c) I'd say there are about three per acre, conservatively
(d) I suppose there are about two per acre, instinctively

⑦ (a) About eleven hundred as a whole
(b) Nearly thirty thousand at least
(c) Approximately four hundred at best

(d) About thirteen hundred of them

⑧ (a) unless you step on them

(b) if you stand on the wrong place

(c) otherwise you walk on them

(d) in case you put your foot on the tail

⑨ (a) Shall I deal with rice

(b) What do I want with wheat

(c) How should I plant potatoes

(d) Why do I have to eat bread

⑩ (a) Yes, and I like fruits exceptionally

(b) I don't know what the important thing is

(c) I understand you're worrying about the Mexicans

(d) No, but I don't like apples anyway

解答

① (c) ② (a) ③ (b) ④ (d) ⑤ (a)

⑥ (c) ⑦ (d) ⑧ (a) ⑨ (b) ⑩ (d)

解説

① 前でdesert soilと言っている。

② あとに「リスやビーバーと同じ科」とある。

③ (b)が話の流れとして適切。did = scared them

④ 次に,「でこぼこ道の分は少し余計に時間がかかる」とあるので，実際の距離は50マイルより少なくて，1時間かかるとわかる。

⑤ あとの言葉で，ガラガラヘビだけが毒ヘビだとある。

⑥ あとでonly twoと繰り返しているので,「控え目に言って3匹くらい」という(c)が適当。

⑦ 少し前のせりふから，土地全体が640エーカーとわかる。2匹×640 = 1280匹。

⑧ unless「～しなければ」 in case「もし～したら」

⑨ 直後に，パンを作っても儲からないと言っているので，小麦のことは考えていないとわかる。

⑩ その前の「リンゴの木は育たんだろう」というおじさんの言葉に対

する相づちなので，(d)が適切。

全訳

私のおじさんはどうやらこの上なく最悪な農夫だった。彼は金儲けのために何かを植えて，それが育つのを見たいと思ったのだ。でも，100本以上のザクロの木を植えたのは私だった。私はトラクターも運転した。これはおじさんもやったが。おじさんは木を植えて，それらが成長するのをながめるという考えが気に入っていただけだった。しかし，結局はそれらはまったく育たなかった。土壌のせいだった。土が砂漠の土で，乾燥していたのだ。

ある日，おじさんと私はフォードロードスターから降りて，乾いた土の上を歩き始めた。私たちは乾いた土地を歩き続けた。土中にいくつか穴が開いたところに来ると，おじさんはそれらを見下ろすように立った。

「この土地は俺の土地だ」と彼は言った。「だれがこの下に住んでいるんだ？」

「プレーリードッグだよ」

「それは何者か」

「えーと，ネズミのようなものだよ。リスやビーバーと同じ科に属しているよ」

「こいつらはみんな俺の土地で何をしているんだ？」

「彼らはここがおじさんの土地だなんて知らないよ。彼らはずっと同じようにここに住んでいるだけさ」

「お前は俺があいつらを怖がらせたとか何とか思っているんじゃないか」

「さあ，どうかな」

「もしそうだったとしても，わざとじゃあない。俺はいつかここに家を建てるつもりなんだ」

「それは知らなかったよ」

「すごい家を建てるんだ」

「かなり遠いよね」

「町からたった１時間さ」

「もし時速50マイルで来ればね」

「町まで50マイルもないぞ。37マイルだ」

「うーん，でこぼこ道の分を少し差し引かなくちゃならないでしょ」

「世界で最高の家を俺のために作るんだ。この土地にはほかに何が住んでいるんだ？」
「えーと，3～4種類のヘビがいるよ」
「毒のあるやつか，ないやつか」
「たいていは毒を持っていないよ。ガラガラヘビは毒ヘビだけど」
「この土地にガラガラヘビがいるというのか」
「ここはふつうはガラガラヘビがいるような土地だよ」
「何匹いるんだ？」
「1エーカー当たり？　それとも640エーカー全体で？」
「1エーカー当たりで」
「えーと，控え目に言って，1エーカー当たりに3匹くらいかな。たった2匹かも」
「土地全体だとどうなる？」
「えーと，1エーカー当たり2匹だから，約1300匹だね」
「そのほかに毒を持っているようなものが，このあたりにいるかね？」
「ほかのものについては知らないよ。ほかのものはみな，害はないよ。ガラガラヘビだって無害なんだよ，そいつらを踏まなければ」
「よろしい，お前が先に立って歩きなさい。前をよく見てな。もしガラガラヘビを見たら，踏むんじゃないぞ。俺はお前に11歳で死んでほしくないからな」
「はい，注意して見ます」
「俺はこのひどい荒地に菜園(果樹園)を作るつもりだ」
「はい，おじさん」
「俺は何が問題かわかってるし，それらの解決方法も知っているんだ」
「どうするの？　プレーリードッグやガラガラヘビのこと？」
「重要な問題のことだよ。えー，まず最初に俺がすることはメキシコ人を何人か雇って働かせることだ」
「何をするの？」
「土地をきれいにする。それから井戸を掘らせる。水が出たら，彼らに土地を耕させ，それから俺が植える」
「小麦を？」

「小麦だと？」おじさんは叫んだ。「小麦でどうするんだ？　パンは1個5セントだぞ。俺はザクロの木を植えるんだ。この国ではほとんど知られていないから，1個が10セント，15セント，おそらく20セントになる。いくつか他の種類の木を植えることも考えているよ」
「桃？　アプリコットはどう？　メキシコ人たちが苦労しないで水を見つけられるといいね。この土地の下に水はあるの？」
「もちろんさ。重要なのはまず始めることだ。こういう土地ではリンゴの木は育たんだろう」
「そうだね。どっちにしろ，僕はリンゴが好きじゃないから」
　おじさんが車を発進させ，私たちは乾燥した土地を後にして，乾燥した道路に向かった。車は道路に出るまでゆっくりと上下に揺れたが，出るやいなや，私たちは家に向かってずっと速いスピードで走り始めた。

例題 6

次の英文の空所に入れるのに最も適当な語を，それぞれの①～④から1つ選べ。

From a very early age, perhaps the age of five or six, I knew that when I grew up I should be a writer. Between the ages of about seventeen and twenty-four I tried to abandon this idea, but I did so with the consciousness that I was (1) my true nature and that sooner or later I should have to settle down and write books.

I was the middle child of three, but there was a gap of five years on either side, and I barely saw my father before I was eight. For this and other reasons I was somewhat lonely, and I soon developed (2) behavior which made me unpopular throughout my schooldays. I had the lonely child's habit of making up stories and holding conversations with (3) persons, and I think from the very start my literary ambitions were mixed up with the feeling of being isolated and (4). I knew that I had a facility with words and a power of facing unpleasant facts, and I felt that this created a sort of private world in which I could make up for my (5) in everyday life.

Nevertheless, the volume of serious writing which I produced all through my childhood and boyhood would not amount to half a dozen pages.

1 ① satisfied ② offending ③ acting ④ pleased
2 ① disagreeable ② agreeable ③ attractive
④ distinguished
3 ① real ② actual ③ unimaginable ④ imaginary
4 ① undervalued ② overvalued ③ valued equally
④ valued properly
5 ① progress ② ability ③ success ④ failure

解答

1 ② 2 ① 3 ④ 4 ① 5 ④

解説

1 「自分の本当の性質に背いているという意識」 offend「～に背く」
2 behaviorのあとの関係代名詞節に「不人気にした」とあるから否定的な形容詞を選ぶ。
3 「作り話をでっち上げたり，架空の人物と会話をしたりという孤独な子供の性癖」 imaginary「架空の，想像上の」
4 「孤立感と軽視されているという感情が混じり合ったもの」 undervalue「～を軽視する，～を過小評価する」
5 空所の前make up for ～は「～の埋め合わせをする」の意だから，目的語は否定的な語になる。

全訳

非常に幼い頃から，たぶん5歳か6歳の頃，私は大きくなったら作家になるのだとわかっていた。だいたい17歳から24歳くらいまでの頃，私はこの考えを捨てようとしたが，そうしながらも，自分は自分の本質に背いているし，いずれは落ち着いて本を書かざるを得なくなるだろうという意識は持っていた。

私は3人きょうだいの真中だったが，どちらにも5歳の開きがあったし，8歳になる前はほとんど父親に会わなかった。このことやほかの理由で，私はいくぶん一人ぼっちだったし，まもなく学校時代を通して私を人気のない者にした無愛想な行動が身についた。私は作り話をでっち上げたり，架空の人物と会話をするという孤独な子供の性癖を持っていた。そしてそもそも最初から私の文学の野心は孤立感と軽視されているという感情が混じり合っていたと思う。私は言葉の才があり，不愉快な事実に直面する力があるのは知っていたし，このことが毎日の生活での私の失敗の埋め合わせをすることのできる一種の私的な世界を創造したのだと思う。それにもかかわらず，幼少時代と少年時代を通して私が作り出したまじめな文章の量は6ページにもならないものだった。

例題 7

次の各問いに答えよ。

問1　次に示されたA～Cの各文を入れるのに最も適当な箇所を，下の文章中の①～⑥のうちからそれぞれ1つずつ選べ。

A　Similarly, air does not conduct heat as well as water.

B　They, too, are poor conductors of heat and so a very good protection against cold.

C　This can be easily proved.

Some people wear a fur coat for warmth in winter, but few realize that the fur in itself is not really warm at all. In fact, it has the same temperature as its environment. It does not warm us but keeps us warm. The source of heat is our body, not the fur. Fur is specially suited to preserving body heat by preventing it from flowing off into the cold surroundings. In other words, fur does not let heat pass through it easily: it is a poor conductor of heat.

Different materials conduct heat differently. A frying pan with an iron handle soon gets too hot to be touched. This is because iron allows heat to pass through it very quickly. We prefer our frying pans to have wooden handles since wood is a poor heat conductor. (　①　) We would find a room of 22℃ quite comfortable even if we wore just a swimsuit, while bath water of the same temperature is unpleasantly cool. (　②　) The water takes heat from our warm body much more quickly than the air does.

Different parts of our body conduct heat differently. (③) An object that is too hot to be touched for more than a second with our hands or lips can be in contact with a fingernail for some time. That is because a fingernail is a poor conductor of heat and the heat only reaches the sensitive layer under the nail gradually. (④)

Hair and feathers consist of materials similar to nails. (⑤) In addition to this feature, they keep a layer of air underneath. So geese, hares, and even bears in Siberia do not need special winter coats. They have been given warm coats by Nature. (⑥) Humans, having only a very small amount of natural hair, have hunted birds and animals for their feathers and fur since ancient times, and we still use feather bedcovers and wool blankets.

問2　次に示されたＡ～Ｃの各文を入れるのに最も適当な箇所を，下の文章中の①～⑥のうちからそれぞれ1つずつ選べ。ただし，各段落に一文ずつ入れよ。

A　These activities do not teach them how to get along with others.

B　They need space, especially outdoors, so that they can run, jump, and yell.

C　It is very doubtful, however, whether any Japanese children get that much free time.

When we watch kittens and puppies playing, we realize that through play they are learning how to live. They learn various physical skills, such as how to jump over barriers without getting hurt. They also learn social interaction. For example, if a kitten bites his sister too hard, she will get angry and bite him back. These physical and social skills form part of the training that young animals need in order to grow up.

(①) Just as kittens and puppies learn about how to live through play, so do children. But in present-day Japan, especially in cities, there is not much space for children to play in. Children need to release their energy for their mental and physical health. (②)

Another point to consider is how much time children have to play. Some people say that four to five hours a day of playing outdoors with others is necessary, even for twelve-year-olds. (③) Concerned about their future in an increasingly competitive society, parents generally tell their children to study more ; very few would tell them to go out and play. (④)

What do these children do at home when they are not studying? They tend to spend time by themselves. They play video games or watch TV, for instance. (⑤) This can only be learned through playing with other children. They need to play without being told what to do by adults in order to learn about leadership and group harmony on their own. (⑥) Outdoor space is particularly suitable for this purpose. Children need a proper outdoor environment where they can freely spend their time playing with friends.

解答

問1　A　①　　B　⑤　　C　③

問2　A　⑤　　B　②　　C　③

解説

問1　まず全体の流れを把握する。第1段落では，毛皮が暖かいのは熱伝導率が低いからだということが述べられる。第2段落では，素材によって熱伝導率も異なることが述べられている。第3段落では，「体の部分によって熱伝導率が異なることが述べられている。最終段落では，毛や羽毛について述べられている。

Aの訳は「同様に，空気は水ほど熱を伝えない」である。「同様に」ということから前文に熱伝導率の低いものについて述べられている必要がある。素材によって熱伝導率が異なることが述べられているのは第2段落である。①か②に補う。①の前文には「木の方が熱は伝わりにくいので，木の柄のついたフライパンの方が好まれる」となっていて，木は熱伝導率が小さいことが述べられているので，①のところに補えると見当がつく。①の後の文は「気温22度の部屋は快適だが，風呂の湯が同じ温度だと冷たくて入っていられない」と述べられ，「空気と水」の話になっているので，①のところに補うのが適切。

Bの訳は「それらもまた，熱を伝えにくいので寒さを防ぐのに非常によい」となる。They「それら」が指す複数名詞が前文にある必要がある。前文に複数名詞があるのは③，⑤，⑥の箇所である。③に入れるとTheyは体の部分を指し「寒さを防ぐのによい」との記述につながらない。⑥に入れるとTheyはガチョウ，ウサギ，シベリアのクマを指すことになり不自然。⑤ならHair and feathersをTheyが指すことになり，「熱を伝えにくい爪と同様の物質からできている」との前文とのつながりも自然だし，後の文の「この特徴に加え」のthis featureが「熱伝導率の低いこと」を指すことになる。⑤に補うのが適切。

Cの訳は「このことは簡単に確かめられる」となる。残る第3段落に入るが，Thisが指すものが前にあるか，「確かめる」方法が後に続いていることが必要。④に入れるとすると，段落末になり「確かめる」方法が述べられていないから不自然。③に入れるとThisが「私たちの体の部分によって熱の伝わり方が異なる」ことを指し，その確かめ方が次の文に「手や唇では1秒と触っていられないが，爪ならしばらくは触っていられる」と記述されている。③に補うのが適切。

問2　まず本文の流れを把握する。第1段落は動物の子どもは遊びを通して成長するための身体的技能や社会的機能を学ぶと話題を提供している。第2段落では人間の子どもも同じだが，そのための場所が日本の社会にはあまりないことが問題としてあげられる。第3段落では遊ぶ時間のことが問題になる。今日の日本の子どもには遊ぶ時間が少ない。最終段落では，家で勉強していない時子どもたちは何をしているかと言うと，ひとりでテレビゲームをしたり，テレビを見たりしていると，「子どもの活動」が述べられている。友だちといっしょに遊ぶ必要があり，そのために場所や時間が子どもたちには必要だと結論づけている。

Aの訳は「このような活動は他の子どもたちと仲良くやっていく方

法を教えてはくれない」となる。「このような活動」が指すものが前にあることが必要になる。「子どもの活動」については最終段落に述べられている。⑤はその前文に「テレビゲームをしたりテレビを見たりしている」とある。それを「このような活動は」と受けて「他の子どもたちと仲良くする方法を教えない」となり，話がつながる。⑤に補うのが適切。

Ｂの訳は「子どもには走ったり，跳ねたり，叫んだりするために，とりわけ屋外の空間が必要だ」である。「場所」の問題は第2段落に述べられているから，①か②のどちらかにこの文を補うのだと見当がつく。①は，その直後の文では「子猫子犬が遊びを通して生き方を学ぶのとちょうど同じように，人間の子どももそうだ」と述べられている。この文の前に，人間の子どものことが述べられている文を補うのは適切ではない。②に補うと，直前の文が「子どもたちは心身の健康のためにエネルギーを発散することが必要である」となっていて，その後にエネルギーを発散する場所が述べられている文がくるのは話の流れとして自然。②が適切である。

Ｃの訳は「しかし，日本の子どもの中に，それだけ自由な時間がある子どもがいるのかどうかは非常に疑わしい」となる。「時間」の問題は第3段落に述べられているので，③か④に入るはずである。「それだけの時間」と言っているので「それだけの時間」を表す語句がこの文の前になくてはならないことになる。③の直前の文を見ると「外で他の子どもたちと遊ぶ時間は，12歳の子どもでさえ1日4時間から5時間必要だと言う人もいる」と述べられている。「1日4時間から5時間」が「それだけの時間」になるので，③に入れるのが適切。

全訳

問1　冬に暖かさを求めて毛皮を着る人もいるが，毛皮そのものは実際には決して暖かくないことに気づいている人は少ない。実際，毛皮の温度は周囲の温度と同じだ。毛皮は私たちを温めてくれるのでなく，暖かくしてくれるのだ。熱源は私たちの体であって，毛皮ではない。毛皮は体温が周囲の冷たい空気の中に流れ出ていくのを防いで熱を保つのに特に適している。言い換えれば，毛皮は熱を簡単には通さないのだ。熱が伝わりにくいのだ。

素材が異なれば，熱の伝わり方も異なる。柄が鉄のフライパンはすぐに熱くなって触れられなくなる。これは鉄が熱をすぐに伝えるからだ。木は熱を伝えにくいので，フライパンには木製の柄がついたものの方がいい。同様に，空気も水ほどには熱を伝えない。水着しか着ていなくても，気温22度の部屋は快適だが，一方風呂が同じ温度だと冷たくて不快である。水は空気よりもずっとすばやく体から熱を奪ってしまう。

私たちの体も部分によって，熱の伝わり方が異なる。このことは簡単に確かめられる。手や唇では熱くて1秒も触っていられない物でも，指の爪なら少しの間触ることができる。それは爪が熱を伝えにくく，爪の下にある敏感な層に熱は徐々にしか伝わらないからである。

髪の毛や羽毛も爪と同様の物質からできている。それらもまた，熱が伝わりにくく，それで寒さを防ぐのにとてもよい。この特徴に加えて，毛や羽毛は空気の層を作ってくれる。それで，ガチョウやウサギ，またシベリアのクマでさえ特別な冬用のコートは必要としない。彼らには自然が暖かいコートを与えている。人間は天然の毛がごく少量しかないので，羽毛や毛皮をとるために古代から鳥や動物を狩猟してきたのであり，今でも羽毛のベッドカバーやウールの毛布を使っているのである。

問2　子猫や子犬が遊んでいるのを見ると，遊びを通して生き方を学んでいるのがわかる。彼らは，けがをせずに障害物を飛び越える仕方といった，いろいろな身体的技能を身につける。また，社会的な相互関係も学ぶ。たとえば，子猫が自分の姉妹をあまりに強く噛みすぎると，その姉妹は怒って噛み返す。このような身体的，社会的技能は動物の子どもが成長するために必要な訓練の一部をなしている。

子猫や子犬が遊びを通して生き方を学ぶのとちょうど同じように，人間の子どももそうしている。しかし，今日の日本には，特に都市部では，子どもが遊べるような場所がそんなにはない。子どもは心身の健康のためにエネルギーを発散する必要がある。子どもには走ったり，跳ねたり，叫んだりできるように，とりわけ屋外の空間が必要だ。

もうひとつ考慮すべき点は，遊びのためにどれだけの時間が子どもたちにはあるかという点だ。外で他の子どもたちと遊ぶ時間は，12歳の子どもでさえ1日4時間から5時間必要だと言う人もいる。しかし，日本の子どもの中に，それだけ自由な時間がある子どもがいるのかどうかは非常に疑わしい。ますます競争が激しくなっていく社会の中で，子どもたちの将来を心配して，一般に親たちは子どもたちにもっと勉強しなさいと言う。子どもに外に出て遊びなさいと言う親は非常に少ないだろう。

このような子どもたちが勉強していないときには家で何をしているのだろうか。子どもたちは一人で時間を過ごしがちだ。たとえば，テレビゲームをしたり，テレビを見たりしている。このような活動は，どのようにすれば他の子どもたちと仲良くやっていけるのかを教えてはくれない。このことは他の子どもたちと遊ぶことによってしか学ぶことができない。子ども自身でリーダーシップやグループの調和を学ぶためには，大人に何々をしなさいと言われずに遊ぶ必要がある。屋外の空間はこの目的のために特に適している。子どもたちには友だちと遊ぶ時間を思う存分に過せる適切な屋外の環境が必要なのだ。

例題 8

次の英文は「橋の新材料」について述べたものである。(ア)～(コ)に入れる最も適当なものを選択肢から選べ。

Every year hundreds of new bridges, large and small, are built around the world. Most of these bridges are made of wood, steel, concrete, or some combination of those three (ア). However, in the last few years bridges are being built using various kinds of plastics.

A new bridge in Klipphausen, Germany, is made entirely of glass-fiber reinforced plastic (GRP). It is just as (イ) as a concrete or steel bridge, but unlike those materials, GRP does not corrode and is not affected by frost or mold. Although it is more expensive than a conventional bridge of steel and concrete, it is expected to last much longer and to need less maintenance, so the town will save (ウ).

A bridge in New Jersey, U.S.A., is made of a new material blended from recycled polyethylene (エ) polystyrene. Polyethylene is a kind of plastic used for many containers, and many coffee cups, plates, bowls, and toys are made of polystyrene. Neither of these materials alone is strong enough to make a bridge, but the new material made from them is (オ) stronger. The new bridge is 14 meters long and can support a heavy fire truck. (カ) bridge will also be cheap and easy to maintain.

Another advantage of plastic bridges is that they can be (キ) and built much more quickly than conventional bridges. Specially-developed computer software can be used to design a plastic bridge that meets the needs of a specific site by modifying a standard basic design, in the way customers buy a new car by (ク) from a range of options and special equipment. Once the bridge's design is completed, the plastic parts can be manufactured in a week. These components are light in weight and easy to handle, so a small bridge can be installed by a two-man crew in a few (ケ).

Most of the plastic bridges built so far are comparatively small, built for pedestrians or light vehicle traffic. As the technology advances and the advantages of plastic bridges are recognized, however, there could be many large-scale highway and railroad bridges made of plastic in the (コ).

ア 1. across　2. bridges　3. construct
　4. drives　5. materials　6. weaker

イ 1. difficulty　2. environment　3. making
　4. river　5. strong　6. those

ウ 1. because　2. dangerous　3. money
　4. natural　5. plastics　6. technological

エ 1. about　2. and　3. develops
　4. expensive　5. trash　6. unused

オ 1. carries　2. completed　3. length

	4. much	5. trial	6. which
カ	1. Company	2. Engineering	3. Instead
	4. This	5. Train	6. Walk
キ	1. comparing	2. designed	3. destruction
	4. inside	5. only	6. tunnel
ク	1. actually	2. choosing	3. programmer
	4. salesman	5. shows	6. then
ケ	1. cooperates	2. efficient	3. hours
	4. machinery	5. skilled	6. travel
コ	1. above	2. apply	3. daily
	4. future	5. global	6. steel

解答

ア 5　イ 5　ウ 3　エ 2　オ 4

カ 4　キ 2　ク 2　ケ 3　コ 4

解説

ア　直前のthose threeが指しているのは木材・鋼鉄・コンクリートのことである。これらを総称する名詞として適切なのは，5のmaterials(物質，材料)。

イ　asとasの間にくる語なので，形容詞か副詞を選ぶ。選択肢の中で該当するのは，5のstrongだけである。

ウ「(GRPの橋は)ずっと長持ちし，保守管理もより少ない費用で済むことが期待されている」という内容を受けて，「それで町は～を節約するだろう」と続く。～には名詞がくると考えられるので，3のmoneyが適切。save moneyで「貯金する，コストを削減する」の意味。

エ　前後にポリエチレン・ポリスチレンという同種類の名詞が並列に置かれていることから判断する。常識的に考えて，2の接続詞andが入る。

オ　前半の文で，「これらの材料のどちらも，単独では橋を造れるだけの強度はない」と述べたあと，「しかしそれらからできた新材料は～」と続く。よって，直後の比較級strongerを強調する副詞，4のmuchが適切。

カ　直後の名詞bridgeは既出の語で，文脈から考えても，プラスチックの新材料で造られた橋を指している。よって，4のThisを入れる。

キ　can be … builtから，受動態の文だとわかる。よって，動詞の過去分詞形が入るので，2のdesignedを選ぶ。

ク　主文の「標準となる基本設計を一部修正することで，具体的な場所の要求に見合うプラスチック製の橋を設計する」という部分がヒントになる。〈by＋動名詞〉の形になるように，動詞の～ing形，2のchoosingを選ぶ。

ケ　前でby a two-man crew「2人組の班によって」と，作業員の人数に言及していることから考える。in a few ～という言い回しは時間で使われることが多いので，時間に関係する名詞の複数形が入ると予想できる。よって，3のhoursを選ぶ。

コ　これまでに建設されたプラスチック製の橋について，現状の説明がなされたあとなので，今後の展望についてのコメントが続くものと思われる。in theと結びついて連語を作ることができる，4のfutureが適切。

全訳

毎年，何百もの橋が，大きいものから小さいものまで，世界中で建設されている。これらの橋の大部分は木材，鋼鉄，コンクリート，あるいはそれら3種類の材料の組み合わせでできている。しかしながら，ここ数年，橋は様々な種類のプラスチックを使って建設されている。

ドイツ，クリップハウゼンの新しい橋は，グラスファイバー強化プラスチック(GRP)100％でできている。それはコンクリート製あるいは鋼鉄製の橋と同じ強度があるが，それらの材料とは違って，GRPは腐食せず，霜やカビの影響を受けない。それは従来の鋼鉄やコンクリートの橋よりも費用がかさむとはいえ，耐久性のさらなる向上と維持費の節約が期待されるので，町はコストを削減できるだろう。

アメリカ合衆国，ニュージャージー州の橋は，再生利用したポリエチレンとポリスチレンの新しい合成物質でできている。ポリエチレンは多くの容器に使われるプラスチックの一種であり，コーヒーカップ，皿，ボウル，それにおもちゃなどは，多くがポリスチレンで作られる。これらの材料のどちらも，単独では橋を造れるだけの強度はないが，それら2つからできた新材料はずっと強度が増している。その新しい橋は長さが14メートルあり，重い消防車を支えることができる。この橋はまた，保守管理するのが安価で容易でもある。

プラスチック製の橋のもう1つの利点は，従来の橋よりも設計と建設がずっと短期間で可能だということである。特別に開発したコンピュータ・ソフトウェアを使用することで，ちょうど消費者が様々なオプションや特別装備を選択して新車を買うように，標準的基本設計を修正することにより，特定の設置場所の必要性に適合するプラスチック製の橋を設計することができる。ひとたび橋の設計が完了すれば，プラスチック部品は1週間で製造できる。これらの製造部品は重量が軽く，取り扱いが容易なので，小さい橋なら2人の作業員によって数時間で設置が可能である。

これまでに建設されたプラスチック製の橋の大部分は，比較的小さく，歩行者または軽自動車の通行用に造られたものである。しかしながら，技術が進歩してプラスチック製の橋の利点が認められるようになれば，将来は多くの大規模な高速道路や鉄道の橋がプラスチックで造られるようになるだろう。

例題 9

次の英文を読んで，あとの問いに答えよ。

Learning to spell is part of learning a language. Correct spelling helps writers to be precise so that they are correctly understood. If spelling is poor, readers may misunderstand, or they may decide a writer is not worth(①). Poor spelling (②) to poor pronunciation and to the misuse of language. Since language is one of the forces that hold society together and make civilization possible, its misuse can have serious consequences.

English spelling is admittedly difficult to learn. There are several reasons for this. English has borrowed words (③) from other languages, and it has borrowed the Roman alphabet, which is not even large enough to accommodate the sounds of the Latin language. This alphabet is much less suited to represent all the sounds of the English language. If the English language had exactly 26 sounds, (④) for each letter of the alphabet, there would be no spelling problems. A speller would merely learn the 26 letters and the sound each letter represents.

In fact, the English language has about 44 major sounds. Letters do not always sound the same, even when they are used in words that appear similar. The verb forms choose and chose differ in two obvious ways : one is present tense and the other is past tense. The o sounds also differ between them. Other words sound the same, though they are spelled differently. Someone (⑤) the words sealing and ceiling cannot know which word is meant except by its context in a sentence or paragraph. Words that sound alike but are spelled differently are called homophones (from the Greek meaning "same sound"). Common examples are to, two, and too; seem and seam; and plane and (A).

Words borrowed from other languages can cause spelling problems. They may also be caused by the way some words were pronounced long ago. Climb and thumb are examples. In past centuries speakers of English sounded the final b in these words. People no longer pronounce climb and thumb (⑥), but the speller still must remember to write the final b. The same is true of the k in knife, the l in half, and the w in (B). Once these letters stood for definite sounds. They no longer (⑦), but they remain part of the spelling.

A chief reason for the inconsistency between sound and appearance of some words is the conservative nature of writing as opposed to speaking. Kite, for example, once had an e sound at the end. In time the sound was dropped, but it persisted in writing – which is much (⑧) to change than the spoken language.

The nonphonetic character (the difference between sounds and spellings) of many words can cause numerous difficulties for people trying to learn English. Different combinations of letters are often used to make the same sound. For example, the sh sound of English, can be made in at least 16 other ways : pronunciation, conscious, extension, pressure and so on. (⑨) these problems, English spelling – especially in the United States – still makes sense most of the time. An f sound is almost always spelled with an f, as in fun or cliff. The major exception occurs with the ph for f in words derived from Greek, such as photograph, phrase, and philosophy. Occasionally the f sound uses a gh, as in tough, rough, or (C). Fewer problems arise with consonants that sound alike under some circumstances. For example, c, k, and qu can all have the same hard k sound, depending on the word. But a c can also have a soft sound like an s, in other words, for example, ceiling, cease, century, and (D).

All the inconsistencies of the English language show that no simple rules can teach a person how to spell. In any event, there seems to be no best way to master English spelling (⑩) to get accustomed to using English mainly by reading and writing as many English passages as you can.

(1) ①～⑩の空所に最も適する語句を，それぞれ次から選んで記号で答えよ。

① ア．while reading イ．reading ウ．to read エ．read

② ア．comes イ．goes ウ．falls エ．leads

③ ア．perfectly イ．doubtfully ウ．extensively エ．exclusively

④ ア．one イ．that ウ．ones エ．those

⑤ ア．hearing イ．reading ウ．writing エ．speaking

⑥ ア．such a way イ．that way ウ．such way エ．the way

⑦ ア．have done イ．do ウ．had done エ．did

⑧ ア．earlier イ．later ウ．faster

エ．slower

⑨ ア．For the sake of　イ．Owing to　ウ．Without
エ．With all

⑩ ア．due　イ．as　ウ．but　エ．so

(2) 文脈から判断して，最も適当な英単語を1語ずつ，下線部(　A　)～(　D　)に入れよ。

解答

(1) ① イ　② エ　③ ウ　④ ア　⑤ ア　⑥ イ
⑦ イ　⑧ エ　⑨ エ　⑩ ウ

(2) A　plain　B　(例) write　C　(例) laugh
D　(例) certain

解説

(1) ① S is worth ～ingで「Sは～する価値がある」の意味。アはIt is worth while ～ingの構文でなければ使えない。

② lead to「～を引き起こす」

③ extensively「広範囲に」，exclusively「もっぱら，独占的に」

④ 英語のアルファベットは26文字なので，「1文字に対して一つの音」とする。one = a sound

⑤ sealingとceilingは同音なので，文脈がないとsomeone hearing(聞いた人)はどちらかわからない。

⑥ that way「そのように」

⑦ no longer「もはや～ない」，do = stand for (definite sounds)

⑧ slower to change「変化するのがより遅い」

⑨ with all ～で「～がありながら」という譲歩の意味。for the sake of「～のために」

⑩ but「～以外に」

(2) A　planeの同音異義語はplain「明白な」

B　wを発音しない単語を入れる。

C　ghをfと発音する単語を入れる。

D　cをsと発音する単語を入れる。

全訳

つづりを習うことは，言語を学ぶことの一部である。著者が正しく理解してもらうために厳密さを期すなら，正しくつづることが役立つ。つづりが不正確であると，読者は誤解したり，読むに値しない著者であると決めつけるかもしれない。不正確なつづりは，発音の間違いと言語の誤用につながる。言語は社会の結束を強め，文化を発展させる力の一つなので，その誤用は重大な結果をもたらすかもしれない。

英語のつづりは確かに学ぶのがむずかしい。これにはいくつかの理由がある。英語は他の言語から広範囲に単語を借用した。そして古代ローマのアルファベットを借用したのだが，ラテン語の音すべてに対応させるには数が不十分だった。このアルファベットはまた，英語のすべての音を表すことにもまったく適していなかった。もし英語に26音しかなかったら，アルファベット1文字に1音ということで，つづりの問題は起きなかっただろう。書き手は26文字と，各文字が表す音だけ覚えればよかったからだ。

実際には，英語には約44個の主要な音がある。文字は，よく似ている単語の中で使われても，必ずしも同じ音を表すわけではない。動詞chooseとchoseは，2つの点で明らかに違う。片方は現在形で，他方は過去形である。そしてoの発音が違う。つづりが違うが，発音は同じという単語もある。sealingとceilingという単語を聞いた人は，文や段落の中での文脈がないと，どちらの意味かはっきりとわからない。音が同じでつづりが違う単語は，同音異義語homophone(ギリシア語の「同音」の意味からくる)と呼ばれる。簡単な例は，toとtwoとtoo，seemとseam，planeとplainである。

他の言語から借りた単語にはつづりの問題が起こりがちだ。また，昔の発音の仕方から問題が起こることもある。climbとthumbがその例だ。数世紀前の英語の話者は，これらの単語の最後のbを発音していた。今の人たちはもうclimbとthumbをそのように発音しないが，書くときは最後のbを忘れてはならない。同じことが，knifeのk，halfのl，writeのwにも言える。かつてはこれらの文字が一定の音を表していたのだ。もはやそうではないが，つづりの一部に残ったままである。

単語に音と形の不整合が起こる主たる原因は，話すことに比して，書くことのほうが保守的であるからだ。例えば，kiteには最後のeの音があった。やがてその音が落ちてしまったが，書き続けられた。書き言葉は，話し言葉よりもはるかに変化が遅い。

多くの単語の非表音的特徴(音とつづりが違うこと)が，人々が英語を学ぼうとする上でのさまざまな困難をもたらしている。異なる文字の組み合わせが，同じ音に対して用いられていることもある。例えば，shockやEnglishのshの音が，pronunciation, conscious, extension, pressureなどのように，少なくとも16のほかのつづりでも表せる。これらの問題があっても，英語のつづりは，特にアメリカ合衆国では，たいていは規則通りである。funやcliffのように，fの音はたいていfのつづりである。大きな例外は，photograph, phrase, philosophyのような，ギリシア語から由来した単語で，fの音をphで表す場合である。時には，tough, rough, laughのように，ghでfの音を表すこともある。ある条件のもとで同じ音を表す子音については，ほとんど問題がない。例えば，cやkやquは，単語によって同じ硬音のkの音になる。しかしcは他のceiling, cease, century, certainなどの単語では，sのような軟音になる。

英語の矛盾をすべて考慮すれば，つづりを教えることができる簡単な規則はないということがわかる。とにかく，もっぱら，できるだけたくさんの英語の文章を読んだり書いたりして，英語を使うことに慣れる以外には，英語のつづりを修得するための最上の方法はないようだ。

長文読解 下線部問題型

例題 1

次の英文を読んで，問いに答えよ。

In Japan, one is expected to be exceedingly modest, to put oneself back and the others forward, to be nothing more than a humble servant of the company or state, a modest member of the community, no matter how important one is. As we shall see, the language makes it almost impossible for a person to speak up and society makes it hard for one to stand out. Yet, even in Japan, no matter how humble, self-effacing or insignificant, the individual human being is always the basic building block for any social unit. (1) This fact may have been ignored in the centuries of relatively stable and fixed social relations, but it can only be neglected with some peril in times of more rapid change.

During the Tokugawa period which lasted almost three centuries, a very comprehensive system was imposed, based on Confucian concepts mixed with some native traditions, (2) [in / to / place / put / his / individual / each]. There were ranks and classes, starting with the exalted but powerless position of the emperor, the ***shogun*** as the real power in the land, down to the lords, the ***samurai***, peasants, artisans, merchants, and outcastes. Each one of them had definite obligations toward their superiors and expected certain duties from their inferiors. Within each family, the father was the family head, with the oldest son as second-in-command, then the other sons, and the wife, followed by any daughters, under them. The Meiji Restoration was bound to change the ranking somewhat in that the emperor was elevated to a higher position in real terms (although others acted and often decided on his behalf), the ***shogun*** was removed as such, and all the other classes were lowered ---or raised --- to the same level. The lords and samurai were stripped of their fiefs and authority, although they retained some land or got a stipend, and the merchants were enabled to rise faster than before. Throughout the nation, the family group or ie remained an organized and recognized institution responsible for one another's behavior and welfare. All were, of course, humble servants of the nation and the emperor.

The social structure of the Meiji era, reinforced by many elements of the Tokugawa period which had never been thrown off or quietly returned, placed powerful bonds on all the people. Of course, the rise of new economic functions, relations, and classes jostled about the rules and people a bit. The introduction of foreign philosophies and ideologies made the framework look a bit old-fashioned to some. And (3) urbanization, in which the younger sons often left the family physically, were freed of its constraints, and developed a new life style in the cities bearing little comparison to the rural one, further weakened it. Still, even well into the twentieth century, the system held.

This system consisted very largely of obligations there was little chance of shirking or evading. Rights, if any, were seen in relation to obligations as a lack of obligations to someone or an obligation someone else owed you. Even pleasure, in many ways, was nothing more than satisfaction for having met an obligation although the act of (4) doing so may have been quite painful. (中略) Yet, try as one might, it was impossible to escape the cycle of receiving and returning on (obligation).

With defeat in World War Ⅱ, there was (5) a revulsion. The system had led the nation into a disaster, many of its elements from the emperor on down to the family system were challenged. Relations between the components, between parents and children, superiors and inferiors, men and women, management and labor, state and citizens, were questioned. More important was that the generation that grew up during the war had only been partly educated in the (A) ways, and the postwar generations knew exceedingly little of them. On the whole, their feelings were negative, rejecting the (A) system as feudalistic, backward or old-fashioned. In particular, the (A) rules were too strict and harsh for a more modern and fast moving society. Thus, referring to the old code, so well described in Ruth Benedict's ***The Chrysanthemum and the Sword*** and still seen as the key to unlock the mysteries of Japan, was not very helpful and perhaps misleading. The old precepts still applied for some of the older people, especially in (B) areas, but it was useless as a means of understanding the young urbanites even if some remnants and similarities appeared on the surface.

(from "JAPAN The Coming Social Crisis" by Jon Woronoff)

問1　下線部(1)の内容を日本語で説明せよ。

問2　下線部(2)の[　　]内の語句を文脈上意味が通じるように並びかえよ。

問3　下線部(3)を，文末のitが指すものを明らかにして，和訳せよ。

問4　下線部(4)の指す内容を10字以内の日本語で答えよ。

問5　下線部(5)の内容を具体的に日本語で説明せよ。

問6　(A), (B)に入る最も適切な英語1語を，それぞれ英文から抜き出して答えよ。

解答

問1　1人ひとりの個人がいつもあらゆる社会の基本的な構成単位であるという事実。　問2　to put each individual in his place　問3　都市化で，長男以外の息子たちは物理的に家を離れ，その束縛から解放され，都市部で田舎とはほとんど似ていない新しい生き方をしたのだが，そのことでその枠組みはさらに弱まった。　問4　義務を果たすこと(8字)

問5　人々は，明治の社会制度のせいで国が災難に陥ったと考え，天皇制から家族制度にいたる要素の多くを疑ったということ。

問6　A　old　　B　rural

解説

問1　比較的安定していて，一定の人間関係を築いていく中で無視されてきたものがthis factであり，直前のthe individual～social unitが表す内容を指す。

問2　下線部を含む文の主語はa very comprehensive system，動詞はwas imposedで，文として成立している。よって「個々をその身分の中に置くために」(個々に身分を割り当てるために)と考えて語を並べる。

問3　文全体の主語はurbanization「都市化」，動詞はwere freedとdeveloped，weakenedである。in whichからphysicallyはurbanizationを先行詞とする関係代名詞節である。oneはa new life styleを指す。be freed fromは「～から逃れる，～から解放される」，bear comparisonは「匹敵する，似ている」という意味。文末のitは下線部の直前のthe framework「枠組み」を指し，さらにこれを具体的に言うと，同段落の1文目のthe social structure of the Meiji era「明治時代の社会構造」のことを述べている。

問4「そうするという行為がかなり苦しいことだったことかもしれないが」。直前のhaving met an obligationを指す。met an obligationで「義務を果たす」という意味。

問5　revulsionは「反感，嫌悪」という意味で，その具体的内容が直後に書かれているので，これをまとめる。disasterの直後のカンマはandの役割を果たしており，文と文をつないでいる。

問6　2つめ目の空所Aを見る。戦後の世代の人達が，封建的，あるいは時代遅れだとして拒絶するものは「古い」規則だと考える。空所Bを含む文のthe old perceptsはthe old rulesの言い換え表現である。それが特にどこの地域にいる年配の人に当てはまるのか考える。空所Bに続く文中にurbanites「都市住民」とあることから,「田舎の, 地方の」年配者であるとわかる。

例題 2

Read the following passage and answer the questions below.

I fear we've become (1)【　　】to bad news about wildlife and we risk sleepwalking into a mass extinction. Wake up, says *Chris

Packham.

(2) To my shame, I've not been minding my language. I just said to someone that "we've lost 97 per cent of our flower-rich meadows since the 1930s". During this year's Springwatch series on BBC television, I heard myself saying "we've lost 86 per cent of the *corn bunting population". On another occasion, I spoke of "a loss of 97 per cent of our hedgehogs".

Loss, lost... as though this habitat and these species have just disappeared into the *ether, been misplaced or accidentally vanished. They haven't – they have been *ploughed up, they are dead or they don't exist. Destroyed is the word I should have been using. (3) So why wasn't I?

My language is symptomatic of a chronic acceptance of appalling catastrophes. (4) Repeated mention has normalised such figures.

We conservationists *bandy the statistics around to the extent that they have lost meaning. We have forgotten that they are a death toll, the dwindling voice of the vanished millions, a tragic echo of (5) a time of plentiful life.

I have now woken from my statistical *stupor and am staring into the face of mass extinction. My plan? To give my colleagues a shake and then, more politely, point out this *predicament to the British public, whose lives are so *denuded of wildlife that they have forgotten it was ever there.

In truth, it doesn't surprise me. Our record on prevention is poor – we respond better to catastrophes, after which we can *instigate cures. But if these figures aren't enough, what will it take before we act? Do we have to wait for the first spring without a cuckoo or the first summer without a swallow?

We could fix this mess. We have the tools in the conservation box, we know why our countryside is going to ruin, but we are shying away from seeing (6) the bigger picture, distracting ourselves with piecemeal projects that work, but are too small to stop the rot. Another successful dormouse reintroduction is great, but it's not going to help redress the wholesale destruction of our landscape by intensive farming.

There, I've said it, I've had the temerity to point out (7) <u>the great big bag of pesticides in the room.</u> I've summoned (8) <u>the nerve</u> to confront the sanctity of farming, to criticise the system that feeds us, a system dependent on poisons and practices that are destroying our wildlife and countryside. And so ultimately could destroy us.

So what do you want to do? Carry on musing about the stats, mumbling about "loss" or stand up and say enough is enough? If you would like your kids to ever hear a nightingale I suggest you get your boots on and pack some sarnies. Your wildlife needs you more than ever.

Adapted from [*New Scientist* 2018 July 14]

*Chris Packham＝英国の環境保護論者，キャスター
*corn bunting＝ハタホオジロ(鳥)　*ether＝天空
*plough＝plow　*bandy around＝いいかげんに扱う
*stupor＝トランス状態　*predicament＝困難な状況
*denude＝～を除去する　*instigate＝～を着手する

1 Choose the most appropriate word for the underlined part (1), according to the context. Answer (A)～(D).
(A) responsible　(B) frightened　(C) numb
(D) sensitive

2 Put the underlined part(2) into Japanese.

3 Provide the implied phrase which is omitted after "I" in the underlined part(3), not using pronoun.

4 Explain the meaning of the underlined part(4), giving one concrete example of "such figures." Answer in Japanese.

5 Explain what the underlined part(5) refers to. Answer in Japanese.

6 Choose one that the underlined part(6) includes. Answer (A)～(D).
(A) piecemeal projects　(B) dormouse reintroduction

(C) wholesale destruction (D) intensive farming

7 The underlined part(7) is a metaphor of some situation. Choose the most appropriate one as an explanation of the underlined part(7), from the choices below and answer (A)～(D).

(A) We, human beings, have used a lot of chemical used for killing insects in a house.

(B) So much wildlife has been extinct on account of the use of chemical for eliminating wildlife.

(C) We people have used a great big bag to put a lot of chemical for wiping out wildlife.

(D) The use of a lot of chemicals to kill insects represents the mass extinction of wildlife.

8 From the passage, find and write the words that have the same meaning as the underlined part(8).

解答

1 (C) 2 恥ずかしいことに，私は今までずっと自分の使っていた言葉を気にしてこなかった。 3 using (the word) destroyed 4 繰り返し述べてきたために，ある種の個体数はその97%が失われたといった数字が正常化されてしまった。 5 これまでに絶滅した生物(動物)たちが豊富に生きていた時代。 6 (C) 7 (D) 8 the temerity

解説

1 第1段落2文目のWake up「目を覚ませ」に注目する。「私たちは悪いニュースに対し(思考回路が)(～した)」と考えられるので，numb「麻痺した」が適切。

2 to one's shameは「～にとって恥ずかしいことに」という意味。have been doingは現在完了進行形で継続の意味を表す。「(過去のある時から今に至るまで)ずっと～している」を表す。

3 下線部(3)の直前に「destroyedは私が使っているべきだった単語だ」とあり，それを受けて「なぜdestroyedという単語を使っていなかったのだろう」と続くと考える。

4 第1段落で自分たちが悪いニュースに麻痺していると述べ，第2段落で具体的な数字とともに3つの悪いニュースを挙げている。その1つを使って説明するとよい。

5 第1段落の「私たちは野生生物に関する悪いニュースに麻痺して，夢遊病者のように大量絶滅へと歩んでいく危険性がある」という内容を受けて，第5段落で「私たち自然保護活動家たちは，危険な兆候を示す統計データ(の数字)をいい加減に扱い，～これまでに野生生物たちが豊富に生きていた時代の悲劇的な繰り返し，つまり現存する野生生物も，過去に絶滅してしまった生物たちと同じように絶滅してしまう」と述べている。

6 big pictureは「全体像」という意味。下線を含む文は「より大きな全体像(bigger picture)を見ることを避けて，小さなプロジェクト(piecemeal projects)がうまくいくことで気を紛らわすが，規模が小さすぎて悪化を止めることができない」。続く文では「絶滅危惧種を人工飼育して自然にかえすようなプロジェクトは素晴らしいが，それは小規模すぎて，集約農業による自然環境の大規模な破壊を改善することには役立たないだろう」と述べている。ここから，「より大きな全体像」とは(C)の「大規模な破壊」のことだとわかる。

7 下線部を含む文は「私は向こう見ずにも部屋にある殺虫剤の入った巨大なバッグを指摘してきた」という意味。この暗喩の説明として，直後の文で「私は勇気を奮い起こして，農業という聖域に立ち向かい，私たちに食料を供給するシステム，有毒物質(殺虫剤を含む農薬)や野生生物や田園を破壊する慣行に頼るシステムを批判してきた」と述べている。これと同じ内容は，(D)「昆虫を殺す多くの化学物質を使用することは野生生物の大量絶滅を意味する」となる。

8 nerve to doで「～する勇気［度胸，ずぶとさ］」なので，第9段落1文目のtemerity「向こう見ず」がほぼ同じ意味。

例題 3

次の英文を読んで，問いに答えよ。

Last night was the last game for my eight-year-old son's soccer team. It was almost the end of the game. The score was two to one ;

my son's team was in the lead. Parents sat all around the field, offering encouragement.

With less than ten seconds (ア)remaining, the ball rolled in front of my son's teammate, Mikey O'Donnel. (A)With shouts of "Kick it!" echoing across the field, Mikey kicked it with everything he had. All around me the crowd shouted. O'Donnel had scored!

Then there was silence. Mikey had scored all right, but in the wrong goal, ending the game in a tie. For a moment it was totally quiet. You see, Mikey has Down's syndrome, a disease of the brain. Mikey's brain worked like that of a three-year-old child, not an eight-year-old boy. So, for him there is no such thing as a wrong goal. All goals were celebrated by a joyous hug from Mikey. He had even been known to hug the opposing players when they scored. He did not realize that he had given the other team a point.

The silence was finally broken when Mikey, his face filled with joy, (イ)grabbed my son, hugged him and (ウ)yelled, "I scored! I scored! Everybody won! Everybody won!" (B)For a moment I held my breath; I was not sure how my son would react. I need not have worried. I watched, through tears, as my son (エ)threw up his hand in a friendly wave and started shouting, "Good shot, Mikey! Good shot, Mikey!" Within moments both teams surrounded Mikey, joining in the cheer and congratulating him on his goal.

Later that night, when my daughter asked who had won, I smiled as I replied, "It was a tie. Everybody won."

問1　下線部(ア)～(エ)の意味に最も近いものを(1)～(4)から1つ選べ。

(ア)　remaining　(1) left　(2) keeping　(3) reminded　(4) resting

(イ)　grabbed　(1) found　(2) praised　(3) held　(4) apologized to

(ウ)　yelled　(1) applauded　(2) shouted　(3) complained　(4) whispered

(エ) threw up (1) displayed (2) lifted (3) struck
(4) hit

問2 下線部(A)の意味として最も適当なものを(1)～(4)から1つ選べ。

(1) 「キックするぞ！」と競技場中に響く声で叫びながら

(2) 「キックするぞ！」と叫びながら競技場を横切って

(3) 競技場の向こう側で「キックしろ！」という叫び声があがったので

(4) 「キックしろ！」という叫び声が競技場中に響くなか

問3 次の(ア)～(オ)の質問の答えとして最も適当なものを(1)～(4)から1つ選べ。

(ア) With which of the following scores did the game end?

(1) 2 to 1 (2) 2 to 2 (3) 3 to 1 (4) 3 to 3

(イ) What was wrong with Mikey's goal?

(1) He accidentally kicked his teammate.

(2) He ran off the field.

(3) He made a shot into the wrong goal.

(4) He used his hand to make a shot.

(ウ) Why was Mikey excited with joy after the goal?

(1) Because he was embarrassed at his goal.

(2) Because he realized his fault.

(3) Because he thought he scored.

(4) Because the spectators were shouting in excitement.

(エ) What was the author's son's reaction to Mikey?

(1) He blamed Mikey for his goal.

(2) He forgot himself for a moment.

(3) He guided Mikey across the way from the stadium.

(4) He celebrated Mikey's goal.

(オ) In response to his daughter's question, the author said, "Everybody won." What does his statement imply?

(1) Mikey was trying to help, the other team feel better, so he let them win too.

(2) Everyone gained something in the game and no one lost.

(3) He was confused trying to remember the score of the game.

(4) He couldn't tell the truth to his daughter because his son was so disappointed at the game

問4 下線部(B)について，著者がなぜこのような反応をしたのか，その理由として最も適当なものを(1)～(4)から1つ選べ。

(1) 息子のチームメートが勘違いをしているのを見て，恥ずかしく思ったから。

(2) 息子がチームメートを非難するような態度をとるのではないかと思ったから。

(3) 息子が泣いていることに気がついたから。

(4) 息子が試合を放棄してしまうのではないかと思ったから。

解答

問1 (ア) (1)　(イ) (3)　(ウ) (2)　(エ) (2)　問2 (4)

問3 (ア) (2)　(イ) (3)　(ウ) (3)　(エ) (4)　(オ) (2)

問4 (2)

解説

問1 (ア) 〈with＋名詞＋過去分詞〉の形で「…が～された状態で」の意味。過去分詞left「…が残された状態で」とほぼ同じ意味を表す。

(イ) grabbedはgrab「～をつかみとる，ひっつかむ」の過去形。hold「～を抱きしめる，拘束する」の過去形heldがほぼ同じ意味。

(ウ) yelledはyell「鋭く叫ぶ，怒鳴る」の過去形。似た意味の動詞はshout(叫ぶ)の過去形shouted。

(エ) threw upはthrow up「～を放り上げる，断念する」の過去形。近い意味の動詞はlift(～を持ち上げる，高める)の過去形lifted。

問2 付帯状況を表す with の用法。

問3 (ア) 「次のスコアのうち，どれで試合は終わりましたか」
「2対2」のタイで終わったのは，第1～第3段落からわかる。

(イ) 「マイキーのゴールのどこが悪かったのですか」

(3)「彼は自陣のゴールにシュートした」が正解。

(ウ)「マイキーはなぜゴールのあとで喜びのあまり興奮したのですか」

(3)「彼は自分が得点したと思ったから」が正解。

(エ)「著者の息子のマイキーに対する反応はどうでしたか」

(4)「彼はマイキーのゴールを祝福した」が正解。

(オ)「著者は娘の質問に対して,『みんなが勝った』と答えました。彼の発言は何を暗示していますか」

(2)「みんながその試合で何かを得て,だれも負けなかった」が正解。

問4 あとに続く「息子がどんな反応をするか私にはわからなかった」から,オウンゴールを決めたマイキーに対して息子が非難するような態度をとるのではと一瞬心配したことがわかる。

全訳

昨夜は8歳の息子が所属するサッカーチームの最後の試合だった。試合はもう少しで終わるところだった。スコアは2対1で,息子のチームはリードしていた。親たちは声援を送りながら,競技場の四方八方に座っていた。

試合終了まで10秒未満のところで,ボールが息子のチームメート,マイキー・オドネルの前に転がった。「キックしろ!」という叫び声が競技場全体に響きわたるなか,マイキーは持てるすべてを使ってボールをキックした。私の周りじゅうで観衆が大声を上げていた。オドネルが得点した!

それから沈黙があった。マイキーは確かに得点したのだが,間違ったゴールにであり,試合を同点に終わらせてしまったのだ。一瞬,全体が静かになった。おわかりだろうか,マイキーは脳疾患であるダウン症候群を患っているのだ。マイキーの脳の働きは3歳児のようであり,8歳の少年のそれとは違った。だから,彼にとっては間違ったゴールなんて存在しないのだ。ゴールはすべて,マイキーから喜びに満ちた抱擁で祝福されるものだった。彼は得点した相手選手でさえ抱擁することが知られていた。彼は相手チームに点を与えたことがわからなかった。

沈黙がついに破られたのは,満面の笑みを浮かべたマイキーが息子をつかんで抱擁し,「ぼく,得点したよ! ぼく,ゴールしたよ! みんな勝った！　みんな勝ったんだよ！」と大声で叫んだときだった。一瞬，私は息を止めた。息子がどんな反応をするか私にはわからなかったからだ。心配する必要はなかった。私は涙ながらに見たのだ。息子は親しげに手を振り，「すごいシュートだよ，マイキー！　すごいシュートだったね，マイキー！」と叫び始めたのだから。あっという間に両チームがマイキーを取り囲み，歓声に加わって彼のゴールを祝福した。

その夜遅く，娘がどっちが勝ったのかたずねたとき，私は「同点だった。みんなが勝ったんだ」と答えながらほほえんだ。

例題 4

次の英文を読んで，あとの問いに答えよ。

As he was choosing which of these things to make it, still working his fingers in the water, they curled round something hard — a full drop of solid matter — and gradually dislodged a large irregular lump, and brought it to the surface. When the sand coating was wiped off, a green tint appeared. It was a lump of glass, so thick as to be almost opaque; the smoothing of the sea had completely worn off any edge or shape, so that it was impossible to say whether it had been bottle, tumbler or window-pane; it was nothing but glass; it was almost a precious stone. You had only to enclose it in a rim of gold, or pierce it with a wire, and it became a jewel; part of a necklace, or a dull, green light upon a finger. Perhaps after all it was really a gem; something worn by a dark Princess trailing her finger in the water as she sat in the stern of the boat and listened to the slaves singing as they rowed her across the Bay. Or the oak sides of a sunk Elizabethan treasure-chest had split apart, and, rolled over and over, over and over, its emeralds had come at last to shore. John turned it in his hands; he held it to the light; he held it so that its irregular mass blotted out the body and extended right arm of his friend. The green thinned and thickened slightly as it was held against the sky or against the body. It pleased him; it puzzled him; it was so hard, so concentrated, so definite an object compared with the vague sea and the hazy shore.

Now ①a sigh disturbed him – profound, final, making him aware that his friend Charles had thrown all the flat stones within reach, or had come to the conclusion that it was not worth while to throw them. [A] They ate their sandwiches side by side. When they had done, and were shaking themselves and rising to their feet, John took the lump of glass and looked at it in silence. Charles looked at it too. But he saw immediately that it was not flat, and filling his pipe he said with the energy that dismisses a foolish strain of thought,

"To return to what I was saying –"

He did not see, or if he had seen would hardly have noticed, that John after looking at the lump for a moment, as if in hesitation, slipped it inside his pocket. ②That impulse, too, may have been the impulse which leads a child to pick up one pebble on a path strewn with them, promising it a life of warmth and security upon the nursery mantelpiece, delighting in the sense of power and benignity which such an action confers, and believing that the heart of the stone leaps with joy when it sees itself chosen from a million like it, to enjoy this bliss instead of a life of cold and wet upon the high road. 'It might so easily have been any other of the millions of stones, but it was I, I, I!'.

Whether ③this thought or not was in John's mind: the lump of glass had its place upon the mantelpiece, where it stood heavy upon a little pile of bills and letters, and served not only as an excellent paper-weight, but also as a natural stopping place for the young man's eyes when they wandered from his book. Looked at again and again half consciously by a mind thinking of something else, any object mixes itself so profoundly with the stuff of thought that it loses its actual form and recomposes itself a little differently in an ideal shape which haunts the brain when we least expect it. So John found himself (④) the windows of curiosity shops when he was out walking, merely because he saw something which reminded him of the lump of glass. Anything, so long as it was an object of some kind, more or less round, perhaps with a dying flame deep sunk in its mass, anything – china, glass, amber, rock, marble – even the smooth oval egg of a prehistoric bird would do. He took, also, to keeping his eyes upon the ground, especially in the neighbourhood of waste land where the household refuse is thrown away. Such objects often occurred there – thrown away, of no use to anybody, shapeless, discarded. [B] They were useful, too, for a man who is standing for Parliament upon the brink of a brilliant career has any number of papers to keep in order – addresses to constituents, declarations of policy, appeals for subscriptions, invitations to dinner, and so on.

One day, starting from his rooms in the Temple to catch a train in order to address his constituents, his eyes rested upon a remarkable object lying half-hidden in one of those little borders of grass which edge the bases of vast legal buildings. He could only touch it with the point of his stick through the railings; but he could see that it was a piece of china of the most remarkable shape, as nearly resembling a starfish as anything – shaped, or broken accidentally, into five irregular but unmistakable points. The colouring was mainly blue, but green stripes or spots of some kind overlaid the blue, and lines of crimson gave it a richness and lustre of the most attractive kind. [C] John was determined to possess it; but the more he pushed, the further it receded. At length he was forced to go back to his rooms and improvise a wire ring attached to the end of a stick, with which, by dint of great care and skill, he finally drew the piece of china within reach of his hands. As he seized hold of it he exclaimed in triumph. At that moment the clock struck. It was out of the question that he should keep his appointment. The meeting was held without him. But how had the piece of china been broken into this remarkable shape? A careful examination put it beyond doubt that the star shape was accidental, which made it all the more strange, and it seemed unlikely that there should be another such in existence. Set at the opposite end of the mantelpiece from the lump of glass that had been dug from the sand, it looked like a creature from another world – freakish and fantastic as a harlequin. [D] It seemed to be pirouetting through space; winking light like a fitful star. The contrast between the china so vivid and alert, and the glass so mute and contemplative, fascinated him, and wondering and amazed he asked himself how the two came to exist in the same world, let alone to stand upon the same narrow strip of marble in the same room. ⑤The question remained unanswered.

(Virginia Woolf, ***Solid Objects*** より)

(1) 下線部①によってJohnはどのようなことに気が付いたか，日本語で説明せよ。

(2) 下線部②とは誰が何をしたことを指すか，日本語で説明せよ。

(3) 下線部③の指し示す内容を，日本語で説明せよ。

(4) (④)に入る適切な語句を次のア～エから1つ選び，記号で答えよ。

ア disappointed with　イ attracted to　ウ relieved at

エ frustrated with

(5) 下線部⑤の内容を表す部分を10語で抜き出し，最初の3語を答えよ。

(6) 以下の英文が入る適切な箇所を[A]～[D]から1つ選び，記号で答えよ。

In a few months he had collected four or five specimens that took their place upon the mantelpiece.

(7) 次のア～エの英文について，文章の内容と合っているものを1つ選び，記号で答えよ。

ア The lump of glass which John got was a piece of some bottle.

イ The lump of glass which John got was used as a paper-weight.

ウ John found an unusual object which looked like a starfish at a place where household wastes were thrown away.

エ John's careful examination showed that the star shape of the china was not accidental.

解答

(1) チャールズが手の届く範囲の全ての平らな石を投げ終えたこと，あるいはそれは何の価値もないことだという結論に至ったこと。

(2) ジョンがためらいながらも，ガラスをポケットに滑り込ませたこと。

(3) ジョンに拾われた石が，他に何百万とある石の中で，他でもない自分が選ばれたと心から喜んでいると信じること。　(4) イ

(5) how the two　(6) B　(7) イ

解説

(1) 下線部①は「ため息」という意味である。第2段落1文目にmaking him (Johnのこと) aware thatとあるので，that以下の内容をまとめるとよい。

(2) 下線部②は「その衝動的行動」という意味である。thatは前文の内容を指し示しているため，その内容をまとめるとよい。

(3) 下線部③は「この考え」という意味である。これは第3段落2文目のbelieving that以下を指し示しているため，ここを簡潔にまとめるとよいだろう。believeは思考を表す動詞であるため，下線部のthoughtと関連している語である。

(4) 文章全体から，ジョンは丸みを帯びているものを見つけては，収集するようになってしまったことがわかる。よって，イのattracted to「～にひきつけられる」が適切。アのdisappointed withは「～に失望する」，ウのrelieved atは「～に安心する」，エのfrustrated withは「～に不満を感じる」でいずれも文意に合わない。

(5) 下線部⑤は「その質問」という意味である。定冠詞のtheがついているため，前文の内容であり，また質問であるため，疑問詞が使用されている部分を探せばよい。下線部⑤の前文のhow the two came to exist in the same world(10語)が答えに該当する部分。

(6) 挿入する英文は「数か月後には，4つか5つほどの標本が見つかり，マントルピースの上に場所を見つけた (置かれた)」という意味。したがって，丸みを帯びているものを収集している場面が書かれている場面に挿入するとよい。

(7) 第4段落1文目のserved以下より，イの「ジョンが拾ったガラスは

文鎮として使われた」が適切。serve as Aで「Aとして役立つ」という意味。　ア「ジョンが拾ったガラスはボトルの一部だった」は，第1段落3文目に何に使われていたか特定できないとあるため，不適。
ウ「ジョンは家庭ゴミが捨てられるような場所でヒトデのような形をした珍しい物体を見つけた」は，第5段落1文目より，芝生で見つけたとあるため，不適。　エ「ジョンがよく見てみると，その磁器の星形は偶然ではないことがわかった」は，第5段落11文目に星形は偶然だったとあるため，不適。

例題 5

次のを読み，あとの各問いに答えよ。

There are no longer a simple right way and a wrong way of doing things in today's world. ①<u>What may be considered polite behavior in one culture may be considered very rude in another</u>. Until recently, most Americans have considered Christian *ethics as the only one key to determine how to live. American culture comes from that background. However, in the past hundred years, American society has expanded to include cultures from Asia, Latin America, and the Middle East, so the old rules no longer are the only ②<u>ones</u> to follow. Basic moral issues and values that Americans have taken for granted as the correct way of behavior are being challenged.

For people who travel to other parts of the world or who live in multi-cultural societies, it is important to understand the social rules of the groups they have contact with. Sometimes you can't do the things that would be considered natural in your own culture. ③<u>A simple misunderstanding could cause a friendship to end and create an enemy, too</u>.

One example of this way of thinking is that many ethnic groups feel ④<u>hugging and kissing</u> are not only an acceptable form of greeting but also a sign of showing respect. On the other hand, hugging and kissing may make someone feel very uncomfortable. And in some societies physical contact, however friendly and casual, with a member of the opposite sex is strictly taboo.

The amount of eye contact people have with each other also reflects one's cultural background. Traditionally, Americans expect a person to (A) when they are having a conversation, so a person who avoids having eye contact may be considered unreliable. However, many people from Asian, Latin American and *Caribbean cultures avoid eye contact as a sign of respect.

It is also wise to choose a gift with care. A person who doesn't know Japanese customs, intending to cheer up a sick friend, might bring along a potted plant when she visits the hospital, but ⑤may only make the sick person feel even worse. A dinner guest might bring a beautiful bouquet of yellow flowers to an Iranian friend, not knowing that in Iran yellow flowers represent the enemy and a gift of yellow flowers announces that you hate that person. I heard a story that an American girl gave white *chrysanthemums to a Chinese family. Her friends accepted the gift, but ⑥she had no idea that the flowers she brought are commonly used for funerals.

By learning the customs and values of (B) cultures, a person will be able to enjoy a rich relationship with a variety of people. Flexibility and understanding are very important if you want to have friends from all over the world.

(注) ethics：道徳　　Caribbean：カリブ諸島の
　　chrysanthemum：菊

(1) 下線部①の英文の意味に最も近いものをア～エから1つ選べ。

ア．礼儀正しく振る舞うことは文化の一つの現れであり，他人に対する不作法な振る舞いは許されないものだと考えられる。

イ．ある文化では礼儀正しい振る舞いだと思われていることでも，他の文化ではとても無礼に思われることがある。

ウ．文化が異なっていても，何が礼儀正しい行動で，何が不作法な行動かは不変であると考えられる。

エ．同じ行動が礼儀正しいものに思えたり，無礼なものに思えたりする原因は，文化の違い以外にもいろいろ考えられる。

(2) 下線部②のonesが指示するものを次のア～エから1つ選べ。

ア．years　イ．cultures　ウ．rules　エ．moral issues

(3) 下線部③の英文の意味に最も近いものを次のア～エから1つ選べ。

ア．単純な誤解によってでも，友情が失われて敵を作ってしまうこともありうるだろう。

イ．誤解が単純なものなら，最後には誤解がとけて，敵だと思っていた人が友達になることもありうるだろう。

ウ．真の友情は，たった一つの誤解によってこわれてしまうようなものではない。

エ．誤解がとけて友情が結ばれることもあれば，誤解がとけずに敵を作ることもあるだろう。

(4) 下線部④のhugging and kissingについての記述としてあてはまらないものを1つ選べ。

ア．In many ethnic groups, hugging and kissing are considered a way to show respect.

イ．In many ethnic groups, hugging and kissing are not accepted as a greeting.

ウ．Hugging and kissing may be uncomfortable to some people.

エ．In some societies, hugging and kissing with a person of the opposite sex are taboo.

(5) 空所(　A　)に入る最も適切なものを次のア～エから1つ選べ。

ア．avoid having eye contact　イ．reflect their cultural background

ウ．listen to them carefully　エ．look them in the eye

(6) 下線部⑤のような状況を生み出す原因となるものとして，最も適切なものを1つ選べ。

ア．日本の病院の規則を知らないこと

イ．病人の前で騒ぐこと

ウ．お見舞いに鉢植えの植物を持っていくこと

エ．不意にお見舞いに訪れること

(7) 下線部⑥のshe had no ideaの意味に最も近いものを次のア～エから1つ選べ。

ア．she did not think　　イ．she did not think of a good idea

ウ．she did not remember　　エ．she did not know

(8) 空所(　B　)に入る最も適切なものを次のア～エから1つ選べ。

ア．American　　イ．Japanese　　ウ．one's own　　エ．other

解答

(1) イ　(2) ウ　(3) ア　(4) イ　(5) エ　(6) ウ

(7) エ　(8) エ

解説

(1) What may be considered polite behavior in one culture までが文の主語。

(2) onesはrulesを表す不定代名詞。

(3) couldは仮定法で，主語simple misunderstandingの中に条件節が含まれている。「単純な誤解でもあれば」。cause a friend to end「友を失う」

(4) 第3段落1文目にmany ethnic groups feel hugging and kissing are not only an acceptable form of greeting but also…「多くの人種グループはハグやキスをするのはたんに挨拶として受け入れられる形であるばかりでなく…でもあると感じている」とある。not only A but also B「AばかりでなくBでもある」

(5) 後の文意には「目をそらす人は信頼できない」とあるから，「アメリカ人は人が目を見て話すことを期待する」となる。lookは通常自動詞でlook at，look intoのように前置詞を伴うが，look someone in the eye/faceは「(話をするとき，特に自分の言葉が真実であると示したいとき)相手の目／顔をじっと見る」という意味の慣用的表現で前置詞を伴わない。

(6) 問題箇所は，「日本の習慣を知らない人は，見舞いに行ったとき病気の友達を元気づけようと鉢植えの植物を持参するかもしれないが，病人をいっそう悪い気分にさせる結果になるだけかもしれない」で，ウ。日本では「病院に根が生える」ので入院が長引くとして，鉢植えの持参を避ける習慣がある。

(7) have no idea = don't know

(8) 「他の文化の習慣や価値観」

全訳

今日の世界では物事の単に正しいやり方とか間違ったやり方はもはやない。1つの文化で礼儀正しい振る舞いだと思われていることでも，他の文化ではとても無礼なことと思われていることもある。最近まで，たいていのアメリカ人はキリスト教的道徳がどのように生きるかを決める唯一の鍵と考えてきた。アメリカ文化はそういう背景から出てきている。しかし，過去百年に，アメリカ社会は拡大して，アジアやラテンアメリカや中東からの文化を含むことになった。したがって，古い規則はもはや従う唯一の規則ではない。アメリカ人が正しい行動の仕方として当然と思っていた基本的な道徳問題や価値観は異議を唱えられているところだ。

世界のほかの地域に旅行する人々や文化の多様な社会に生きている人々にとって，接触しているグループの社会的な規則を理解するのは重要である。自分自身の文化では当然と考えられているようなことができないこともある。単純な誤解によってでも，友情が失われて敵を作ってしまうこともありうるだろう。

この考え方の具体例の1つとして，多くの人種グループではハグ(抱くこと)しキスすることは挨拶として受け入れられているばかりか，尊敬を示すしるしでもあると思っている。しかし他方では，ハグしキスすることが誰かを非常に不愉快な気持ちにさせるかもしれない。そして，異性との身体の接触は，それがどんなに親しくて何気ないものであっても，厳しく禁じられている社会もある。

人がお互いに目を見つめることも文化的背景を反映している。伝統的にアメリカ人は人と話をしているときは目を見ることを期待するので，目をそらす人は信頼できないと考えるかもしれない。しかし，アジアやラテンアメリカやカリブ諸島文化から来た多くの人々は尊敬のしるしとして目を合わせるのを避ける。

注意深く贈り物を選ぶのも賢明だ。日本の習慣を知らない人は，病人を元気づけるつもりで，見舞いに病院に行くとき鉢植えの植物を持っていくだろうが，病人をいっそう悪い気分にさせる結果になるだけかもしれない。食事に招かれたお客が，イランでは黄色い花は敵を表し，黄色い花の贈り物は相手が嫌いだと知らせていることも知らないで，黄色い花の美しい花束をイラン人の友人に持っていくこともあるだろう。あるアメリカ人の女性が中国人の家族に白い菊の花をあげた話を私は聞いた。彼女の友人はその贈り物を受け取ったが，持っていった花がふつう葬儀に使うものだということを彼女は知らなかったのだ。

他の文化の習慣や価値観を学ぶことによって，人はいろいろな人々との豊かな関係を楽しめる。世界中の友だちがほしいと思うなら，柔軟性と理解力が非常に重要だ。

例題 6

次の英文を読んで，あとの問いに答えよ。

"O brave new world that has such people in't!" they heard Miranda exclaim. The theatergoers were attending the first performance of William Shakespeare's *Tempest*. This play was first presented in London in 1611, a time when the English were encountering what they viewed as strange inhabitants in new lands. ①<u>The circumstances surrounding the play determined the meaning of the utterances they heard</u>. A perspicacious few in the audience could have seen that this play was more than a mere story about how Prospero was sent into exile with his daughter, took possession of an island inhabited by Caliban, and redeemed himself by marrying Miranda to the king's son.

Indeed, *The Tempest* can be approached as a fascinating tale that served as a masquerade for the creation of a new society in America. Seen in this light, the play invites us to view English expansion not only as imperialism, but also as a defining moment in the making of an English-American identity based on race. For the first time in the English theater, an Indian character was being presented. What did Shakespeare and his audience know about the native peoples of

America, and what choices were they making in the ways they characterized Caliban? Although they saw him as "savage," did they racialize savagery? Was the play a prologue for America?

The Tempest, studied in relationship to its historical context, can help us answer these questions. While Othelo also offers us an opportunity to analyze English racial attitudes, as Winthrop Jordan has demonstrated so brilliantly, our play is a more important window for understanding American history, for its story is set in the New World. Moreover, ②the timing of *The Tempest* was crucial: it was first performed after the English invasion of Ireland but before the colonization of New England, after John Smith's arrival in Virginia but before the beginning of the tobacco economy, and after the first contacts with Indians but before full-scale warfare against them. This was an era when the English were encountering "other" peoples and delineating the boundary between "civilization" and "savagery." The social constructions of both these terms were dynamically developing in three sites – Ireland, Virginia, and New England.

③One of the places the English were colonizing at the time was Ireland, and Caliban seemed to resemble as the Irish. Theategoers were familiar with the "wild Irish" onstage, for such images had been presented in plays like *Sir John Oldcastle* (1599) and *Honest Whore* (1605). Seeking to conquer the Irish in 1395, Richard II had condemned them as "savage Irish, our enemies." In the mid-sixteenth century, shortly before the beginning of the English migrations to America, the government had decided to bring all of Ireland under its rule and encouraged private colonization projects.

Like Caliban, the Irish were viewed as "savages," a people living outside of "(④)." They had tribal organizations, and their practice of herding seemed nomadic. Even their Christianity was said to be merely the exterior of strongly rooted paganism. "They are all Papists by their profession," claimed Edmund Spenser in 1596, "but in the same so blindly and brutishly informed for the most part as that you would rather think them atheists or infidels." To the colonists, the Irish lacked "knowledge of God or good manners." ⑤They had nosense of private property and did not "plant any Gardens or Orchards. Inclose or improve their lands, live together in setled Villages or Townes." The Irish were described as lazy, "naturally" given to "idleness" and unwilling to work for "their own bread." Having dominated by "innate sloth," "loose, barbarous and most wicked," and living "like beasts," they were also thought to be criminals, an underclass inclined to steal from the English. The colonists complained that the Irish savages were not satisfied with the "fruit of the natural unlaboured earth" and therefore continually "invaded the fertile possessions" of the "English Pale."

The English colonizers established ⑥a two-tiered social structure: "Every Irishman shall be forbidden to wear English apparel or weapon upon pain of death. That no Irishman, born of Irish race and brought up Irish, shall purchase land, bear office, be chosen of any jury or admitted witness in any real or personal action." To reinforce this social separation, British laws prohibited marriages between the Irish and the colonizers. The new world order was to be one of English over Irish.

(Ronald Takaki, *A Different Mirror* より)

(1) 下線部①について，*The Tempest*をアメリカを舞台として見た場合とイギリスを舞台として見た場合において，どのような解釈の違いがあるかを，本文に即して具体的に日本語で説明せよ。

(2) 下線部②の理由を50字以内の日本語で説明せよ。

(3) 下線部③⑤より，文法的・語法的に不要な語を1語ずつ抜き出し，それぞれ答えよ。

(4) （ ④ ）に当てはまる最も適切な語を次のア～エから1つ選び，記号で答えよ。

ア civilization　イ control　ウ Ireland　エ wilderness

(5) 下線部⑥の内容を日本語で説明せよ。

解答

(解答例) アメリカを舞台として見ると，新しい社会の創造の仮面劇を提供してくれる魅惑的な話として解釈されるが，イギリスを舞台として見ると，領土拡張を帝国主義としてだけでなく，アングロ・アメリカ人のアイデンティティ形成上の決定的瞬間として見る，人種に基づく見方として解釈される。　(2) (解答例) イギリス人が「他の」人たちと出会い，「文明」と「野蛮」の境界の線引きをしていた時代だから。(45字)
(3) ③ as　⑤ Having　(4) ア　(5) イギリス人のアイルランド人に対する優越による社会的分断。

解説

(1) 下線部①は「演劇を取り巻く環境が彼らの聞いた台詞の意味を決めた」という意味である。第2段落1・2文目をまとめるとよいだろう。

(2) 下線部②は「テンペストの時期はとても重要である」という意味である。下線部以下のコロンから具体的な時期が述べられているが，第3段落3文目に簡潔にまとまっており，ここの情報を書き出せばよい。

(3) ③ 第4段落1文目のresemble「～のようである，～と似ている」は他動詞であるため，前置詞は必要ない。よってasが不要である。
⑤ 本文より，the Irishは支配されていた側である。よって，4文目のHavingが不要である。分詞構文の従属節に主語がない場合，従属節の主語と主節の主語は同じである。したがって，Havingがあると，the Irishが支配する側という解釈 (the Irish had dominated～) になってしまう。

(4) savageは「野蛮人，未開人」という意味である。よって，文明の外側に住んでいる民族であるので，アのcivilization「文明」が適切。

(5) 下線部⑥は「2層の社会構造」という意味である。下線部後ろのコロン以下や文章全体より，この2層はイギリス人がアイルランド人を支配しているという関係であることがわかる。また，第6段落3文目のthis social separationより，この社会構造は社会的分断のことだとわかる。これらの情報をまとめるとよいだろう。

例題 7

次の英文を読んで，あとの問いに答えよ。

This is really my mother's love story. I asked her to tell you, but she's too shy. ①<u>It's too good not to tell</u>. It explains why my brother and I say ②<u>we thank peanuts for our birth</u>.

When she graduated from high school, my mother had everything going on except ③<u>one</u>. She was pretty, smart, and came from a rich family, but she was very shy, especially around men. Boys didn't like to take her out because she was so quiet. She went off to the same college her mother went to, and to please her mother she agreed to attend a party by her mother's *sorority. At the party, she sat out of sight at one end of a room, in a corner by a table that had snacks on it. ④<u>She ate a lot of peanuts</u>.

(A)<u>She began to notice a waiter, who seemed to be as shy as she</u>. He never said anything, but he was taking care of her. He kept her glass filled with *punch and he kept her peanut bowl full. From time to time their eyes met and they smiled at each other.

When the dancing started and the party got noisy, she walked into the kitchen and out the back door to escape. As she was going down the street, she heard someone calling "Wait, wait, please wait." It was the waiter, running down the street after her with a paper bag in his hands. They stood in silence, just smiling. Then he reached into the bag, pulled out a whole can of peanuts and offered them to her and said. "I'm sorry they aren't pearls." He ran back up the street and into the sorority house.

Well, ⑤<u>one thing led to another</u>.

Twenty-five years later, on the silver wedding *anniversary of my mother and the waiter, he gave her a silver can marked "peanuts." She thought that was the gift and was really pleased. But there was more. (B)<u>When she lifted the lid, inside was a string of pearls.</u>

No gift ever pleased her more. She wore those pearls as her only jewel for years. When my father was killed in a traffic accident, she put the silver peanut can in his *coffin with him. I've never seen her wear the pearls since. (C)<u>I think I know where they are, but I'm too shy to ask.</u>

(注) sorority : 大学の女子学生クラブ(学業・諸活動において優秀で活発な人など，クラブの基準に合致した人のみが加入できる)
punch : ポンチ(ぶどう酒などに砂糖・レモン・香料などを混ぜた飲み物)　anniversary : 記念日　coffin : ひつぎ

(1) 下線部①の表す内容として最適なものを次のア～エから選び，記号で答えよ。

ア．母のラブストーリーはすばらしいので，みんなに知ってもらいたい。

イ．母のラブストーリーはすばらしいので，言葉では表現できない。

ウ．母のラブストーリーは出来過ぎで，信じてもらえない。

エ．母は内気だから，自分のラブストーリーを秘密にしている。

(2) 下線部②の表す内容として最適なものを次のア～エから選び，記号で答えよ。

ア．私たちはピーナッツのとりもつ縁で生まれた。

イ．私たちは誕生日にピーナッツがもらえる。

ウ．私たちはピーナッツを食べて大きくなったようなものだ。

エ．私たちの生まれたころは，ピーナッツは高価なものだった。

(3) 下線部③の表す内容として最適なものを次のア～エから選び，記号で答えよ。

ア．母が無事高校を卒業したこと。

イ．母が美人で頭も良く，裕福な家庭の出であったこと。

ウ．母が内気だったこと。

エ．母が祖母と同じ大学に進学したこと。

(4) 下線部④の理由として最適なものを次のア～エから選び，記号で答えよ。

ア．ピーナッツが好物だったから。

イ．何かしていないと不安だったから。

ウ．当時はピーナッツが珍しかったから。

エ．わざと下品にふるまって，男性を遠ざけたかったから。

(5) 下線部⑤の表す内容として最適なものを次のア～エから選び，記号で答えよ。

ア．以後，そのようなパーティーが次々と開かれた。

イ．パーティーに戻ると，素敵なことが待っていた。

ウ．他の男性もプレゼントをくれるようになった。

エ．とんとん拍子に事は進んだ。

(6) 次の英語の質問に英語で答えよ。

Where does the writer think the pearls are?

(7) 下線部(A)～(C)を日本語に訳せ。

解答

(1) ア (2) ア (3) ウ (4) イ (5) エ (6) He〔She〕 thinks they are (in the silver peanut can) in his〔her〕father's coffin. (7) (A) 彼女はひとりのウエイターが気になり始めた。彼は彼女と同じくらい内気そうだった。 (B) ふたをとると，中に一連の真珠が入っていた。 (C) 私はそれがどこにあるのか知っていると思うが，(私も)内気なので，とてもそれを聞くことはできない。

解説

(1) not to tellは不定詞の否定形。too ～ not to …「…しないには～すぎる」

(2) thank ～ for …「…のことで～に感謝する」

(3) except one「1つのことを除いては」

(4) そこまでの文全体の内容から類推する。

(5) lead to ～「～をもたらす」

(6) 最後の段落の内容から類推する。

(7) (A) 関係代名詞whoの非制限用法。who以下の内容がa waiterについての情報を付け加えている。 (B) inside「中に」が強調のために前に出たため，be動詞と主語が倒置されている。 (C) I think I know ～は「～を知っていると思う」という意味で，わざと断定を避けて，余韻を残す効果をねらっている。

全訳

これは本当に私の母のラブストーリーである。みんなに話してくれるように頼んだが，内気すぎてだめなようだ。でもあまりにもすばらしいので，語らずにはいられない。兄〔弟〕と私がなぜ，自分たちが生まれたのはピーナッツのおかげであると言えるのか，それでわかる。

母は高校を卒業したとき，たった1つのことを除いて，すべてうまくいっていた。かわいらしくて，頭がよくて，裕福な家の出だったが，非常に内気だった。特に男性のまわりでは。彼女がおとなしすぎたので，男の子たちはデートに誘いたがらなかった。卒業すると，母親の出た同じ大学へ入り，母親を喜ばせるために，大学の女子学生クラブ主催のパーティーに出席することに同意した。パーティーでは，部屋の端の見えないところで，すみのほうの，上に軽食ののったテーブルのそばに座った。彼女はたくさんのピーナッツを食べた。

彼女はひとりのウエイターが気になり始めた。彼は彼女と同じくらい内気そうだった。彼はけっして何も言わなかったが，彼女の面倒をみていた。ずっと彼女のグラスをポンチで満たし，ピーナッツのボールをいっぱいにしていた。時々目があって，互いに微笑みあった。

ダンスが始まってパーティーが騒がしくなると，彼女はキッチンに歩いていって，裏口から逃げ出した。通りを歩いていたとき，だれかが呼んでいるのが聞こえた。「待って，待って，待ってください」，それはあのウェイターだった。両手で紙袋をかかえて，彼女を追いかけて通りを走ってきた。彼らはただ微笑んで，黙って立っていた。それから彼は紙袋に手を入れて，ピーナッツの缶をまるごと取り出し，彼女に差し出して言った。「真珠じゃなくてごめんなさい」，彼は通りを女子学生クラブハウスまで駆け戻っていった。

そして，とんとん拍子に事が運んだ。

25年後，母とそのウエイターの銀婚式の記念日に，彼は彼女にpeanutsと文字の入った銀製のピーナッツ缶をあげた。彼女はそれが贈り物だと思い，本当に喜んだ。しかしもっとあった。ふたをとると，中に一連の真珠が入っていた。

それまでにこれ以上彼女を喜ばせた贈り物はなかった。彼女は何年もの間，たった1つの宝石としてその真珠を身につけた。父が交通事故で亡くなったとき，彼女はその銀製のピーナッツ缶を彼とともにひつぎに入れた。私はそれ以来，彼女がその真珠を身につけるのを見たことがない。私はそれがどこにあるのか知っていると思うが，(私も)内気なので，とてもそれを聞くことはできない。

例題 8

次の英文を読んで，各問いに答えよ。

Examining eye structure and sight is an important tool in classifying the various roots of *mammals. The eyes of early mammals, which originally were active at night, had worsened considerably when compared to the birds.

However, when mammals came to fill the *niche left by the *phorusrhacids (“terror birds”), the structure of their eyes *underwent numerous evolutionary changes.

Not too long ago, some very important *fossils ①discover. These fossils, dating about 55 million years old, once belonged to an animal called *Shoshonius. Fossils show that the eyes of the Shoshonius lined up side by side and faced forward.

Many mammals’ eyes are on either side of the head. They cannot see objects in three dimensions. Because of the location of its eyes, the Shoshonius could see in 3D, enabling it to move more surely from tree to tree. ②The Shoshonius is our earliest, direct *primate ancestor.

Other interesting animals developed ③at this time, too, including the animal that would in time become the elephant, and small *Miacis, an ancestor to cats and dogs. And some mammals returned to the sea. It was at about this time that the ancestor to the whales and dolphins, the *amphibious *Pakicetus, appeared.

Later, as the Earth cooled further, the forests narrowed, and the *plains spread, primates’ eyes improved. They developed better sight in order to live ④in these changed conditions. The ability to see different colors allowed them to choose the youngest tree leaves to eat. ⑤<u>This</u> brought about a huge improvement in their lives. Another important change was that the evolution of the eyes gave expression to the face, which allowed for better communication.

*mammals　哺乳動物　　niche　生態的地位
phorusrhacid　恐鳥類(古代生物)
underwent　undergo(経験する)の過去　　fossil　化石
Shoshonius　ショショニアス(古代生物)　　primate　霊長類
Miacis　ミアキス(古代生物)　　amphibious　水陸両生の
Pakicetus　パキケトゥス(古代生物)　　plain　草原

西海コエン『The History of the Earth』から

1　下線部①の英語を二語で適切な形に直せ。
2　下線部②の理由として，ショショニアスの目の構造と見え方の特徴についてそれぞれ日本語で答えよ。
3　下線部③が指す時期を日本語で答えよ。
4　下線部④を説明している部分を本文中から11語で抜き出せ。ただし，記号や符号は一語に含めない。
5　下線部⑤が指す内容を日本語で答えよ。
6　次の英文が本文の内容に合うように，英文の(　①　)，(　②　)に当てはまる最も適当な英語一語を書け。
(1)　When you classify the roots of mammals, it is important to (　①　) eye structure and sight.
(2)　The evolution of the eyes enabled primates to (　②　) in a better way.

解答

1　were discovered　　2　目の構造…目が並んで(両目とも)前方を向いていること。　見え方の特徴…三次元で(立体的に)ものを見ることができること。　3　約5,500万年前　　4　the Earth cooled further, the forests narrowed, and the plains spread　　5　色の違いを見分ける能力により，最も若い木の葉を選んで食べることができるようになったこと。　6　(1)　examine　　(2)　communicate

解説

1 主語が「いくつかのとても重要な化石が」なので，受動態were discoveredとする。

2 目の構造は第3段落に，lined up side by side and faced forwardとあり，見え方の特徴は第4段落に，could see in 3Dとある。

3 下線部を含む文意は「(ショショニアスだけでなく)他の興味深い動物もこの時期に発達した」。この時期は，ショショニアスの時代と同期を指す。

4 変化した状況を具体的に前文から11語で抜き出す。

5 下線部を含む文意は「このことが彼らの生活を大いに向上させた」。「このこと」は前文に書かれている内容である。allow O to ～「Oに～することを許す」。

6 (1) 第1段落の1文目参照。「哺乳動物のルーツを分類する時，目の構造や見え方を調べることが大切だ」。 (2) 最後の段落の最後の文参照。「目の進化は霊長類がより上手な方法で意思疎通をすることを可能にした」。

例題 9

次の英文を読んで，あとの問いに答えよ。

The Japanese are very fond of dramas and seem to be especially fond of ones about schoolteachers. This doesn't mean, of course, that the Japanese are particularly *obsessed with school. Such stories are popular with children everywhere.

Growing up in Britain, I used to love reading the *boarding-school stories by Enid Blyton ①<u>as did all my friends</u>, and I longed to be sent to a boarding school. (When I got there at last, I discovered the sad truth that ②<u>one must not believe everything one reads</u> but that's another story altogether.) Many popular TV shows and movies are about school days, and the attraction of those international best sellers, the "Harry Potter" books lies largely in the fact that they are basically school stories.

(A)What I find interesting about the Japanese fondness for school stories on television, therefore, is not the popularity of the subject itself, but the fact that in all those TV shows, the teachers — not the students — are the central characters.

These stories follow more or less the following pattern : There's a class full of problem kids and troublemakers that no teacher can handle. A new teacher enters the scene. A bit of a troublemaker himself, ③this new arrival shows no respect for school rules, traditions or senior staff members, and is not even dressed properly. (B)This new teacher is put in charge of the problem class, impresses the students with his ***jonetsu*** (passion — this is the key word in all these shows) and finally succeeds in winning their love and affection.

I've just used ④the masculine pronoun here on purpose because most of these ***nekketsu-kyoshi*** (teachers of hot blood), as they are called, are men. The hero's ***jonetsu*** is mainly expressed in the form of anger. The climax comes when the hero is so angry that he gives the student a slap on the cheek. After a moment of shock, the student falls into the teacher's arms, and they both burst into tears.

⑤The hero's violence is excused on the grounds that it's a sign that he cares. Of course, this is just something on television, and any fool knows that you can't believe everything, or indeed anything, you see there.

At least that was what I thought until a couple of weeks ago, when I was having drinks with my Japanese colleagues. (C)We started talking about our school days, and someone mentioned, quite casually, being slapped on the face by his teacher an average of once a week. "Why, what *on earth had you done?" I exclaimed in horror, but my colleague said that he couldn't remember.

"What's the problem? It happened to all of us. Didn't your teachers in England slap you?" he asked me. "Of course they didn't. And anyway, I'm a girl," I answered expressing surprised anger, at which everyone looked puzzled, and said, "What's that got to do with it?" An excellent example of sexual equality, I thought feeling disappointed.

(注) be obsessed with ～：～にとりつかれている
boarding-school：寄宿学校　on earth：一体全体(強意)

(1) 下線部①の内容を説明している表現を，次のア～エから1つ選べ。
ア. in the way that I used to love all my friends,
イ. in the way that I longed to be sent to a boarding school like all my friends,
ウ. in the way that all my friends grew up in Britain,
エ. in the way that all my friends used to love reading the boarding-school stories by Enid Blyton,

(2) 下線部②に最も近い内容をもつ表現を，次のア～エから1つ選べ。
ア. what I experienced was quite different from what Enid Blyton wrote in her stories
イ. we must not believe anything that Enid Blyton wrote about her boarding-school days
ウ. what is read is never true
エ. I wrote that I wanted to attend a boarding school, but you cannot believe my story

(3) 下線部③が指している内容を本文中の語句で表せ。

(4) 下線部④が指している内容を本文中の一語で表せ。

(5) 下線部⑤に最も近い内容をもつ文を，次のア～エから1つ選べ。
ア. We can forgive the hero for his violence as far as he does something violent out of concern.
イ. We can forgive the hero for his violence now that he shows that he is worried about himself.
ウ. We can forgive the hero for his violence when he expresses his regret for it.
エ. We can forgive the hero for his violence because he exercises the violence to attract somebody's attention.

(6) 最後の段落("What's the problem? 以降)の中で表されていない内容

をもつ文を，次のア～エから1つ選べ。

ア．The writer was not satisfied with her colleagues' response to her reply.

イ．Her colleagues wanted to say that the fact that the writer had never been slapped by her teachers had nothing to do with her being a girl.

ウ．The writer, seeking sexual equality, is disappointed at her colleagues' reaction.

エ．The writer's colleagues had been slapped on the face by their teachers.

(7) 下線部(A)～(C)を日本語に直せ。

解答

(1) エ　(2) ア　(3) A new teacher　(4) his　(5) ア

(6) ウ　(7) (A) そこで，日本人がテレビの学園ドラマが好きだということに関して私がおもしろいと思うことは，題材そのものの人気ではない。それらすべてのテレビドラマで，生徒ではなく教師が主役だという事実である。　(B) この新任教師が問題クラスの担任になり，彼の「情熱」(これはすべての学園物のキーワードである)で感銘を与え，ついに生徒たちの愛情を勝ち取るのである。　(C) 私たちは学生時代の話を始めて，誰かがとても気軽に，平均して週に1回は教師に顔をたたかれていたと言った。

解説

(1) 強調のために，asの後ろのdidとall my friendsが倒置されている。didは代動詞で，直前のused to … Blytonの部分を受ける。 (2) その文で最初にWhen I got there at lastとあるので，筆者が実際に寄宿学校の生活を経験したことがわかる。その結果，ブライトンの小説とは違っていたということなので，アが適切。 (3) このarrivalは「新しく来た人」という意味なので，前の文にあるA new teacherと同じ。

(4) masculineは「男性の」という意味。I've just usedなので，近くをさがすと前の文にhisが見つかる。 (5) ほぼ同じ意味を別の英語で言い換えていることに注意する。…is excused→We can forgive, on the

grounds that …→as far as …, he cares→out of concernなど。
(6) 筆者が男女平等を目指しているとは書かれていないので，ウが該当する。 (7) (A) whatは関係代名詞で，televisionまでが主語。
(B) in charge of ～「～の担任」，impress ～ with …「～に…で感銘を与える」 (C) being slappedは受動態の動名詞で「平手でたたかれたこと」という意味。

全訳

日本人はドラマが，特に教師物が好きなようだ。だからといって，日本人が特に学校に執着しているというわけではない。そういう物語はどこでも子どもたちに人気がある。

英国で育った私は，友人たち皆と同様に，かつてはエニッド・ブライトンの寄宿学校の話を読むのが大好きで，寄宿学校に入れてもらうことを心待ちにした(ついにそこに入ったとき，読んだものをすべて信じてしまってはいけない，現実とは全く別なんだという悲しい事実を知った)。人気のあるテレビドラマや映画の多くは学校生活についてで，世界的ベストセラーの「ハリー・ポッター」シリーズ本の魅力も，基本的に学園物であるという事実に負うところが大きい。

そこで，日本人がテレビの学園ドラマが好きだということに関して私がおもしろいと思うことは，題材そのものの人気ではない。それらすべてのテレビドラマで，生徒ではなく教師が主役だという事実である。

これらの話は多かれ少なかれ次のパターンになる。教師の手にあまる問題児や迷惑な生徒でいっぱいのクラスがある。新任教師が登場する。彼自身がいささかの問題教師で，この新任は学校の規則，伝統，先輩教師たちに全く敬意を払わず，服装さえまともではない。この新任教師が問題クラスの担任になり，彼の「情熱」(これはすべての学園物のキーワードである)で感銘を与え，ついに生徒たちの愛情を勝ち取るのである。

私はわざと男性の代名詞を使ったが，これら教師のほとんどは「熱血教師」(情熱のある教師)と呼ばれ，男性なのだ。主人公の情熱は，主に怒りという形で表現される。クライマックスは，主人公が怒りのあまり，生徒の頬をたたくのである。一瞬のショックのあと，生徒は教師の腕に飛び込み，二人ともわっと涙する。

主人公の暴力は彼に愛情がある印だからという理由で許される。もちろん，これはテレビの中でのことであり，そこで見ることすべてをあるいは何事も全く信じることができないのは誰でも知っている。

少なくとも数週間前に日本人の同僚とお酒を飲むまでは，私もそう思っていた。私たちは学生時代の話を始めて，誰かがとても気軽に，平均して週に1回は教師に顔をたたかれていたと言った。「あら，一体何をしたの」と私はぞっとして叫んだが，同僚は思い出せないと言った。

「何が問題なんだ？　ぼくらみんなそうだったよ。イギリスではきみらの教師はたたかなかったのかい」と彼は聞いた。「もちろんよ。それに私は女の子だもの」と憤慨して答えたが，みんなは当惑したようで，「それが何か関係があるの」と言った。男女平等のすばらしい例だと，私はがっかりしながら思った。

例題 10

次の英文を読んで，あとの問いに答えよ。

On an everyday level, sleepy people make mathematics errors, break things and become angry with their families, friends and *colleagues. ①Less commonly, they make mistakes with tragic results. It is hard to prove how many *fatal car accidents are caused by the driver's falling asleep *at the wheel, but my belief is that the number is high. *Laboratory *experiments have shown that in fact the sleep-deprived mind easily falls into "②micro-sleeps"—momentary losses of *consciousness so brief that the *subject may not be aware of them.

In one experiment in our laboratory at Stanford University, (A)a volunteer who had been allowed only four hours' sleep the night before had his eyelids taped open (uncomfortable, but it doesn't hurt). He was asked to press a button every time an irregular light flashed. For a few minutes he tapped the switch after the flash, on average every six seconds. Then a bright flash rushed into his eyes — but he did nothing.

"Why didn't you press the switch ?" we asked.

"Because there was no flash," he replied.

Machines monitoring brain activity showed that at the very moment the light had flashed, the man had unknowingly fallen asleep ③eyes wide open, for two seconds. (B)If he had been driving, those two seconds could have meant disaster.

Social pressures to work more and at odd hours have cut our sleep time over the past century by about 20 percent. Add to this our desire to have and do it all — work, family, sport — and there's little time left for rest.

(C)Generally, adults need to sleep one hour for every three hours' awake, which means that most need about eight hours of sleep a night. Of course some people need more and some less. Children and teenagers need an average of about ten hours.

The brain keeps an exact *account of how much sleep we owe to it. My colleagues and I made up the term ④*sleep debt* because *accumulated lost sleep is like a debt of money ; it must be paid back. If you get an hour less than a full night's sleep, you carry an hour of sleep debt into the next day — and your tendency to fall asleep during the day becomes stronger.

During a five-day workweek, if you got six hours of sleep each night instead of the eight hours you needed, you should build up a sleep debt of ten hours (five days times two hours). Because sleep debt accumulates in an *additive way, (D)by day five your brain would tend towards sleep as strongly as if you had stayed up all night. From this viewpoint (E)sleeping until noon on Saturday is not enough to pay back the ten lost hours as well as meet your nightly requirement of eight ; you would have to sleep until about 5 p.m. to balance the sleep account. But for most people it is difficult to sleep that long because of the monitoring mechanism of the biological clock within us that controls sleeping and waking.

(注) colleague：同僚　fatal：命にかかわる　at the wheel：(車

を)運転して　Laboratory：研究室　experiments：実験
consciousness：意識　subject：被験者　account：計算
accumulate：蓄積する　additive：加法の

(1) "Less commonly" in the underlined part ① means :
ア. More often　イ. Very rarely　ウ. Less often
エ. Very often

(2) In the underlined part ②, "micro-sleeps" means sleep :
ア. into which you fall for so short a time that you may be unaware of it.
イ. into which you fall for some minutes.
ウ. in which you are half awake.
エ. in which the microwaves in the brain cause a loss of consciousness.

(3) In the underlined part ③, the subject's eyes were wide open because :
ア. he was actually awake.
イ. a bright light rushed into his eyes.
ウ. it was impossible for him to close his eyes.
エ. he tried very hard not to fall asleep.

(4) The term ***sleep debt*** in the underlined part ④ is "debt" because :
ア. it is something you may build up and must pay back.
イ. it is something you cannot go without.
ウ. it is something you should never have.
エ. it is something you may lend to the brain.

(5) ═══線部のandの用法に最も近いものを次のア～エの中から選び，記号で答えよ。
ア. Come and see me tomorrow.
イ. She finished it very quickly and there were no mistakes.
ウ. The car broke down and I had to send it out to be repaired.
エ. Stand over here and you will be able to see it better.

(6) 下線(A)～(E)を日本語に訳せ。

解答

(1) ウ　(2) ア　(3) ウ　(4) ア　(5) エ　(6) (A) 前の晩に4時間だけの睡眠を許されたボランティアは，目を開けておくためにまぶたにテープを貼られた。　(B) もし彼が車を運転していたら，その2秒間が惨事をもたらしたかもしれない。　(C) 一般に，大人は目覚めている3時間につき，1時間寝る必要がある。つまりたいていの人は一晩に約8時間の睡眠が必要である。　(D) 5日目までには脳は徹夜していたかのようにとても眠たくなるだろう。　(E) 土曜日に昼まで寝ても，夜に必要な8時間の睡眠に加えて，失われた10時間分を返済するには不十分である。

解説

(1) commonは「よく起こる」で，文中のcommonlyはその副詞形。副詞oftenとほぼ同義なのでlessはそのままでoftenに置き換えたウが正解。「より頻度は少ないが」の意味。 (2) micro-sleepの意味を選択する問題。直後の文で「あまりにも短いため本人は気付かないかもしれないような瞬間的な意識の消失」と説明されており，「非常に短い間だけ陥るので眠ったことにも気付かないような眠り」とするアがあてはまる。as，too，soなど意味を強める語で修飾される場合，a short timeの語順が変わり，〈so形容詞a名詞〉となることに注意。　(3) 被験者の眼が大きく開かれていた理由を選択する。第2段落に「(被験者は)まぶたにテープを貼られた」とあり，「彼には眼を閉じることが不可能だった」とするウがあてはまる。(4) sleep debtという用語で，“debt(負債)”とする理由を選択する。問題箇所の後に「蓄積された睡眠不足は借金と似ている。返済されなければならないものであるから」と説明されており，「自分が作り，返済しなければならないものであるから」とするアと対応。 (5) Add to this以下は命令文になっており，〈命令文+and～〉の構文(～せよ，そうすれば)で，「ここに立ってごらん，もっと良く見えるから」のエがあてはまる。

(6) (A) had been allowedは過去完了受動態で「～が許された」の意。had his eyelids taped openは〈使役動詞have+O+過去分詞〉「Oを～される」。　(B) 仮定法過去完了の文。「もし(その時)～だったなら，…だっただろう。」　(C) whichは非制限用法の関係代名詞で，前文の内容を受ける。　(D)　〈as if+仮定法過去完了〉の文。「まるで～であったかのように」。　(E)　as well as ～「～と同様，～に加えて」の意。

全訳

日常生活では，眠い人は計算間違いをしたり，物を壊したり，家族や友人や同僚に腹をたてたりする。まれに，悲劇的な結果をもたらすミスをすることもある。どのくらいの数の命にかかわる自動車事故が運転手の居眠り運転によってひき起こされるかを証明するのは難しいが，その数は多いはずである。研究室での実験によって，睡眠不足の頭は実際，容易にマイクロスリープ(被験者が気がつかないほどに短い瞬間的な意識の喪失)の状態に落ちることがわかっている。

スタンフォード大学の我々の研究室での実験である。前の晩に4時間だけ睡眠を許されたボランティアは，目を開けておくためにまぶたにテープを貼られた(不快だが害にはならない)。不規則な光が点滅するたびにボタンを押すように言われた。数分間は平均6秒ごとに光が点滅した後，ボタンを押した。そして明るい点滅が彼の目に飛び込んだ。が，彼は何もしなかった。

「なぜスイッチを押さなかったんですか」と私たちは聞いた。

「点滅がなかったからです」と彼は答えた。

脳の活動をモニターしていた機械は，点滅した瞬間に，男性が目を開けたまま2秒間，知らずに眠ってしまったことを示した。もし彼が車を運転していたら，その2秒間が惨事をもたらしたかもしれない。

より多く，しかも変な時間に働かなければならないという社会的プレッシャーのため，過去1世紀で私たちの睡眠時間は約20％減った。これにさらに，仕事，家族，スポーツなどすべてをやりたいという私たちの欲求を加えれば，休息のために残された時間はほとんどない。

一般に，大人は目覚めている3時間につき，1時間寝る必要がある。つまりたいていの人は一晩に約8時間の睡眠が必要である。もちろん，もっと必要な人やそれほど必要のない人もいる。子供や10代の人は平均約10時間必要である。

脳は私たちがどのくらい睡眠を借りているか(不足しているか)を正確に記帳している。私と同僚はスリープデット(睡眠債務)という用語を作った。蓄積された睡眠不足は借金のようなもので，返済されなくてはならない。もし十分な一晩の睡眠より1時間少なければ，1時間の睡眠債務が翌日に持ち越される。そして日中に寝込んでしまう傾向がより強まる。

週5日労働で，毎晩必要な8時間ではなく6時間の睡眠をとったとすると，10時間(2時間×5日)の睡眠債務ができる。睡眠債務は加算されていくので，5日目には脳は徹夜していたかのようにとても眠たくなるだろう。こう考えると，土曜日に昼まで寝ても，夜に必要な8時間の睡眠に加えて，失われた10時間分を返済するには不十分である。睡眠の貸借勘定を精算するには午後5時くらいまで眠らなくてはならないだろう。しかし，睡眠と目覚めをコントロールする生物学的体内時計が監視しているため，たいていの人にとってそんなに長く眠ることは難しい。

例題 11

次の英文を読んで，あとの各問いに答えよ。

Sleep is a normal condition of the body which occurs periodically and (1)<u>is associated with a depression of bodily function</u>. Sleep appears to be necessary for the repair of the processes of the living body. There is a depression of all the functions of the body to some degree but the depression of the central nervous system and the brain is especially marked, resulting (a) the unconsciousness which is called sleep.

The amount of sleep required to maintain the body varies with (b). The new-born baby requires as (c) as 22 hours of sleep per day, the normal adult usually requires seven and one-half to nine hours, and the aged may require as (d) as five or six hours per day. (2)<u>On the average males require more sleep than females</u>. There is no evidence that sleep is more beneficial at any particular time of the night although the depth of sleep may vary considerably. (3)<u>There is no doubt that sleep is deeper at night than sleep taken during the normal waking hours</u>.

問1　文中の空所に入る適当な語を選べ。

a　ア. in　イ. of　ウ. to　エ. with
b　ア. age　イ. day　ウ. night　エ. sex
c　ア. little　イ. less　ウ. much　エ. more
d　ア. little　イ. less　ウ. much　エ. more

問2　下線部(1), (2)と同じになるように空所に適語を入れよ。

(1) has something (　　) (　　) with a depression of bodily function

(2) Females require (　　) sleep (　　) males.

問3　下線部(3)を和訳せよ。

解答

問1　a　ア　b　ア　c　ウ　d　ア

問2　(1)　to, do　(2)　less, than

問3　睡眠は通常起きている時間にとるよりも夜とる方がより深いということは確かだ。

解説

問1　a　result in ～「(結果として)～になる」

b　vary with ～「～によって変わる」 後に年齢によって睡眠時間がことなることが述べられているのでageを入れる。

c 「22時間もの睡眠」as much as 22 hours of sleep

d 「1日につき5, 6時間しか」as little as five or six hours per day

問2　(1)　is associated with ～= have something to do with ～「～と関係している」

(2)　比較の対象が入れ替っていることからmoreの反意語lessを入れればよい。sleepは不可算名詞なのでfewerは不可。

問3　There is no doubt that ～「～であることは確かだ」, sleep is deeper at night「睡眠は夜の方が深い」+ than sleep taken during the normal waking hours「通常起きている時間にとられる睡眠よりも」=「睡眠は通常起きている時間にとるよりも夜とる方がより深い」

全訳

睡眠は定期的に起こる身体の通常の状態であり, 身体機能の低下と関係している。睡眠は生体プロセスにおけるを修復のために必要である。身体のすべての機能がある程度低下するが，中枢神経系や脳の機能低下が特に顕著であり，その結果睡眠と呼ばれる無意識状態になる。

身体を維持するのに必要な睡眠の量は年齢によって変わる。新生児は1日に22時間もの睡眠が必要だし，正常な大人は7時間半から9時間必要だし，老人は1日に5，6時間しか必要としないかもしれない。平均して，男性は女性より多くの睡眠が必要だ。睡眠の深さはかなり変わるかもしれないが，睡眠は夜のある特定の時間にもっと有効だという証拠はない。睡眠は通常起きている時間にとるよりも夜とる方がより深いということは確かだ。

例題 12

次の英文を読んで，(1)～(3)の問いに答えよ。

①For students of English as a second language, a good English dictionary is essential. It is a source of valuable information and if it is used correctly, the dictionary will serve as a useful tool toward your goal of English fluency.

There are many types of dictionaries that a student may consider, including collegiate, learner's, unabridged, and bilingual dictionaries.

For more advanced students, collegiate or college dictionaries are preferred. In addition to the standard word entries, collegiate dictionaries often contain sections with abbreviations, foreign expressions used in English, and biographical listings. Some also contain geographical listings.

Learner's dictionaries are highly recommended. This type of dictionary is written specifically for students of English as a foreign language. Definitions are written in clear, easy to understand English. These dictionaries often anticipate learners' questions with special explanatory sections. They also use a standard phonetic alphabet to indicate pronunciation of entries.

Unabridged dictionaries are the most comprehensive, but are not practical for second language learners because of their size and detail. These dictionaries are often found in the reference sections of libraries on special tables to accommodate their size and weight. An unabridged dictionary is an excellent source for determining the historical development of words, examples of sentences that demonstrate proper usage, antonyms, and synonyms.

A bilingual dictionary, which contains words both in your native language and in English, should be avoided. Often these dictionaries are incomplete and give only basic native language equivalent words. These words are frequently out of date or inappropriate for the context of the sentence in which you want to use the unknown words; thus entries in bilingual dictionaries can be misleading and can actually cause you to make mistakes. ②It is worthwhile for English language students to switch to a learner's dictionary as soon as possible, or to use it in conjunction with a bilingual dictionary. You will find that your vocabulary will increase faster by using an English language dictionary.

A dictionary gives you the information required to choose the best word for your needs. ③A typical dictionary entry contains the correct spelling of a word, followed by the word written in a phonetic alphabet, which shows how to pronounce it. The word is separated by syllables. These help you determine where to separate it at the end of a line when writing. Following the phonetic spelling of the word, its part of speech is indicated. The meanings of the word are given in a numerical order, sometimes followed by a sentence that shows the proper use of the word.

(1) 下線部①について，“a good English dictionary”として挙げられているものを全て，本文より探し，英語で記せ。

(2) 下線部②について，筆者が述べている内容を日本語で説明せよ。また，筆者がそのように述べている理由を本文の内容に即して，日本語で説明せよ。

(3) 下線部③の内容を表している最も適当なものを，下のア～エより1つ選び，その記号を記せ。

ア

max・i・mum (măk'sə-məm) *n.* *pl.* **-mums** or **-ma** (-mə). *Abbr.* **max.** **A.a.** The greatest possible quantity or degree. **b.** The greatest quantity or degree reached or recorded; the upper limit of variation. **c.** The time or period during which the highest point or degree is attained. **B.** An upper limit permitted by law or other authority. **C.** *Astronomy.* **a.** The moment when a variable star is most brilliant. **b.** The magnitude of the star at such a moment.

イ

max・i・mum *n.* (măk'sə-məm) *pl.* **-mums** or **-ma** (-mə). *Abbr.* **max.** **1.a.** The greatest possible quantity or degree. **b.** The greatest quantity or degree reached or recorded; the upper limit of variation. **c.** The time or period during which the highest point or degree is attained. **2.** An upper limit permitted by law or other authority. **3.** *Astronomy.* **a.** The moment when a variable star is most brilliant. **b.** The magnitude of the star at such a moment.

ウ

max・i・mum (măk'sə-məm) *n.* *pl.* **-mums** or **-ma** (-mə). *Abbr.* **max.** **1.a.** The greatest possible quantity or degree. **b.** The greatest quantity or degree reached or recorded; the upper limit of variation. **c.** The time or period during which the highest point or degree is attained. **2.** An upper limit permitted by law or other authority. **3.** *Astronomy.* **a.** The moment when a variable star is most brilliant. **b.** The magnitude of the star at such a moment.

エ

max・i・mum *n.* (măk'sə-məm) *pl.* **-mums** or **-ma** (-mə). *Abbr.* **max.** **A.a.** The greatest possible quantity or degree. **b.** The greatest quantity or degree reached or recorded; the upper limit of variation. **c.** The time or period during which the highest point or degree is attained. **B.** An upper limit permitted by law or other authority. **C.** *Astronomy.* **a.** The moment when a variable star is most brilliant. **b.** The magnitude of the star at such a moment.

解答

(1) ・collegiate or college dictionaries　・learner's dictionaries

(2) 学習者はできるだけ早く学習者用辞書に変更するか，バイリンガル辞書と併せて使用する方がよいということである。多くの場合，バイリンガル辞書は不完全で，基本的な母国語の対訳語しか載せていない。これらの対訳語は，文脈に合うよう自分が知らない語を使うには，時代遅れであったり，不適切であったりすることが頻繁に起こる。そのため，バイリンガル辞書の見出し語は誤解を招き，実際に間違ってしまうことがある。一方，学習者用辞書は，外国語として英語を学ぶ者を念頭に書かれており，定義が明確でわかりやすい英語で書かれている。この辞書は特別な解説のセクションを設けており，学習者がもつ疑問に対応している。また，見出し語の発音を示すために標準発音記号を使用している。英語で書かれた辞書を使うことで，学習者は語彙をより速く増やすこと

ができるからである。　(3)　ウ

解説

(1)　本文の第2パラグラフにあるように，本文で紹介されている辞書は大学生用辞典，学習者用辞典，(用語や定義を省略しないで掲載している)大辞典，そしてバイリンガル辞典である。大学生用辞典と学習者用辞典は，それぞれ第3パラグラフ1文目と第4パラグラフ1文目で著者が推奨している。それに対し，大辞典とバイリンガル辞典は，それぞれ第5パラグラフ1文目と第6パラグラフ1文目に，著者の批判的な見解が示されている。

(2)　まず，下線が引かれた文を日本語訳すればよい。また，著者がこのように述べる理由としては，著者が学習者用辞典を好ましいと考える理由と，バイリンガル辞典が好ましくないと考える理由を整理して書けばよい。学習者用辞典が好ましい理由は第4パラグラフ2～5文目と第6パラグラフの5文目に，そしてバイリンガル辞典が好ましくない理由は第6パラグラフの2文目と3文目に述べられている。これらの情報を対比的にまとめればよいだろう。

(3)　下線が引かれた英文は,「典型的な辞書の見出し語は，語の正しい綴りに続いて，その語の発音の仕方を示す発音記号が書かれている。語の表記はシラブルで区切られており，書く時に行末でどのように区切るべきかを決めるのに役立つ。発音記号の後には，その語の品詞が書かれている。語の意味は番号順に並べられており，その語の正しい使用方法を示す文が続くこともある」の意である。アは語の意味がアルファベット順に並べられており，イとエは品詞が発音記号の前にあるので誤りである。

長文読解 総合問題

例題 1

次の文章を読み，あとの問い(A・B)に答えよ。

My hometown was a sleepy place, safe and clean, but far from the bright lights of New York City, which shone two hundred miles to the south. It was, I suppose, a great place to grow up. As there was little traffic, kids could ride their bicycles anywhere. There were many gardens and parks full of trees and flowers. The air was fresh, and the nights were peaceful. But my hometown bored me and some of my friends. One day, however, a very special day, all of that changed.

My mother came home from shopping out of breath with excitement and announced that Mrs. Beakey had been bitten by a snake.

"What's so unusual about that?" I asked. In the woods surrounding the town there lived many snakes, and every once in a while some unfortunate person would put a hand where it should not have gone and would soon regret it.

"Well, it happened in Marci's Department Store, John," she replied.

"What? Are you serious?"

"I sure am," she said. "She put her hand into a rolled-up carpet and felt something grab her finger."

"Why would she want to do a thing like that?" I remarked.

"Well, Mrs. Beakey is always doing strange things."

Actually, it was pretty hard to say much about Mrs. Beakey, because she was frequently out of town. Beakey, you see, was a writer and spent a great deal of time on the road doing research for her books. She was hardly ever home.

"Where is she now, Mom?" I asked.

"Well, I suppose she's at Hope Hospital."

Hope was the town's only hospital, so there was really no place else for someone in Mrs. Beakey's condition to go. I immediately regretted asking the question. But before I could change the topic, the doorbell rang. It was my best friend, Roger.

Roger and I had known each other since elementary school. He had a very good imagination, and I often thought that he would become an artist or a writer or something. He didn't, but that's another story.

"What's up?" I asked.

"Did you hear about Mrs. Beakey?" he shouted.

"Yeah, she got bitten by a snake at Marci's Department Store."

"No way. She got bitten by a rare African spider at Merlin's Bakery," Roger insisted.

"Hey, something's wrong here, Roger. I heard it was a snake."

"Okay, let's call Hope Hospital and check," Roger said.

"They're not going to give out that kind of information. It's personal."

"Yeah, you're right. Maybe we should just ask to speak to her."

"Good idea," I replied.

We went over to the phone and made the call. The operator on the other end was polite, but she sounded slightly annoyed. "You want to know about Mrs. Beakey, too?" she said.

"Is she all right?"

"Well, it depends on whether you think she has been bitten by a snake, punched by a kangaroo, kicked in the head by a horse…," the operator answered.

"I don't understand," I said.

"Then I'll explain it. You see, I happen to know Mrs. Beakey very well. She's my next-door neighbor, and she is now in Chicago. Listen, young man, do you happen to know what day it is today?"

Being a kid, I didn't. I did not start to be concerned about such things as dates until I got my first job. "No," I replied.

"Well, it's April 1st, and you know what that means, don't you?"

At that point, the operator, my excited friend Roger, and I shouted, "April Fools' Day!"

All of us, even my usually wise mother, had been fooled. But we all learned a couple of things from all of that : stories that travel around in small towns often become wild and crazy, and facts should be checked before you believe anything.

A　次の問い1～5に対する答えとして最も適当なものを，それぞれ下の①～④のうちから1つずつ選べ。

問1　What made John's mother excited when she talked about Mrs. Beakey?

① She thought she could make fun of her son.

② She thought something unusual had happened to Mrs. Beakey.

③ Mrs. Beakey did not like her very much.

④ Mrs. Beakey had always done strange things.

問2　Why couldn't John talk a lot about Mrs. Beakey?

① She was a very strange person.

② She was not John's neighbor.

③ He had never read her books.

④ He did not know her well enough.

問3　Why did John want to "change the topic"?

① His best friend, Roger, was at the door.

② He thought he had asked a stupid question.

③ His mother did not want to discuss snakes.

④ He did not know enough about the town.

問4　Why was the operator annoyed?

① She thought John did not understand her explanation very well.

② She did not want Mrs. Beakey to go to Chicago.

③ She had received many calls from people asking about Mrs. Beakey.

④ She happened to live next to Mrs. Beakey.

問5　What did the experience teach John?

① You cannot accept everything you hear as true.

② Stay away from "unusual" people like Mrs. Beakey.

③ You should be careful where you put your hands.

④ It is good to grow up in a small town.

B　本文の内容と合っているものを，次の①～⑧のうちから3つ選べ。

① To get to New York City, John would have had to go east.

② There was usually not much excitement in John's town.

③ Mrs. Beakey was bitten by a snake in a department store.

④ Work often took Mrs. Beakey away from home.

⑤ Snakes were never a problem for people who lived in and around John's town.

⑥ Roger had such a good imagination that he made up many stories about Mrs. Beakey.

⑦ John and Roger visited Mrs. Beakey in the hospital on April 1st.

⑧ John and Roger learned that Mrs. Beakey was not at the hospital.

解答

A　問1　②　　問2　④　　問3　②　　問4　③　　問5　①

B　②・④・⑧

解説

A

問1「ジョンの母親がビーキーさんのことについて話したとき興奮したのはなぜでしょう」

第2段落でビーキーさんがヘビに噛まれたと言って母親が興奮して帰宅したことが述べられているが，続いてジョン自身は「何がめずらしいの？」と言って，この町ではめずらしくないことがわかる。その後の文でそれがデパートで起きたことがわかる。それにはジョンも驚いている。つまり，デパートでヘビに噛まれるという考えられないような出来事に母親は興奮していると考えられる。②「彼女は異常なことがビーキーさんに起こったと思った」が適切。

問2 「ジョンがビーキーさんについて多くを語らなかったのはなぜですか」

第9段落の内容から，ビーキーさんは作家で調査のため町を離れていることが多い。町で見かけない人はなじみがないと考えるのが普通。④「彼は彼女をあまりよく知らなかった」が適切。

問3 「ジョンは話題を変えたかったのはなぜですか」

"Where is she now, Mom?" から始まる箇所で，ヘビに噛まれた人が行くところと言えばひとつしかない病院に決まっているので「その質問をしたことをすぐに後悔した」。あまりにわかりきったことを聞いたことに気づいたからだ。②「彼は愚かな質問をしたと思った」が適切。

問4 「交換手が困ったのはなぜですか」

We went over to the phone…から始まる段落で，第3文目の交換手のセリフに「あなたも」とある。またビーキーさんに起きたこととして「ヘビに噛まれた」「カンガルーに殴られた」「馬に蹴られた」があるということはジョンが電話する前にすでに少なくとも3回同様な電話があったことがわかる。③「彼女はビーキーさんのことについて聞きたい人から何回も電話を受けていた」が適切。

問5 「その経験からジョンは何を学びましたか」

最終文で2つの教訓「小さな町ではうわさは大げさでとんでもないことになる」と「信じ込む前に事実を調べる」を学んだとある。①「聞いたことは何でも真実として受け入れるわけにはいかない」が適切。

B ① 「ニューヨークへ行くには，ジョンは東に行かなければならなかっただろう」

冒頭の第1文に，which shone two hundred miles to the south. とある。このwhichはニューヨークを指す。「南へ200マイル行ったところで輝いていた」とある。東ではない。

② 「ジョンの町ではふだんあまり興奮するようなことは起こらなかった」

第1段落の第1文と第6文の内容と一致する。

③「ビーキーさんはデパートでヘビに噛まれた」

最終段落第1文に「みんなだまされた」とあり，その直前の文でエイプリル・フールだったことが明確になったので，ヘビに噛まれたというのはうそだったのである。

④「ビーキーさんは仕事でよく家を留守にした」

Actually, it was…で始まる段落の内容と一致する。ビーキーさんは作家で家をあけることが多かったのである。

⑤「ジョンの町やその周辺に暮らす人にとって，ヘビは一度も問題にならなかった」

"What's so unusual…で始まる段落の第2文In the woods…以下に「手を置くべきでないところに手を置いてしまう不運な人もいる」と書いてあり，これはヘビがいる場所にうっかり手を置いてしまったことを述べている。それがonce in a while「ときどき」あるのだから，選択肢のneverは誤り。

⑥「ロジャーはとても想像力が豊かだったので，ビーキーさんについてたくさんの作り話を作った」

Roger and I had known…で始まる段落の第2文にロジャーが想像力豊かなことは書かれているが，「それはまた別の話だ」と言っている。ビーキーさんの作り話を作ったことについての記述はない。

⑦「ジョンとロジャーは4月1日に病院へビーキーさんを見舞いに行った」

We went over ～で始まる段落の第1文に made the call「電話をかけた」とある。病院には行っていない。

⑧「ジョンとロジャーはビーキーさんが病院にはいないことを知った」

交換手の3番目のセリフの第3文で「今シカゴにいる」と述べている。ビーキーさんは病院にいないことがわかったので一致する。

全訳

僕の故郷の町は眠くなるようなところで，安全で清潔だったが，200マイル南のニューヨークの光り輝く明るさとはかけ離れていた。僕の故郷は子どもが大きくなるのにはすばらしい場所だったと思う。車もほとんどなかったので，子どもたちはどこででも自転車に乗れた。木や花がいっぱいの庭園や公園がたくさんあった。空気は新鮮で，夜も平穏だった。でも，僕の故郷の町は僕や友達には退屈だった。ところが，ある日のこと，それは特別な日だったけれど，そういったすべてのことが変わった。

母が興奮して息を切らして買い物から帰って来ると，ビーキーさんがヘビに噛まれたと言った。

「それがどうしてそんなにめずらしいことなの？」と僕は尋ねた。町を取り囲む森にはヘビがたくさんいて，不運にもまずいところに手を置いて，すぐさま後悔するような人がときどきいたからだった。

「それがね，マーシ・デパートで起きたのよ，ジョン」と母は答えた。

「何だって？ うそでしょう？」

「本当よ」と母は言った。「巻いてあったカーペットに手を入れたら，何かが指をつかむ感じがしたんですって」

「何でそんなことをしようと思ったの？」と僕は言った。

「そうね，ビーキーさんはいつも変なことばかりしているのよ」

実は，ビーキーさんのことについて多くを語るのはかなりむずかしかった。彼女はしばしば町から出ていたからだ。何しろビーキーさんは作家で，執筆のための取材旅行に多くの時間を使っていたのだ。彼女が家にいることはほとんどなかった。

「母さん，今ビーキーさんはどこにいるの？」と僕は尋ねた。

「そうね，ホープ病院にいると思うわ」

ホープ病院は町で唯一の病院だったので，ビーキーさんのような状態の人が行くところは実際他にどこにもなかった。僕はその質問をしたことをすぐに後悔した。でも，僕が話題を変える前に呼び鈴が鳴った。親友のロジャーだった。

ロジャーと僕は小学校のときからの知り合いだ。彼はとても想像力豊かで，彼は芸術家とか作家とか何かそういったものになるだろうなと僕は思っていた。彼はそうならなかったけれども，それはまた別の話だ。

「何かあったの？」僕は尋ねた。

「ビーキーさんのこと，聞いた？」と彼は大声で言った。

「うん。マーシ・デパートでヘビに噛まれたんだって」

「そうじゃないよ。彼女はマーリン・ベーカリーでアフリカのめずらしいクモに噛まれたんだよ」とロジャーが言い張った。

「う～ん，何か変だな，ロジャー。僕が聞いたのはヘビだったよ」

「よーし。ホープ病院に電話して調べてみよう」とロジャーは言った。

「病院はそういう情報をもらしたりしないよ。個人的なことだもの」

「そうだな，君の言うとおりだ。ただビーキーさんと話したいとだけ頼んだほうがいいね」

「そりゃいい考えだ」と僕は答えた。

僕たちは電話のところに行ってかけた。電話口に出た交換手は親切だったが，少し困ったような口ぶりだった。「あなたもビーキーさんのことが知りたいの？」と彼女は言った。

「ビーキーさん，大丈夫でしょうか？」

「そうね，それはあなたがどう思っているかによるわね。ビーキーさんがヘビに噛まれたのか，カンガルーに殴られたのか，馬に頭を蹴られたのか…」と交換手は答えた。

「どういうことですか」と僕は言った。

「では説明するわ。ええとね，私はたまたまビーキーさんのことをとてもよく知っているの。お隣さんだから。彼女は今シカゴにいるのよ。いい，あなた，今日は何の日か知ってる？」

僕は子どもだったので知らなかった。日付などというものを気にし始めたのは最初の仕事に就いてからだ。「いいえ」と僕は答えた。

「あのね，今日は4月1日よ。これがどういうことかわかっているわよね」

その瞬間，交換手，興奮した友達のロジャー，そして僕が一斉に叫んだ。

「エイプリル・フール！」

僕たちみんな，いつもは賢い母までも，だまされたのだった。でも，僕たちはみんなこのことから2つのことを学んだ。すなわち，小さな町で広まるうわさは大げさでとんでもない話になることがよくあるということと，何かを信じ込む前に事実を調べるべきだということだ。

例題 2

次の英文を読んで，以下の(1)～(7)の各問いに答えよ。

Teaching and learning through a foreign or second language is not a novel ①<u>phenomenon</u>; on the contrary, it has occurred throughout the history of education. Interest in the matter has recently increased considerably, which may at least partly be explained by the current societal situation. [ア] Content and language integrated learning (CLIL) attracts educators and researchers, for it may be an ideal environment for achieving good proficiency in an L2.

CLIL programmes vary a great deal but nonetheless they share a number of key features. CLIL ②<u>invariably</u> involves dual focus in that the basic objective of any type of CLIL is to integrate the learning of a non-language subject matter with the acquisition of a language other than the learners' Ll. Further, all CLIL programmes explicitly focus on the development of learners' thinking skills (Räsäen, 1994; Sjöholm, 1999), entailing the development of the learning strategies and cognitive skills necessary for academic progress on all levels of education. In the light of the latter point, CLIL and *GEN education do not differ much in the Finnish context, as objectives of a similar kind are written down in the mainstream curriculum as well (Finnish National Board of Education, 2004).

As for learning results in CLIL, compared with mainstream classes, studies that have investigated the effects of CLIL on the learners' mother tongue skills (a severe concern for some parents and educators) have shown that CLIL does not have a negative impact on the development of Ll, some actually suggesting that the situation may be quite the opposite. [イ] As an example, Merisuo-Storm (2002) examined pupils' Ll skills in reading and writing in elementary instruction and found that CLIL learners generally ③<u>outperformed</u> their peers attending the monolingual stream. Another concern has been related to the acquisition of content knowledge. According to the results of Seikkula-Leino (2007), there were no ④<u>marked</u> differences between classes taught in their Ll Finnish and those taught in L2 English. (A), Xanthou(2011) found that both groups, CLIL (with English as the language of instruction) and mainstream (Cypriot Greek), gained equal amounts of content knowledge in science classes, in addition to which the CLIL pupils demonstrated a marked increase in L2 vocabulary.

Also research concentrating on the development of L2 skills in CLIL has produced encouraging results. [ウ] Jävinen (2005; see also 1999) tracked the syntactic development of relativisation, as measured by elicited imitation and grammaticality judgements, in CLIL and mainstream education during elementary school in Finland. Her results suggest that foreign language acquisition is substantially faster and more versatile in CLIL than in general classes in that the CLIL group could produce sentences significantly longer, more complex and more accurate than the control group, in the elicited imitation task. Valtanen (2001) investigated overall English proficiency at the end of lower secondary school and measured English skills in reading, listening, writing, speaking, and grammar. CLIL learners scored on average higher than their mainstream peers in each section of the test. The results imply that CLIL has a clear positive effect on the development of English competence as a whole. In fact, the CLIL learners were so advanced that a ceiling effect was found in most of the tasks, that is, the level of their proficiency could not actually be discovered with the national test battery aimed at the regular ninth-graders. [エ]

Karonen's (2003) study is one of the few aimed at investigating vocabulary learning in CLIL. She explored lexical organisation by conducting a word association test on both CLIL students and students following the mainstream curriculum. She hypothesised that CLIL learners' lexicons would be more organised in nature and that they would give more paradigmatic responses typical of native speaker adults, whereas the learners in formal language instruction were expected to give more syntagmatic responses typical of native speaker children. However, no marked differences were found between the classes in this respect. That is to say, no developmental syntagmatic-paradigmatic shift was found in either of the groups. One reason might be that learners were simply too young (5th, 7th, and 9th graders) for the organisation dimension of their lexicons to have developed sufficiently. The case might be different with more advanced learners.

(Adapted from Päivi Pietilä, and Riika Merikivi, 'The Impact of Free-time Reading on Foreign Language Vocabulary Development' in ***Journal of Language Teaching and Research, Vol. 5, No. 1, pp. 28-36***, January 2014)

(注)

* GEN education: general mainstream education

(1) 本文中の下線①～④とほぼ同じ意味を表すものを，以下の1～4からそれぞれ選び，記号で答えよ。

① 1 fact　2 author　3 remedy　4 hope

② 1 rarely　2 mercifully　3 accidentally　4 constantly

③ 1 failed　2 surpassed　3 matched　4 coordinated

④ 1 affluent　2 objectionable　3 insubstantial　4 conspicuous

(2) 次の文が入る最も適切な箇所を，本文の[　ア　]～[　エ　]から選び，記号で答えよ。

The on-going European integration and internationalisation in general continuously lay more and more demanding objectives on learning and teaching additional languages.

(3) 本文中の(　A　)に入る最も適切なものを，次の1～4から選び，記号で答えよ。

1 In comparison　　2 In short　　3 Nevertheless

4 Similarly

(4) 次の文章は，第2段落の内容の一部をまとめたものである。文章中の(　ア　)～(　ウ　)に適切な日本語を入れよ。

筆者は，CLILに共通している特徴として，次の二つを挙げている。 ・言語以外の学習内容を学ぶことと(　ア　)を結び付けることを基本的な目標としている。 ・学習者の(　イ　)を育成することに重点を置いている。それは，あらゆる教育段階における学力向上に必要な(　ウ　)と認知能力の育成を伴う。

(5) 以下のア，イの各英文について，本文の内容に合っている場合はT，合っていない場合はFと答えよ。

ア According to some studies, the effects of CLIL on the learners'L1 skills have no minus factor compared with those of mainstream classes.

イ In Karonen's word association test, CLIL learners gave more paradigmatic responses than the learners in formal language instruction.

(6) 本文の内容に関する次の質問に英語で答えよ。

What made Jävinen think that foreign language acquisition is substantially faster and more versatile in CLIL than in general classes?

(7) 次の英文は，第4段落の内容の一部をまとめたものである。英文中の(　ア　)～(　エ　)に適切な英語を1語ずつ入れよ。

Valtanen conducted (　ア　) on overall English proficiency at the end of lower secondary school, and he found that the average (　イ　) of CLIL learners in the English test was higher

than that of their mainstream peers. The results suggest that CLIL positively (ウ) the development of English competence as a whole. The CLIL learners were so advanced that the national test battery aimed at the regular peers was not (エ) enough to discover the level of the CLIL learners' proficiency.

解答

(1) ① 1 ② 4 ③ 2 ④ 4 (2) ア (3) 4
(4) ア 第一言語以外の言語の習得 イ 思考力 ウ 学習方略
(5) ア T イ F (6) The fact that the CLIL group could produce sentences significantly longer, more complex and more accurate than the control group in the elicited imitation task did.
(7) ア research イ score ウ affects エ difficult

解説

CLIL(Content and Language Integrated Learning)とは「内容言語統合型学習」と呼ばれ，外国語を通して何かのテーマや教科科目を学ぶ学習形態のことを指す。CLILの主な特徴は，学習者の学習方略や思考力育成などを目標としていることである。本問では，従来型の教育を受けた生徒と比べて，CLILで学んだ生徒の第二言語の技能面が向上し，教科内容の知識面でも劣ることはなく，さらにCLILは母語習得にマイナスの影響は及ぼさなかったと報告されている。

(1) ① phenomenon「現象・事象」。 ② invariably「常に，必ず」。 ③ outperform「～より優れている」。surpass「(能力・性質・程度などで)～より優る」。 ④ marked「顕著な，著しい」。

(2) 挿入する文が表す内容は「ヨーロッパの統合と国際化のために，外国語を学び，教えることへの需要が高まっている」である。アの直前で，外国語を介して学習し，教えることへの関心が高まり，これは社会的状況によって説明されるとある。この「社会的状況」を具体化した内容が「ヨーロッパの統合と国際化」と考える。さらにこれを受けて，アの後ではCLILが教育者や研究者の注目を集めていると述べられていることからもアが適切。

(3)　空欄Aの前では，母語であるフィンランド語で教えたクラスと第二言語の英語で教えたクラスとの間に教科内容の知識面では顕著な差がなかったと説明されている。空欄Aの後でも，Xanthou (2011)の研究において類似する結果が得られたと報告されている。よってSimilarly「同様に」が適切。

(4)　第2段落の2文目，3文目より適語を拾う。アはthe acquisition of a language other than the learners' L1，　イはthinking skills，　ウはlearning strategies。

(5)　ア「いくつかの研究によると，学習者の母語のスキルへのCLILの影響には，従来の授業と比べてマイナスの要因がない」。第3段落の1文目より正しい。　イ「Karonenの語連想テスト(word association test)において，CLIL型学習者は従来の指導を受けた学習者より，並列反応(paradigmatic response)を示した」。最終段落の4文目より，語連想テスト(word association test)において，CLIL型学習者も従来の指導を受けた学習者も語彙習得において差が見られなかったので，誤り。

(6)　問いは「外国語習得は一般的な授業よりCLILの方がかなり速く，多面的なスキルが身につくとJävinenに思わせたものは何か？」。第4段落の3文目のin that以下に，CLIL型学習者の方が対照群(従来の指導を受けた学習者グループ)より長く複雑で正確な文を作ることができたという結果が報告されている。

(7)　ア　第4段落の4文目よりValtanenが英語の文法と4技能を測るための「研究」を行ったことがわかるのでresearchを入れる。　イ　空欄は形容詞averageの後にあるので，名詞が入るとわかる。第4段落の5文目より，Valtanenが英語の4技能を測る試験で，CLIL型学習者の方が従来の授業を受けた生徒より「点数」が高かったことがわかるのでscoreを入れる。　ウ　第4段落の6文目より，CLILが英語の能力向上に「寄与している」ことがわかるので，affectを入れる。positively affect「～に良い影響を与える」。　エ　第4段落の最終文に，「CLIL型学習者の言語能力が高すぎて課題の大部分で天井効果が現れてしまい，従来型の授業を受けた生徒の言語能力を測るための試験では，彼らの能力を測ることができなかった」とある。つまり，この試験は

CLIL型学習者にとっては「難しくない」試験であったことを示しているので，空欄にはdifficultを入れるのが適切である。

例題 3

次の英文を読んで，あとの問いに答えよ。

With the decrease in physical education and recess time over the past 30 years, several disturbing trends have emerged. One of them is the issue of obesity: it is reported that 1 in 3 children in the U.S. is overweight — double the figures from the 1980s. Diagnoses of children with attention-deficit hyperactivity disorder (ADHD) have also skyrocketed in recent years. There are 5.7 million children aged 6-17 who have been diagnosed with ADHD. If these statistics were related to an infectious disease, we would declare it a full-blown outbreak. Instead, we call it "education as usual."

Is it any wonder then, that children are bored, off-task, disruptive or otherwise disengaged when all they do is sit at desks and listen to lectures or work on assignments with little physical activity involved? From kindergarten through high school, students spend most of their academic lives at a desk. A classroom in which students quietly work at their desks might appear to be (①), but the amount of time we subject children to a seated position is almost (②).

Beyond the obvious health-related issues, research suggests that desk-bound education might be the reason that students' creativity and intelligence are hindered throughout their formative years. Until the age of 4, children are continually playing and learning in a state of constant motion. But when they enter school, the focus shifts to uniformity, control, following rules and sitting at a desk. We are dealing with our students unfairly when it comes to overall education and student achievement. So, what is it about movement and learning that is so important, anyway?

First, physical activity improves brain flexibility which allows children to learn more easily. Second, there is evidence that contact with the natural environment has a calming effect on children. And third, exercise releases *endorphins that make children feel more relaxed. Finally, the part of the brain that processes movement also processes learning. So when students are sitting still, the learning process is actually (③) rather than (④).

Several studies offer evidence that years of fine motor exercise allow brain reorganization and nerve growth. Physical movement such as standing, stretching, walking or marching can help the brain focus. If students feel sleepy, for instance, they should be allowed to stand at the back of the room for up to two minutes and stretch on their own.

Changes in body position help develop the *vestibular system, alter blood chemistry, and develop core muscles. And ⑤<u>physical activity helps develop the executive function part of the brain where new learning is processed</u>. Executive function includes cognition, organization, focus, emotional regulation, and the ability to multitask, therefore, helping students succeed academically.

When surveyed, teachers typically say that classroom management is the toughest part of teaching. They have all been trained in different methods to manage behavior. Many teachers say that relationships, expectations and consistency are key to behavior management. But behavior has less to do with teachers' actions than it does with the students themselves.

If a student is constantly rocking, swaying, or tapping a pencil or foot, it doesn't mean they don't care about rules and expectations; it means they are children who (⑥). As I mentioned above, the executive function area of the brain has characteristics that influence a student's ability to behave in class. If someone sees students droop over their desks, tapping a pencil or a water bottle, he/she might think that the teacher is not engaging or that the lesson is boring. Neither of them is true; students are lack the core strength to sit up and focus on the lessons.

Over the past three decades, we have seen tremendous increases in ADHD diagnoses and the number of overweight students. A physically active classroom could also turn ⑦these trends around.

What are the effects of adding more physical activity to the academic classroom? Research shows many benefits: there has been a decrease in ADHD medication among the students in classrooms with increased physical activities, and the *body mass index among overweight students in active classrooms showed significant decreases. Executive function and working memory also showed significant improvement, leading to improved academic achievement.

These results reinforce ⑧the idea that the traditional desk-centered classroom must be redesigned to better suit students' needs. It can even be as simple as giving students a "brain break" every 15 minutes to stand and stretch. To increase student focus, on-task behavior, achievement and general well-being, include physical activity in the classroom. It's time to get students out of their seats and learning on their feet!

(注) endorphins　エンドルフィン(幸福感を生み出す神経伝達物質)　vestibular system　(内耳の平衡感覚の)前庭系　body mass index　肥満指数(BMI)

【Modified from "Why students shouldn't be forced to spend so much time sitting at desks in class" by Valerie Strauss, The Washington Post (February 7, 2019)】

1 (①), (②)に入る最も適切な組み合わせを，次のア～エから1つ選び，記号で答えよ。

ア ① tough　② traditional
イ ① educational　② human
ウ ① real　② academic
エ ① ideal　② inhumane

2 (③), (④)に入るのに最も適切なものを，あとのア～エから1

つずつ選んで，記号で答えよ。

ア controlled　イ enhanced　ウ hindered　エ repeated

3 下線部⑤によりもたらされる教育的効果は何か，本文の内容に合うように10字程度の日本語で書け。(句読点含む)

4 (⑥)に入れるのに最も適当なものを，次のア～エから1つ選び，記号で答えよ。

ア have lots of energy

イ concentrate on lessons

ウ are affected by teacher

エ lack behavior management

5 下線部⑦が指す内容を日本語で書け。

6 下線部⑧が指す具体的な取組例として本文中に述べられている内容を日本語で書け。

7 本文の内容と一致するものを，次のア～オから2つ選び，記号で答えよ。

ア The decrease in physical education and recess time has made educational systems unrecoverable.

イ Teachers' actions play a more important role than the students' physical movement in academic classroom.

ウ As movement affects learning, students' creativity and intelligence are inhibited by desk-bound education.

エ The results of physical activity in class promote the redesign of classroom to meet the needs of students.

オ Students are easy to calm down in traditional desk-bound education by following the rules of the school.

解答

1 エ　2 ③ ウ　④ イ　3 生徒の成績が上がること。(12字)
4 ア　5 ADHD(注意欠陥多動障害)や肥満の生徒が急激に増えていること。　6 15分毎に立って，ストレッチをすること。
7 ウ，エ

解説

1 空欄を含む文は「生徒が自身の机で静かに勉強している教室は

(①)であるように思うかもしれない，しかし，私たちが生徒たちを座らせている総時間はほとんど (②)である」という意味である。①は，教師にとって生徒が自身の机で静かに勉強しているという教室は「理想的」であると考えられる。一方，②では，前文の内容に対し「しかし」から文が始まっているため，マイナスな意味の「非人道的な・過酷な」が入ると考えられる。

2 空欄を含む文は「なので，生徒たちがじっと座っていると，実際，学習プロセスは (④) ではなく (③)」という意味である。第4段落では，体を動かすことの利点が述べられている。よって，じっと座っていると学習プロセスが「妨げられる」と考えられる。また，rather than「よりむしろ」以下には，それと反対の意味の語が入ると考えられるため，「促進される」が適切である。

3 下線部⑤は「体を動かすことは新しい学習が処理される脳の実行機能が発達するのに役立つ」の意味。第6段落3文目にexecutive function「実行機能」の役割が述べられているが，本問では教育的効果は何か，と問われているため，therefore以下をまとめるとよい。

4 空欄を含む文は「もし生徒が絶え間なく体をゆすったり，鉛筆や足をコツコツ叩いたりする場合，それは規則や期待に注意を払っていないことを意味しているのではない。それは生徒たちが(⑥)である子どもたちであるということを意味している」という意味である。本問は本文中に答えとなる根拠が明示的に書かれていないが，イの「授業に集中する」は第8段落最終行students are lack以下の文より誤り。また，ウの「教師に影響を受ける」とエの「行動管理が欠けている」はどちらも教師による働きかけであり，第7段落最終行But behavior以下の文に，「教師の行動とはあまり関係なく，生徒自身と関係がある」と書かれているため誤り。よって，アの「多くのエネルギーを持っている」が正しいと推測できる。

5 下線部⑦は「これらの傾向」という意味である。これは前文のtremendous increases以下を指しているので，この部分を訳せばよい。

6 下線部⑧は「伝統的な机中心の教室は生徒たちの必要性により合わせるために，再設計されるべきであるという考え」という意味である。

前段落の内容から，机に座っているだけでなく，体も動かした方がいいという考えであると推測できるため，次文のgiving students以下をまとめるとよい。

7　第3段落1文目より，ウの「行動が学習に影響を与えるため，生徒の創造性や知性は机にしばられるような教育によって抑制される」は正しい。また，最終段落1文目より，エの「授業中における体を動かすことに関する研究結果により，生徒たちの必要性に合わせた教室の再設計が促進された」は正しい。アは本文中でphysical education「体育」の話はされていないため誤り。イは第7段落最終文に教師の行動よりも生徒自身と関係があると述べられているため誤り。オは生徒たちが机にしばられるような教育において落ち着きやすいといったような記述は本文中にはないため誤り。

例題 4

次の文を読み，あとの各問いA～Cに答えよ。

When a baby is born, the parents often feel that they would like to give that baby a perfect life. It's a very natural feeling, but of course not a realistic (1)<u>one</u>, especially if "perfection" means a life that is always happy. Our children will sometimes hurt and suffer no matter what we do. They will have stomach pains and growing pains, feel jealousy, disappointment, and all the rest. Very early in our children's lives we will be forced to realize the "perfect" untroubled life we'd like for them is just a fantasy. In daily living, tears and fights and doing things we don't want to do are all part of our human ways of developing into adults.

Nevertheless, the fantasy continues within the hearts of many loving parents : "Certainly there's something perfect I can give to my children. Even if it can't be the whole of life, maybe it can at least be one day each year." And many parents choose their child's birthday for that day, filling it with fancy presents and events. Unfortunately, days like that often bring tears and disappointments, with parents feeling that the child never appreciated any of their efforts. There's a disappointment that turns the "perfect" day into a most imperfect one. And yet the very next year, the very same thing happens. The wish always remains in parents' hearts to create something perfect for their child.

One thing we may not realize is that it can be hard for a child to receive too much of anything — gifts, food, attention — at one time. I can remember birthdays when I received so many things that I felt it was too much. I couldn't express it in words when I was little, but my feeling was, "How can I (イ) up for all this? How can I ever say thank you enough? How can I ever be good enough in returm?" It was an unpleasant feeling, even with joy of the day. Parents, without knowing it, may also have negative feelings. Their investment of time, money, and comfort can lead them to expect their children to give them back an abundance of happy feelings. If their children don't respond with total joy, and if the day is spoiled by quarrels, they may feel, "We did all this for you, so why aren't you happy? Why can't you be good for once?"

Birthdays are more likely to be happy days if we are responsive to how our children need to feel rather than to what our children think they want. Children need, for instance, to feel important, and a birthday is a grand opportunity to let a child feel "in charge." One way we can do this is to let the birthday child choose something for the whole family to enjoy together. It can be helpful for you to offer some reasonable suggestions, like going out to a farm, making a picnic, going to a puppet show or a circus, or visiting any of the places in a town or city that have been set up for children's enjoyment. What matters is that it is the child's choice, that you can agree, and that the family can do it together.

Often, such events have to be postponed to the nearest weekend. If that's the case, the child's actual birthday could include a family breakfast, a chance for the child to decide on the supper menu, and a family reading of a favorite story before bed. These are the sorts of simple things that come to my mind, but family can work out ways of their own.

If the birthday weekend includes a children's party, many parents have found it wise to be careful about inviting too many people. We all know that large groups of five-year-olds can generate a lot of excitement, often ending in tears and frustration. If you feel uneasy about such large groups, you might ask your child to invite just a few special friends. "Would you like to ask Mandy, Eric, and Kate to come over for cake and ice cream? Is there anyone else you'd especially like to invite?" That way, you can keep the size of the party down to a number that is comfortable for both you and your child. I know parents who allow their daughter to invite just as many friends as the number of years she is old. When their daughter was three, she invited three friends. At four she invited four. That seemed to work well.

Birthdays are meant to be "You Are Special!" days that celebrate the arrival of a particular person into this world and express our continuing joy in having that person among us. Parties and presents, of course, have their role as a traditional part of birthdays. But when we let (2)them become what birthdays are all about, we have missed a once-in-a-year chance to give our child a strong sense of the importance of his or her (ロ) in our family.

A. 文中の空所(イ)・(ロ)を補うのに最も適当な語を，それぞれ対応する次の1～4から1つずつ選べ。

イ　1. give　2. keep　3. make　4. sit

ロ　1. friends　2. memory　3. place　4. response

B. 文中の下線部(1)，(2)の指す語句を本文中から抜き出し，それぞれ書け。

C. 次の1～5のそれぞれに続くものとして，本文の内容と最もよく合致するものを，各イ～ニから1つずつ選べ。

1. The main purpose of this article is to
   イ. give advice.　　ロ. criticize parents.
   ハ. describe typical birthdays.　　ニ. praise children.
2. According to the author, children may become uncomfortable on their birthdays because they
   イ. feel unable to express their thanks.
   ロ. aren't allowed to invite enough friends to their parties.
   ハ. don't get the presents they really want.
   ニ. are ignored by their family.
3. The author would agree that
   イ. birthdays aren't so important in children's lives.
   ロ. parents should give their children more presents.
   ハ. children don't always know what is best for them.
   ニ. some children aren't interested in birthdays.
4. In the third paragraph, the author states that parents may also have "negative feelings." This refers to their
   イ. envy that their children had a wonderful birthday.
   ロ. disappointment that their children don't show enough appreciation.
   ハ. frustration that they can't give enough presents to their children.
   ニ. sadness that the party is over.
5. The most appropriate title for this passage is
   イ. Surprise Birthday Parties.
   ロ. Parents' Birthdays.
   ハ. Happy Birthdays Aren't Easy.
   ニ. The Old-Fashioned Birthday Party.

解答

A. イ 3 ロ 3

B. (1) feeling (2) parties and presents

C. 1. イ 2. イ 3. ハ 4. ロ 5. ハ

解説

A. イ make up for ～「～の埋め合わせをする」

ロ (a strong sense of the importance of his or her) place (in our family)「家族の中で自分が占める位置が重要であるという強い意識」

B. (1) a very natural feeling, but of course not a realistic one(= feeling) 前出の名詞の反復を避けるための不定代名詞。

(2) 前文で「パーティーやプレゼント」について述べ,「それらを(=パーティーやプレゼントを)誕生日のすべてにしてしまうなら」となる。

C. 1. 第4段落以降から, 本文が誕生日を本当に楽しく価値あるものにするための助言であることがわかる。

2. 「筆者によると, 子供たちが誕生日に不快になることがあるのは」, イ.「感謝の気持ちを表せないと感じるためである」。第3段落第2～4文参照。

3. 「筆者が賛成するのは」, ハ.「子供たちは自分にとって何が一番よいことか必ずしもわかっていないということ」。第3段落第3文以下参照。

4. 「第3段落で, 筆者は親も［否定的感情］を持つことがあると述べている。このことは」, ロ.「子供たちが十分な感謝を示さないという親の失望である」。第3段落第5文から最終文参照。

5. 「この文の最適な題は」, ハ.「幸せな誕生日は簡単でない」。ちなみにイ.は「不意打ちのパーティー」。

全訳

赤ん坊が生まれると, よく両親はその子に完ぺきな人生を与えてやりたいと感じる。それは非常に自然な感情だが, 特に「完ぺき」がいつでも幸せな人生を意味するならば, それはもちろん現実的な感情ではない。我々の子どもたちは, 我々がどんなことをしても, ときには傷ついたり,苦しんだりする。お腹が痛くなったり，成長期の痛みもあるし，やきもちを焼いたり，失望したり，その他すべてに悩む。我々は，子どもたちがごく小さなころに，我々が彼らに望む「完ぺきな」悩みのない人生など単なる幻想にすぎないことを悟らざるを得ない。毎日の生活では，涙とけんか，そして我々がしたくもないことをすることが，人間が大人へと成長する方法のすべてである。

それにもかかわらず，その幻想が多くの子を愛する親の心の中に生き続けている。「確かに子どもたちに与えることができる完ぺきなものがあるはずだ。人生すべては無理でも，おそらく少なくとも毎年1日はできるだろう」。そして，多くの親たちが子どもの誕生日をその日に選び，すてきなプレゼントと催しでそれを満たす。不幸なことに，親たちはわが子が彼らの努力を何一つありがたがらないと感じて，そのような日はしばしば涙と失望をもたらす。その「完ぺきな」日を大変不完全な日にしてしまう失望があるのだ。それなのに，まさにその翌年も，まったく同じことが起こる。子どもたちのために何か完ぺきなものを作ろうという願いは，ずっと親の心の中に残るのだ。

我々が気づいていないかもしれないことの1つに，子どもがどんなもの—贈り物，食べ物，注目—でも一度にあまり多くは受け入れられない，ということがある。私はあまりに多くのものを受け取ったので，多すぎると感じた誕生日のことを思い出すことができる。小さいころは，それを言葉で言い表せなかったが，私の気持ちは，「一体どうやったらこんなにたくさんのものの埋め合わせができるのだろうか。一体どうやったら十分なお礼を言えるだろうか。一体どうすればそのお返しに十分いい子でいられるだろうか」というものだった。それはその日が喜びであふれていたとしても不愉快な気分だった。それを知らずに，親たちも否定的な感情を抱いてしまうことがある。時間，お金，慰めとなるものに投資したのだから，子どもたちがあふれるほどの喜びの気持ちを返してくれることを期待することになる。子どもたちがまったく喜んで応えてくれないと，そしてその日がけんかで台なしになると，彼らはこう感じる。「おまえのためにこんなにたくさんしてあげたのに，どうして嬉しくないんだい？　どうして一度ぐらいいい子になれないんだい？」

我々の子どもたちが何を欲しいと思っているかよりむしろ，子どもたちがどのように感じる必要があるかということに親が反応するなら，誕生日はもっと喜ばしい日になるだろう。たとえば，子どもたちには自分を大切な存在だと感じることが必要であり，誕生日は，子どもたちに「まかされている」と感じさせるいいチャンスである。我々がこれを実行できる1つの方法は，誕生日の子どもに家族全体が一緒に楽しめる何かを選ばせてあげることである。農場に出かけたり，ピクニックをしたり，人形芝居やサーカスに行くとか，子どもたちが楽しむために準備された町や市のどこかに行ったりといった何か無理のない提案をすると役立つこともある。重要なのはそれが子どもの選択であり，あなたが同意でき，家族が一緒にできるということである。

しばしば，そういう催しは一番近い週末まで延期しなければならない。もしそうなら，その子の実際の誕生日には家族みんなで朝食を食べ，その子に夕食のメニューを決めさせるチャンスを与え，寝る前に大好きな物語を家族一緒に読むことにすることができるだろう。これらは私の心に浮かんだ簡単なことだが，それぞれの家族は独自のやり方を考え出せばよい。

誕生日の週末に子どもたちのパーティーをするなら，多くの親は，あまり多くの人たちを招待しすぎないように気をつけることが賢明なやり方だと知っている。5歳児がたくさん集まると興奮のあまり，しばしば泣き出したり，欲求不満に終わることになるのを我々は皆知っている。もしそのような大人数に不安を感じるなら，数人の特別な友だちだけを招待するように子どもに頼むとよい。

「マンディとエリックとケイトにケーキとアイスクリームを食べに来ないって聞いてみる？　だれかほかに特別に招待したい子はいるの？」このようにすると，パーティーの規模をあなたとお子さんの両方にとって快適な数まで減らすことができる。自分の娘の年の数だけの友だちを招待させる親を私は知っている。娘が3歳のときは3人の友だちを招待した。4歳のときには4人招待した。それはうまくいっているようだった。

誕生日とは，ある人がこの世にやってきたことを祝い，そして我々の中にその人がいることを我々がずっと喜び続けていることを表す「あなたは特別なの」という日だ。

パーティーやプレゼントはもちろん誕生日の伝統的な一部としての役割がある。しかし，それを誕生日のすべてにしてしまうと，我々の子どもに家族の中で自分が占める場所の重要さを強く感じさせる，年に1度のチャンスを逃してしまうことになる。

例題 5

A. 次の英文の空所1～15に入れるのに最も適当なものをそれぞれA～Dから1つずつ選べ。

Part of Henry Ford's philosophy as a manufacturer had long been that all workers ought to be able to buy what they produced ; but it was not until 1914 that he began to put this into practice. He let it be known that, from that year on, no worker in his factory would earn (1) than five dollars a day. Such pay for workmen was undreamed-of in any manufacturing plant in the world. And it was more than twice what Ford himself had been paying before.

The shock of the news divided the American public into two parts : one part believed that he intended to give all his money away because he so loved the men that worked for him ; the other part now felt quite certain that he had gone mad.

They were both wrong. The plan (2). The workers increased their output, and they all bought Ford cars. And the profits went up and up.

What the public did not understand was that all this was possible because of the savings that mass production had made possible. Every day, some kind of waste was cut down or cut out—waste of time, energy, motion, materials. Every day some process was shortened. Every year, some new secondary product was made out of something that before had been (3).

Henry now had so much money that he did not know (4) to do with it. He could not put it back into further manufacture of the

Model T* that had made his fortune, because sales had reached their limit. It was then that he had the idea of what (5) to be known as the Ford Empire.

(6), the Ford Company had been buying many materials and parts from other companies. Now Ford decided to produce or make everything himself. He bought coal mines and iron mines and made his own steel. He bought forests and produced his own wood. He bought rubber plantations and manufactured his own tires. He bought other plantations and grew his own cotton (7) he made his own cloth. He built a complete glass factory, and set up in it the first continuous plate-glass manufacturing process in the world.

None of these materials was ever stored. Once produced, they were forever on the move, over seas or lakes and along rivers, roads or railways, all timed to reach the factory just when they were (8), as if on a giant assembly line.

The next and last step came when the company built branch factories, mostly for the assembly of parts sent from Detroit, in more than twenty other countries around the world, from Ireland to Japan.

This was the Ford Empire. Most of it was built up in the 1930s. The Model T, however, died in 1927. Why did it die? Why did this thing, which had become the subject of countless jokes and stories and songs, which had become part of American life itself, come to an end? The chief reason was a change of taste, caused perhaps by a kind of growing up of the American people. Ford had been (9) in 1908, when he guessed that the "ordinary American" did not want a richman's plaything. But, by 1927, the ordinary American's children were laughing at Dad's "flivver," or "Tin Lizzy," as the Model T had come to be called. They were (10) it. What they wanted was something a little more powerful, better-looking.

It was General Motors, with their Chevrolet, that took the first step toward (11) that desire. Using Ford's methods, the company began producing something that fitted better into the new world, available at a price almost as low as his. So, when Ford car sales dropped to a dangerously low level, Henry was at last persuaded to consider a change of model.

It took one whole year to get the River Rouge plant ready (12) the new design, which was called Model A. Since the Model A, there have been almost yearly changes in design—but no reduction in price. The mechanics of mass production went on improving year after year, but mass production did not get any cheaper. As a result of increasing competition, the demand for new styles meant the original Ford plan of reducing the price every year was no longer possible.

Perhaps this was the reason why Henry Ford became more interested in other things. He took up the production of farm tractors and airplanes, the building of museums, and the collecting of historical objects. Yet, to the end, his chief joy was in the thought that it was he—and he alone—who had taken American industrial manufacture to its highest point, and who had proved that (13) makes possible both a progressive lowering of manufacturing costs and an increasing enjoyment of life by all people.

The mass-produced automobile has changed the map of America completely. It is often said that by 1880 there were no longer any frontiers left in America. It is a fact, however, that there were still large areas of land (14) which no use had yet been found, and it was chiefly the needs of car drivers that led to the development of such areas. Along the network of highways that the automobile caused to be built, many new towns sprang up, and many small towns expanded. The America that the railroad built is only part of what we now think of as America ; (15) are the pieces that the coming of the car has fitted into the jigsaw puzzle that is America.

And all this was the outcome of one man's dream, of a motor-car for every working American. That car was cheap-looking, noisy, smelly and, by the standards of today, most uncomfortable ; but, because Ford ended up by making one every ten seconds, fifteen million Americans were able to own one.

〔注〕 *Model T : early type of motor car manufactured by Ford Motor Co. between 1908 and 1927, which was extremely inexpensive

1 A. less B. more C. no less
D. no more

2 A. carried out B. worked C. gave out
D. made

3 A. picked out B. picked up C. thrown away
D. thrown in

4 A. how B. what C. how much
D. when

5 A. became B. had C. went
D. came

6 A. However B. Therefore C. So far
D. From then on

7 A. from which B. that C. when
D. where

8 A. produced B. carried C. delivered
D. needed

9 A. wrong B. right C. old
D. young

10 A. proud of B. curious about
C. scornful of D. glad at

11 A. meeting B. seeing C. having
D. admitting

12 A. to B. for C. by
D. with

13 A. money ·

B. the American industrial manufacture

C. the automobile

D. mass production

14 A. for　B. to　C. in

D. with

15 A. useless　B. meaningless　C. wireless

D. countless

B. 本文の内容に照らして最も適当なものをそれぞれA～Cから1つずつ選べ。

(1) Henry Ford believed that all workers should

A. buy what they produced rather than what others did.

B. work hard so that they could buy what they produced.

C. be able to afford their own products.

(2) In order to put his long-held philosophy into practice, Henry Ford

A. greatly raised his employees' wages.

B. drastically reduced the price of cars.

C. urged his workers to work efficiently.

(3) The expression "Ford Empire" implies that

A. Ford founded his company single-handedly in a short period of time.

B. Ford's company made everything needed for manufacturing cars.

C. Ford ruthlessly dominated the automobile industry.

(4) The main reason the Model T came to an end was that

A. a much cheaper Ford car became available.

B. the railroad took away its market.

C. what the American people wanted had changed.

(5) After the Model A, Ford's plan of reducing the price every year was impossible because

A. the workers were always asking for pay increases.

B. the mechanics of mass production continued to improve.

C. he had to keep producing new models nearly annually.

(6) Ford took up the production of farm tractors and airplanes, the building of museums, and so on, probably because he

A. found these areas less profitable.

B. couldn't keep reducing the price of cars.

C. found the cost of materials rose sharply.

(7) One reason why the mass-produced automobile changed the map of America completely is that it

A. brought a lot of towns into being.

B. destroyed the environment of the country.

C. caused the decline of the railroad.

解答

A. 1 A　2 B　3 C　4 B　5 D　6 C
7 A　8 D　9 B　10 C　11 A　12 B
13 D　14 A　15 D

B. (1) C　(2) A　(3) B　(4) C　(5) C　(6) B
(7) A

解説

A. 1 that節の主語はno worker in his factoryで，否定のnoが含まれていることがポイント。直後のthanとつなげて考えると，Cのno less than ～(～に劣らず，～もの)，Dのno more than ～(～にすぎない，～しかない)は，文意がつながらない。Bのmoreでは，「1日5ドルよりも多くは稼がない」となり，あとの文脈と矛盾することになる。よって，Aのlessを入れる。「1日5ドルよりも少なくは稼がない→1日5ドル以上も稼ぐ」となり，文脈に合致する。

2 第3段落第3，4文には，フォードの計画が成功したことが述べられているので，肯定的な意味の自動詞が入ると考えられる。Aのcarry outは「実施する，果たす」の意味だが，他動詞で目的語を必要とするので不可。Bのworkは「うまくいく」という意味があり，自動詞なので，これが正解。Cのgive outは「力が尽きる，停止する」と否定的な意味なので不可。Dのmakeは自動詞として「急いで進む，物まねをする」などの意味があるが，文脈にそぐわないので不可。

3　第4段落には，大量生産が可能にした生産効率の向上が書かれている。直前にhad beenがあり，選択肢の動詞が過去分詞形であることから，過去完了受動態の節で，「以前は～されていた」の意味だと判断できる。こうした文脈から考えると，Cのthrow away(投げ捨てる，無駄にする)が正解。

4　直後のto do with it(= money)という不定詞と，選択肢が疑問詞であることから，〈疑問詞＋不定詞〉の形を思い起こす。第5段落には，フォードが莫大な剰余金の使い道で悩んでいた様子が書かれているので，Bのwhatを選んで，「そのお金で何をしたらよいか」とする。

5　直後のto be known as the Ford Empireが直前の関係代名詞whatにうまくつながるものを選ぶ。すると，Bのhave to ～(～しなければならない)か，D のcome to ～(～するようになる)のどちらかだが，文意が通じるのは「フォード帝国として知られるようになったもの」で，Dのcameのほうである。

6　過去完了進行形の文なので，過去の継続を表すと予想できる。よって，該当するのはCのSo far(これまで)か，DのFrom then on(その時以来)である。Dの「その時」が具体的にどの時を指すのかが前後の文脈からは不明なので，不適切と判断する。

7　先行詞his own cottonを修飾する関係代名詞が入る。Cのwhen とDのwhereは関係副詞なので不適。関係代名詞節のhe made his own clothを吟味すると，前置詞が不足していることがわかるので，Bのthatは却下。make A from B(BからAを作る)のfromが関係代名詞whichの前に置かれた形のAが正解。「彼が彼自身の布を(それから)作った彼自身の綿」となる。

8　第7段落は，自動車の部品や資材が生産ライン上を決められた期日に向けて停止することなく動き続けている様子が述べられている。直前のthey(= these materials) wereと，選択肢の動詞がすべて過去分詞形であることから，受動態で文意が通るものを選べばよい。よって，Dの「それらが必要とされるちょうどそのときに工場に届く」が正解。

9　あとに続く文がButで始まり，否定的な内容が記述されているので，ここには肯定的な意味の形容詞が入ると予想される。よって，Bのright(正しい，都合のよい)が最適。

10　Theyはthe ordinary American's childrenを，itはthe Model Tを指している。前文の否定的な内容を受けて，好ましくない連語が入ると想定できる。よって，Cの be scornful of ～(～を馬鹿にする)が正解。

11　ゼネラルモーターズのシボレーが登場した経緯を述べた文。直後のthat desireは，第9段落最終文の「もう少し馬力があって，もっと見栄えのいいもの」を待望する当時の空気を表している。take the first step toward ～ing that desireで「その要望を～するべく第一歩を踏み出す」の意味なので，Aのmeet(満たす，応じる)が最適。

12　〈get + O + C〉の形で「OをC(の状態)にする」の意味。Cにくる形容詞readyと連語を作る前置詞を選べばよい。Bのforがready for ～(～の準備ができた)という連語を作るので正解。Dのwith もready with ～(～の用意ができた)という連語を作るが，「(人)が(物)の用意ができた」という場合に使われるので，本問では不適。

13　直後のmake possible both A and Bの本来の語順は，make both A and B possible(AもBも両方とも可能にする)である。SVOCの文型で，Oが長すぎるために倒置が行われたと考えられる。ここではSにくる語句を選ぶ問題なので，それぞれの語句を挿入して文意がつながれば正解である。A「金銭」，B「アメリカの工業製品」，C「自動車」のどれもSとしては不適。よって，Dの「大量生産」が正解。

14　直前のlarge areas of landは先行詞，直後にwhichの関係代名詞節が続く。この節は，no use for large areas of land had yet been found(広い面積の土地の使い道はまだ見つけられなかった)という意味なので，前置詞のforをwhichの前に置く。

15　選択肢がどれも形容詞なので，この文でも倒置が行われている。本来はSVCの文型であるが，Sが長すぎることと，Cを強調するために，CVSの語順になっている。車社会アメリカの比喩としてジグソーパズルのピースが用いられているのがヒントになる。A「役に立たない」，B「意味のない」，C「無線の」，D「無数の」の中から，アメリカの車を象徴している形容詞はDである。

B. (1)　第1段落第1文に，「すべての労働者が自分の造ったものを買えるようにしなければならない」とある。よって，Cが正解。「ヘンリー＝フォードは，すべての労働者が自分自身の製品を買うことができるようになるべきだと思った。」

A 「他人が造ったものより，むしろ自分が造ったものを買う」

B 「自分が造ったものを買えるように一生懸命に働く」

(2)　第1段落第2～4文より，Aが正解。「長年抱き続けた信条を実行に移すために，ヘンリー＝フォードは自分の従業員の給料を大きく引き上げた。」

B 「自動車の価格を大幅に値下げした」

C 「自分の労働者に効率よく働くように促した」

(3)　フォード帝国の具体的な内容は，第6～第8段落に書かれている。自動車製造に必要な資材や部品を自前で調達することなので，Bが正解。「『フォード帝国』という言い回しは，自動車製造に必要とされるものすべてをフォードの会社が造ったということを意味する。」

A 「フォードは短期間で人の手を借りずに自分の会社を設立した」

C 「フォードは自動車産業を情け容赦なく支配した」

(4)　第9段落第6～10文参照。特に第6文に，「主な理由は好みの変化だった」とあるので，Cが正解。「モデルTが終わりを迎えた主な理由は，アメリカ国民が望んでいたものが変化してしまったということだった。」

A 「ずっと安価なフォード車が入手可能になった」

B 「鉄道がその市場を奪い去った」

(5)　第11段落第2文に，「モデルA以降，ほとんど毎年デザインの変更が行われている」とある。よって，Cが正解。「モデルA以降，毎年価格を引き下げるというフォード計画は，ほぼ毎年新モデルを製造し続けなければならなかったので，不可能になった。」

A 「労働者たちがいつも賃上げを求めていた」

B 「大量生産システムが進歩し続けた」

(6) 第11段落最終文と第12段落第1，2文参照。特に第11段落最終文に，「毎年価格を引き下げるという本来のフォード計画がもはや実行不可能であった」とあるので，Bが正解。「フォードはおそらく自動車の価格引き下げを維持できなくなったので，農業用トラクターや飛行機の製造，博物館の建設などに興味を持つようになった。」

A 「これらの分野はあまりもうからないことがわかった」

C 「材料費が急騰したことに気づいた」

(7) 第13段落第4文に，「高速道路網に沿って，新しい町がたくさん現れ，小さな町の多くが大きくなった」とある。よって，Aが正解。「大量生産の自動車が完全にアメリカの地図を変えた1つの理由は，それがたくさんの町を生み出したということである。」

B 「田舎の環境を破壊した」

C 「鉄道の衰退を引き起こした」

全訳

ヘンリー＝フォードの製造者としての信条は，長きにわたって，すべての労働者が自分の造ったものを買えるようにしなければならないということだったが，これは1914年に初めて実行に移された。彼はその年以降，自分の工場労働者は全員日給5ドル以上稼げることを周知させた。工員に対するそれほどの賃金は，世界中のどんな製造工場でも全く予想外だった。しかもそれは，フォード自身がこれまで支払っていた2倍以上のものだった。

そのニュースの衝撃はアメリカ世論を2つに分裂させた。すなわち一方は，彼は自分のために働いてくれる労働者を非常に大事にしているので全財産を分配するつもりなのだと信じ，他方は，彼は気が狂ってしまったのに違いないと，今や確信したのである。

その2つとも間違っていた。計画はうまくいった。労働者たちは自らの生産性を高め，そして全員がフォードの自動車を購入した。その上，収益はますます増加したのである。

世論が理解しなかったのは，大量生産が可能にした節約によってこれがすべて実行できたということである。日々，ある種の無駄―時間，エネルギー，動作，資材の無駄―が削減され，除去された。日々，ある工程が短縮された。毎年，ある新規の二次的製品が，以前は破棄されていたものから造り出された。

ヘンリーは今や非常に多額の金銭を所有していたので，それをどうしたらよいのかわからなかった。彼は，需要が限界に達していたので，自らの富を築いたモデルTの追加生産を再開できなかった。彼がフォード帝国として知られるようになったものを思いついたのは，まさにその時だった。

これまで，フォード自動車は多くの資材や部品を他の会社から購入してきた。ついに，フォードは自前ですべてのものを生産または製造することを決定したのである。彼は炭坑や鉄鉱山を買収して自前の鋼鉄を製造した。彼は森林を買収して自前の木材を生産した。彼はゴム園を買収して自前のタイヤを製造した。彼はほかの農園を買収し，自前の布を製造するために自前の綿を栽培した。彼はガラス工場一式を建設し，世界で最初の板ガラス連続製造工程をそこに設置した。

これら資材のどれ1つとして備蓄されることはなかった。ひとたび製造されると，それらは永遠に動き続け，海や湖を越え，川，道路，鉄道沿いに，まるで巨大な組立ライン上に並んでいるかのように，すべてがちょうど必要なときに工場に届くよう日時が決められていた。

次の最終ステップは，その企業(フォード自動車)が，主にデトロイトから送られてくる組立部品の関連子会社を，アイルランドから日本まで，世界中の20か国以上に設立したときにやって来た。

これがフォード帝国だった。その大部分は1930年代に築き上げられた。しかしながら，モデルTは1927年に消滅した。なぜそれは消滅したのか？この，無数の冗談や物語，歌の題材になり，アメリカ生活そのものの一部になったものが，なぜ終わりを迎えたのか？　主な理由は好みの変化であり，おそらくはアメリカ人の一種の成長に起因していた。フォードは1908年,「一般のアメリカ人」は富豪のおもちゃを欲しがらないと思っていたときは正しかった。しかし,1927年ごろにはもう,一般のアメリカ人の子供たちは,モデルTがそう呼ばれるようになっていたので,父親の「安物」とか「ポンコツ」を嘲笑っていたのである。彼らはそれを馬鹿にしていた。彼らが欲しかったのは,もう少し馬力があって,もっと見栄えのいいものだった。

シボレーをひっさげて,その要望を満たすべく第一歩を踏み出したのがゼネラルモーターズだった。フォード方式を利用しつつ,その企業(ゼネラルモーターズ)は新世界によりよく適合した,フォード車と同程度の安い価格で入手可能なものを製造し始めた。その結果,フォード車の売り上げが危険なほど低い水準まで落ち込むと,ヘンリーはついに説得されてモデルチェンジの検討に入った。

リバールージュ工場が,モデルAと呼ばれた,その新設計の準備を整えるのに丸1年かかった。モデルA以降,ほとんど毎年設計の変更が行われている—しかし,価格の引き下げは行われていない。大量生産システムは年々進歩し続けていたが,大量生産は少しも安くならなかった。ますます激化する競争の結果,新型車の需要は,毎年価格を引き下げるという本来のフォード計画がもはや実行不可能であることを意味した。

おそらくこのことは,ヘンリー＝フォードがほかのことにもっと興味を持つようになった理由だった。彼は農業用トラクターや飛行機の製造,博物館の建設,歴史的な遺物の収集を始めた。しかも,最後まで,彼の最も大きな喜びは,アメリカの工業製品を最高峰にまで導き,大量生産が製造原価を漸進的に低減することと,すべての国民による生活をさらに楽しくさせることの両方とも可能にするのを証明したのは自分—自分1人—だという考えの中にあった。

大量生産の自動車は完全にアメリカの地図を変えてしまった。1880年ごろにはもうアメリカに辺境地帯は残されていなかったとはしばしば言われることである。しかしながら,使い道がまだ見つからなかった広い面積の土地が依然としてあったのも事実なのだ。そうした地帯を開発するきっかけとなったのは,まず第一に自動車運転手のニーズであった。自動車が原因で建設された高速道路網に沿って,新しい町がたくさん現れ，小さな町の多くが大きくなった。鉄道が築き上げたアメリカは，私たちが今アメリカだと思っていることのほんの一部にすぎない。すなわち，自動車の到来がアメリカというジグソーパズルにはめ込んだピースは無数にあるのである。

そして，このこと全部が，すべての働くアメリカ人に自動車をという，1人の男の夢の結果であった。その自動車は安っぽく，騒々しく，臭くて，現在の品質基準からして，極めて居心地が悪い。しかし，フォードは最後には10秒毎に1台造るまでになったので，1,500万人のアメリカ人が自動車を所有することができたのである。

例題 6

The following is an excerpt from a newspaper article about the environmental movement in Pakistan. It was released in October of 2018. Read it and answer the questions.

When Mohammed Riasat, a government forest service officer, peers up at the majestic ridges around him, he sees small miracles others might miss: a few dozen pine seedlings that have sprouted in rocky, near-vertical cliffs or a grove of healthy young eucalyptus trees, planted on a patch of terrain that had been eroding after years of illegal use.

"When I see a grown tree cut down, I feel like a close relative has died," said Riasat, who has spent three decades working with limited funds and staff to protect Pakistan's beleaguered forests here in the verdant hills of Khyber-Pakhtunkhwa province. "When I see a new one appear, I feel attached to it."

Two years ago, that struggling effort got a huge boost. Imran Khan, then a politician whose party governed the province, launched a program dubbed the ①"Billion Tree Tsunami." Eventually, hundreds of thousands of trees were planted across the region, timber rustling was virtually wiped out, and a cottage industry of backyard nurseries flourished.

Today, Khan is Pakistan's prime minister, and his new government is aiming to replicate that success nationwide, this time with a ②"10 Billion Tree Tsunami." Officials said they hope the initiative, launched last month, will foster environmental awareness in their impoverished, drought-plagued country, where both ③greed and necessity have left forests stripped; they now cover only 2 percent of all land, according to the World Bank.

The plan is one of dozens that Khan has proposed in his wide-ranging agenda to [A]. Some have met this with skepticism, such as persuading wealthy overseas Pakistanis to finance the construction of dams and vowing to end entrenched official corruption.

But ④the idea of a green awakening seems to be taking root. The new program is expected to make enermies, especially powerful individuals and groups that have appropriated large tracts of government land for years. But the concept appeals to a new generation of better-educated Pakistanis, and it has sparked excitement on social media.

"This is one of the rare things in our society that is not divisive," said Malik Amin Aslam, the new federal minister for climate change, who headed the original campaign in Khyber-Pakhtunkhwa. On Sept. 2, when the government held 200 launch ceremonies across the country, enthusiastic citizens helped [B].

But experts said Pakistan will need more than a trillion new pines, cedars and eucalyptus trees to reverse decades of deforestation. It is even harder, they noted, to protect public forests from human predation, which is often hidden from view and hazardous to combat. Culprits include timber rustlers, villagers who let cattle forage freely and developers who raze acres of forested land.

When an observant citizen repeatedly reported illegal logging in an obscure area of the province, local officials did nothing. Finally, provincial leaders fired every employee of the forest service administration. "It was a signal of zero tolerance, and it sent shock waves across the government," Aslam said.

The bold move also encouraged a budding environmental movement. One small victory occurred recently in Swat, a once-bucolic region in Khyber-Pakhtunkhwa that has suffered from years of deforestation and a takeover by Taliban militants. When local officials began cutting down trees to widen a road, protesters blocked it. Then Khan's new government stepped in, and half of the trees were spared.

Several activists said the message was also beginning to change traditional habits that damage the environment. In one mountainous area, they said some residents are planning to relocate to towns in the winter rather than [C].

"Everyone is waking up and starting to plant," said Hazrat Maaz, a lawyer and environmentalist in Swat. He said he was "especially happy" to see one elderly man preventing sheep from grazing in an area of newly planted trees.

"Before this campaign, people who wanted to build a house or graze their cattle went into the woods. Now that has been stopped," Riasat said. Even some former timber rustlers, he said, have started growing and selling trees. "We used to go after them, but now they come to us for advice," he said.

Aslam said he has no illusions that planting and protecting billions of trees across Pakistan will happen cheaply or quickly. One obstacle will be forcing powerful people off public land they have long occupied; another is that two of Pakistan's four provinces are dominated by political parties that are rivals of Khan's Movement for Justice and less likely to cooperate.

"The challenge is going to be much bigger this time," Aslam said, "About 40 percent of fertile public land has been encroached by land-grabbers, including some lawmakers. There will be a lot of blowback, but we have strong political commitment. We will [D]."

Twenty miles farther on, several residents of Boddla village said they had benefited when the government planted acres of eucalyptus trees there in 2016. Some earned cash as laborers; others raised saplings for a small profit. They are forbidden to let their livestock roam among the new trees, so they now tie the animals in their yards.

"When things are green, it is a benefit for everyone," said Khanan, a villager in his late 50s. Outside his mud-walled farmhouse, a cow and two goats were tethered under a thatch. "God will have mercy on this work," he said.

Questions

(1) What are ①"Billion Tree Tsunami" and ②"10 Billion Tree Tsunami" ? Explain the campaigns in English, including by whom it was started and for what purpose.

(2) Fill in the blanks from [A] to [D] with the most appropriate phrase from the box below. You can use each phrase only once.

ア	enforce the law
イ	chop down trees to heat their hillside homes
ウ	plant 2.5 million saplings in one day
エ	fashion a "new" Pakistan

(3) As to the phrase underlined part ③, give three specific examples from the article.

(4) As to the underlined statement ④, give two specific examples from the article.

(5) Choose three statements that are true for the article.

a. Mohammed Riasat has made steady effort for about 30 years to protect Pakistan's forests.

b. Repeated natural disasters have led to the today's deforestation in Pakistan.

c. The government has been getting more and more supporters for this campaign. Even Khan's political rivals are enthusiastic about it.

d. The government resorted to radical measures to fulfill the aim of planting trees nationwide.

e. The forests cover 40% of all land in Pakistan.

f. One of the problems in promoting this campaign is that powerful people, including lawmakers, won't change their attitude.

g. One of the reasons the government can't promote this movement is that villagers can't benefit from planting trees.

解 答

(1) ① "Billion Tree Tsunami" was started to plant and protect trees in Khyber-Pakhtunkhwa province in Pakistan. Imran Khan, who is now a prime minister of Pakistan, launched it when he was a politician for the province. ② "10 Billion Tree Tsunami" is the nationwide campaign to plant trees following the success of "Billion Tree Tsunami," which was started by Khan and his new government.

(2) A エ B ウ C イ D ア

(3) timber rustlers, villagers who let cattle forage freely, and developers who raze acres of forested land

(4) ・one elderly man preventing sheep from grazing in an area of newly planted trees ・some former timber rustlers who have started growing and selling trees

(5) a, d, f

解 説

(1) 両プログラムの内容について，5W1Hを意識しそれぞれを説明する。
① 「ビリオン・ツリー・ツナミ」はパキスタンのカイバル・パクトゥンクワ州で木を植え，守るために始められた。パキスタンの現首相であるイムラン・カーンがその州の政治家であった時にそれを推進した。
② 「テン・ビリオン・ツリー・ツナミ」はビリオン・ツリー・ツナミ

の成功に続く国家的な植樹キャンペーンで，カーンと彼の新政府によって始められた。

(2) A カーンが掲げる広範囲にわたる検討課題が入る。よって，エ「『新しい』パキスタンを創る」。

B 政府が国中で推進セレモニーを行った時に熱狂的な市民が手伝った内容が入る。ウ「一日で250万本の苗木を植える」。

C 環境を破壊する伝統的な習慣が変わりつつある例として，山間部では，イ「中腹の家を暖めるために木を切り倒す」より何人かの住人は冬には町に移住する計画をしているという内容。

D キャンペーン推進に否定的な反応も多いが，私たちには政治的責任があるので，ア「法律を施行する」つもりだ。

(3) 森林を丸裸にしてきた③「欲と必要性」の具体例を3つ挙げる。解答例としては，第8段落最終文より「材木泥棒，自由に家畜に飼料を与える村民，木に覆われた何エーカーもの土地を破壊する開拓者」。

(4) ④の文意は「緑を自覚する考えが根付いてきているように思われる」。解答例としては，第12段落より「新しく植えられた木のエリアで，羊に草を食べさせないようにする老人」と第13段落より「木々を育て売り始めた元材木泥棒」。

(5) a「ムハンマド・リアサットはパキスタンの森林を守るために約30年絶え間なく尽力してきた」は第2段落より正しい。

d「政府は全国に植樹する目的を果たすために抜本的な手段に訴えてきた」。第6段落参照。このコンセプトは，よりよい教育を受けた新しい世代の若者に訴えかけ，ソーシャル・メディア上で盛り上がったとある。

f「このキャンペーンを推進するにあたり問題の1つは，立法者を含め権力のある人々が態度を変えようとしないことである」。第15段落参照。立法者を含め土地横領者が否定的反応をするだろうとある。

例題 7

次の文章を読み，あとの問いA・Bに答えよ。

During my college days, I spent my summers as an assistant at a camp for junior high school students. It was work I looked forward to every year because it was a pleasure. Of my camp memories, there is one summer that stands out from the rest.

It was the first day of camp. About an hour after everyone had arrived, I noticed a small boy sitting alone under a tree. He was thin, pale and obviously uneasy. Only fifty feet away, all the other campers were playing, joking and enjoying getting to know each other, but he seemed to want to be anywhere other than where he was. He had a lost look, a look of deep loneliness. To be honest, I felt uncomfortable approaching him, but our senior staff members had instructed us to watch for campers who might feel left out, campers just like this boy. I knew it was my responsibility to talk with him even though I felt it would not be easy.

I walked up to him and said, "Hi, my name is Kevin, and I'm one of the assistants." In a small, shaky voice he shyly answered, "Hi, I'm Tommy."

"Welcome to camp, Tommy. How's it going?"

"Okay, I guess," he said quietly, not looking at me.

"Do you want to join the activities and meet some new kids, or do you want to just sit here under this tree?" I asked with a smile. He replied unwillingly, "I'm fine here. This camp is not really my thing." It was clear that camp life was new to him, and I somehow knew it would not be right to push him to join the other campers. Instead, I sat down and talked with him for a while, and then took him to his cabin. I hoped he would make some friends there.

After lunch the next day, I led the two hundred campers in songs. I looked over the enthusiastic crowd and noticed Tommy, sitting alone, staring at the floor. I realized he was going to require some very special care. That night at our staff meeting, I told everyone about him, and asked them to pay attention to him and spend time with him whenever possible. Tommy became our special project. We always helped him participate in the camp activities, and slowly he opened up.

Time passed quickly, and Tommy became more active every day. In no time camp was over. As the campers celebrated at a farewell party, I suddenly saw what would be one of the most vivid memories of my life. The boy who had once sat alone under the tree was now dancing. Towards the end of the party, he was dancing as if he owned the dance floor, and talking with people he had not even been able to look at a few weeks earlier. The changes in Tommy were dramatic. All of the camp staff saw him as the camp's greatest success.

About five years later, I got a letter from Tommy. I had not seen him since the night he was all over the dance floor, so it was a complete surprise to get a letter from him. And what the letter said was even more of a surprise.

In the letter, Tommy said, "I appreciate your help very much. On the first day of camp, you came up to me while I was sitting alone. After that, you always gave me special attention and encouraged me to join activities when I hesitated. As a result, I gradually got to know the other campers, and I even became 'the king of the dance floor' on the last night. Because of your help that summer, my life changed. I gained so much confidence that I went back to school as a new person. My grades improved. I became very active and made new friends. Today, I got a letter that said I have been given a scholarship for college next year. I am proud to have gotten it, but I know that if you had not helped me, I would not have. I just wanted to thank you for helping me become a different person."

I have kept that letter ; it is special to me. I read it sometimes to remind myself that we never know how much our actions may affect someone.

A　次の問1～5に対する答えとして最も適当なものを，それぞれ下の①～④のうちから1つずつ選べ。

問1　What happened on the first day of camp?

① Tommy felt a responsibility to talk with the lonely boy.

② Tommy left the camp to return to his house.

③ Tommy tried to get to know other campers.

④ Tommy did not feel at all comfortable.

問2　What did Kevin do to help Tommy?

① He taught him how to become a good dancer.

② He decided to stay with him in the same cabin.

③ He suggested that Tommy stay under the tree.

④ He asked the assistants to take care of him.

問3　What happened on the last night of camp?

① Kevin felt sorry about Tommy's big change.

② Tommy demonstrated his new confidence.

③ Tommy wanted some friends to talk with.

④ Kevin got a letter from Tommy.

問4　How did the camp affect Tommy?

① He changed into a new person.

② He became a little more lonely and shy.

③ He lost the confidence to make friends.

④ He was happy with his high school scholarship.

問5　What did Kevin gain from his experience with Tommy?

① He learned he was able to make a real difference in someone's life.

② He realized that he really enjoyed his work as a camp assistant.

③ He realized he should force campers to participate in activities.

④ He learned that he did not know how to be a helpful camp

assistant.

B　本文の内容と合っているものを，次の①〜⑧のうちから3つ選べ。ただし，解答の順序は問わない。

① Kevin did not enjoy his summer job at camp because he did not like uneasy campers.

② At the beginning of camp life, Tommy looked as if he wished he were somewhere else.

③ Campers who did not join the activities were given special attention by the assistants.

④ Most of the children at the camp enjoyed participating in singing after lunch.

⑤ Kevin asked the other campers to help Tommy because he did not want to.

⑥ The camp staff found that Tommy was a failure on the final day of camp.

⑦ If Kevin had failed to help him, Tommy would not have remained lonely at the camp.

⑧ Tommy learned to make friends with others by hiding his true feelings.

解答

A　問1　④　　問2　④　　問3　②　　問4　①　　問5　①

B　②，③，④

解説

A

問1「キャンプの初日に何があったのか」

第2段落第2文以降に「ひとりの少年が木の下にひとりぼっちで座っていて，明らかに不安そうであって，ほかのキャンプ参加者とも交わらず，途方に暮れた様子で寂しそうだった」と述べられている。その少年というのは第3段落以降から「トミー」だとわかる。したがって，④「トミーはまったく居心地よくなかった」が適切。

①「トミーはひとりぼっちの少年と話をする責任を感じた」本文に

このような記述はない。第2段落最終文からトミーと話す責任を感じたのはケビン。

② 「トミーは家に帰るためにキャンプを去った」 本文にこのような記述はない。

③ 「トミーは他のキャンプ参加者と知り合いになろうとした」 本文にこのような記述はない。

問2 「ケビンはトミーを助けるために何をしたか」

After lunch ～で始まる段落の第4文目に「その夜，ケビンはスタッフ会議で彼(トミー)についてみんなに話し，彼に注意を払って，できるときはいつでも彼と時間を過ごすように頼んだ」と述べられていることから，④「彼はアシスタントたちに彼(トミー)の世話をするように頼んだ」が適切。

① 「彼は彼(トミー)に上手なダンサーになるにはどうしたらよいか教えた」 本文にこのような内容の記述はない。

② 「彼は彼(トミー)と同じキャビンにいることにした」 本文にこのような内容の記述はない。「彼をキャビンに連れて行った」だけ。

③ 「彼はトミーが木の下にいるようにすすめた」 本文にこのような記述はない。

問3 「キャンプの最後の日の夜，何が起こったか」

最後から第2段落目にあるトミーの手紙の内容がヒント。第5文以降に「最後の晩にはダンスフロアーの王様にさえなったのです。あの夏のあなたの助けで，私の人生は変わりました。私はたいへん自信がついたので，新しい自分として学校に戻りました」とある。したがって ②「トミーは新たに自信を見せた」が適切。

① 「ケビンはトミーが大きく変わったことについてすまないと思った」本文の内容にこのことの記述はない。

③ 「トミーは話す友だちがほしかった」 第2段落にトミーは寂しく孤独だったという記述はあるが，友だちがほしかったということに関しては何も述べられていない。

④ 「ケビンはトミーから手紙を受け取った」 最後から第3段落目にあるように，トミーから手紙を受け取ったのはキャンプの5年後のこと

で，キャンプの最後の日の夜のことではない。

問4 「キャンプはどのようにトミーに影響したか」

最後から第2段落にあるトミーの手紙に，I gained so much confidence that I went back to school as a new person.「私はたいへん自信がついて，新しい自分として学校に戻った」とあるので，①「彼は新しい自分に変わった」が適切。

② 「彼はすこし寂しく内気になった」 本文にこのような記述はない。

③ 「彼は友だちを作る自信をなくした」 本文にこのような記述はない。

④ 「彼は高等学校の奨学金がうれしかった」 最後から第2段落の最後の方に「大学の奨学金をもらうことになった」と述べられていることと矛盾する。

問5 「ケビンはトミーとの経験から何を得たか」

本文の最終文 I read it sometimes to remind myself that we never know how much our actions may affect someone.「私たちの行動がどれほど人に影響するものであるかということはわからないということを自分に思い出させるために時々それを読む」とある。itとはキャンプ体験を書いたトミーの手紙であることが前段落からわかる。したがって，①「彼は現実に人の人生を変えることができるということを学んだ」が適切。

② 「彼はキャンプ・アシスタントとしての仕事を実際に楽しんでいたことがわかった」 第1段落第2文目の内容から，ケビンはトミーに会う前からキャンプ・アシスタントの仕事を楽しんでいたことがわかる。

③ 「彼はキャンプ参加者をいろいろな活動に参加するように強制すべきだということがわかった」 第6段落第5文にand I somehow knew it would not be right to push him to join the other campers.「私はほかのキャンプ参加者の中に入るように彼を強制するのはよくないと何となくわかった」とある内容と矛盾する。

④ 「彼はどのようにしたらキャンプ・アシスタントとして役に立てるのかわかっていないことがわかった」 本文にこのような記述は見当たらない。内容全体からケビンはトミーとの経験からもキャンプ・アシスタ

ントとして役に立ったことがわかる。

B

①「ケビンは不安そうなキャンプ参加者が好きでなかったので，キャンプでの仕事が楽しめなかった」 第1段落の第2文目にIt was work I looked forward to every year because it was a pleasure.とある。それに「不安そうなキャンプ参加者が好きでない」という記述は本文にない。

②「キャンプ生活の初めに，トミーはあたかもどこかほかのところにいたがっているように見えた」 第2段落の第4文目にbut he seemed to want to be anywhere other than where he was.「しかし彼(トミー)は彼のいるところ(キャンプ)とは別のどこかにいたがっているように見えた」の内容と一致する。

③「いろいろな活動に参加しないキャンプ参加者はアシスタントに特別に注意を払われた」 第2段落の第6文目にour senior staff members had instructed us to watch for campers who might feel left out「仲間はずれになったかもしれない参加者に注意を向けるようにと先輩のスタッフから私たちは教えられていた」とある内容と一致する。

④「キャンプに来た子どもたちの大部分は昼食後の歌に参加することを楽しんだ」 中程のAfter lunch ～で始まる段落の第1文目に「私は歌をリードした」「熱心な(enthusiastic)参加者たちを見渡した」とある内容と一致する。

⑤「ケビンは自分がしたくなかったので，ほかのキャンプ参加者にトミーを助けてほしいと頼んだ」 After lunch ～で始まる段落の第4文目に「そしてアシスタントにトミーに注意をはらい，時間をいっしょに過ごすように頼んだ」とあり，最終文に「私たち(すなわちアシスタント)は彼(トミー)をキャンプでの活動に参加するように助けた」とあるのと矛盾する。

⑥「キャンプのスタッフは，トミーは失敗だった(成果がなかった)とキャンプ最終日にわかった」 Time passed quickly,で始まる段落の最終文に「キャンプのスタッフはみんなトミーをキャンプの大成果だとみなした」と述べられていることと矛盾する。

⑦「もしケビンがトミーを助けることができなかったならば，トミー

はキャンプでひとりぼっちのままではなかっただろう」 ケビンの助けで，トミーが変えられたのが本文の内容である。これと矛盾する。

⑧「トミーは本当の気持ちを隠してほかの子どもたちと友だちになることを学んだ」 本文にこのような記述はない。

全訳

大学生の頃，中学生のキャンプ・アシスタントとして夏を過ごした。それは楽しかったので毎年期待していた仕事だった。キャンプの思い出の中でも，ほかの夏とは違って際立っているある夏があった。

キャンプの第1日目のことだった。みんなが到着してから約1時間後，私はひとりの少年がひとりぼっちで木の下に座っているのに気がついた。彼は瘦せていて，顔色が青白くて，明らかに不安そうだった。ほんの50フィート離れたところでは，ほかのキャンプ参加者みんなが遊んだり冗談を言ったりお互いに知り合いになったりして楽しんでいたが，その少年は今いるところとは別のどこかにいたがっているようだった。落ち着かない顔をして，まったく寂しそうな様子をしていた。正直言って，私は彼に近づくのは面倒だと思った。が，仲間はずれにされているのかもしれないキャンプの参加者，ちょうどその少年のような参加者には気をつけるようにと，先輩のスタッフに私たちは教えられていた。面倒だと思っても彼と話をするのは私の責任だとわかっていた。

私は彼のそばに歩みよって声をかけた。「やあ，僕の名前はケビン，アシスタントのひとりなんだ」。小さな震え声で，恥ずかしそうに彼は答えた。「こんにちは，僕トミーです」

「キャンプにようこそ，トミー。調子はどう？」

「いいと思いますけど」彼は私を見ないで静かに言った。

「いろいろな活動に参加して新しい子どもたちと知り合いになりたい？それともこの木の下にただ座っていたいの？」私は笑顔で尋ねた。彼はしぶしぶ答えた。「ここでいいんです。このキャンプは僕には向いてないんです」。彼にとってキャンプ生活が初めてなのは明らかだったし，彼をほかの参加者たちの仲間に入るように強制するのはよくないことだと何となくわかった。かわりに，私は座って彼としばらく話をし，それから彼のキャビンに彼を連れていった。私は彼がそこで友達を作れればと思った。

翌日の昼食後，私は200名のキャンプ参加者たちの歌を指揮した。私は熱心な参加者たちを見渡して，トミーがひとりぼっちで座ってじっと床を見つめているのに気づいた。彼は特別に世話をする必要があるなと私にはわかった。その夜スタッフ会議で，私は彼についてみんなに話して，彼に注意を払って，できるときにはいつでも彼と時間を過ごすように頼んだ。トミーは私たちの特別な課題となった。私たちはいつでも彼がキャンプのいろいろな活動に参加するように手助けをした。彼はゆっくりと心を開いていった。

時は瞬く間に過ぎて，日々トミーはより活動的になった。あっという間にキャンプは終わった。キャンプ参加者たちがお別れのパーティーをしていたとき，私は自分の人生でもっとも鮮やかな思い出のひとつになるであろうものを突然目にした。以前は木の下にひとりぼっちで座っていた少年が今踊っているのだ。パーティーも終わりに近づくと，彼はあたかもダンスフロアーを我が物顔で踊っていて，数週間前には目を見ることさえできなかった人たちと話をしていた。トミーの変化は劇的なものだった。キャンプのスタッフはみんな彼をキャンプのもっともすばらしい成果とみなした。

およそ5年後，私はトミーから手紙をもらった。彼がダンスフロアーの至る所にいたあの夜以来，彼には会っていなかったので，彼から手紙をもらうのはまったくの驚きであった。それに手紙の内容はさらに一層の驚きだった。

手紙の中で，トミーは「あなたの助けをとても感謝しています。キャンプの最初の日に，私がひとりぼっちで座っているとき，あなたは私のそばに来てくれました。その後，あなたは私に特別な注意をいつも払い，いろいろな活動に参加するようにと私がためらっているとき励ましてくれました。その結果，私はだんだんとほかの参加者たちを知るようになり，最後の晩にはダンスフロアーの王様にさえなったのです。あの夏のあなたの助けで，私の人生は変わりました。私はたいへん自信がついたので，新しい自分として学校に戻りました。私の成績は良くなりました。とても活発になって新しい友達もできました。今日，来年の大学奨学金がもらえるという手紙を受け取りました。それを獲得して誇りに思っていますが，あなたが助けてくれなかったら獲得しなかっただろうということもわかっています。私はただ，私が別の自分になるのを助けてくれたことのお礼を，あなたに言いたかったのです」

私はその手紙を保管している。それは私にとって特別なものだ。私たちの行動がどれだけ人に影響するかはまったくわからないということを自分に思い出させるために，私はその手紙を時々読む。

例題 8

次のを読んで，あとの問いに答えよ。

Differences in verbal and *nonverbal systems of language play a major role in intercultural communication. Obviously verbal language differences ①<u>constitute a major stumbling block</u>. Vocabulary, syntax, idioms, slang, pronunciation, and dialects are troublemakers ; yet the average person speaking the foreign language usually knows that he does not know the language like a native speaker and ②<u>is alert for</u> trouble. If we pick up a German newspaper, (③) we know the language, we will not ④<u>make sense out of what we see</u>. So we expect language problems when we meet someone who does not speak our language. If mistakes are made, ⑤<u>ordinarily we do not react too negatively to them</u>. Most of us realize that verbal language difficulties can occur in intercultural communication so we adjust accordingly. Occasionally, however, even the best trained foreign language speaker in conversations with a native speaker will need to remind himself that ⑥<u>his command of the language is not that of the native</u>.

⑦<u>The Japanese language serves as an excellent example of how misunderstandings can occur</u>. The language tends to be ambiguous, and its diversity of expression can present obstacles even in everyday conversations. For instance, in English, the word “no” is a proper response when someone asks someone else to do something that person (⑧). The use of “no” in most cases causes no discomfort, awkwardness or offense to the listener. In Japanese, the word ***“iie”*** (which means "no") is rarely used to say "no" because it sounds too offensive and too straightforward. Because they try not to offend when refusing, the Japanese avoid (⑨) "*iie*" except in intimate circumstances when the speakers know each other well. In other situations, ⑩they will use several alternate ways of expressing negative intentions, none of which would be considered offensive. The foreigner interacting with a native Japanese would have to know the use of these variations.

In every language, similar situations occur. Certain words or phrases may have numerous interpretations and (⑪) speakers must constantly remind themselves that these variations exist so they do not cling to one meaning regardless of *connotation or context.

Learning the language, which too many foreigners believe to be the only barrier to understanding, is actually only (⑫). To enter into a different culture, we must be able to sense ⑬the special meaning conveyed by space, time, posture, appearance, facial expressions and movements. That is to say, we must be prepared to deal with the nonverbal area of communication. Persons in diverse cultures inhabit different sensory worlds. Each sees, hears, smells, tastes, and feels only ⑭that which has meaning for him. He selects whatever fits into his personal world and interprets ⑮it through the frame of reference of his own culture.

[注] nonverbal：言葉にあらわれない(たとえば，身振り，視線など)
connotation：言外の意味

問1　下線部①の意味として最も適当なものを1つ選べ。

① 重大な障害となる　② 大きな既成の枠組みを壊す
③ 重要な規則を制定する　④ 中心的な役割を担う

問2　下線部②の意味として最も適当なものを1つ選べ。

① is neglectful of　② is different from　③ is watchful for
④ is affectionate to

問3　空所③に入れるのに最も適当なものを1つ選べ。

① if　② as　③ when　④ unless

問4　下線部④の内容として最も適当なものを1つ選べ。

① understand the articles and news

② become sensitive to a German newspaper

③ be conscious of the foreign language

④ be sensible to see a German newspaper

問5　下線部⑤の理由として最も適当なものを1つ選べ。

① 一般に，異文化にたいして毅然とした態度をとりたいから。

② 普通は，異文化にたいして否定的な立場にあるから。

③ 言語の異なる文化間の交流には正確さが求められるから。

④ 異文化コミュニケーションでは，言葉の障害があって当然だから。

問6　下線部⑥の意味として最も適当なものを1つ選べ。

① 外国語を駆使する能力では，それを母国語とする人には及ばない。

② 外国語会話と母国語会話の違いは，文化の違いを際立たせる。

③ 外国語と母国語の相違は，その文化が比較される時に際立つ。

④ 外国語に関する横柄な態度は，それを母国語とする人が取る態度とは違う。

問7　下線部⑦の理由として最も適当なものを選べ。

① 英語に比べれば，日本語の発想は単純になるから。

② 英語に比べれば，日本語には妥協が許されないから。

③ 日本語自体が曖昧で，多様な表現が誤解を引き起こすから。

④ 日本語自体が単純であるために，その内容がうまく伝わらないから。

問8　空所⑧に入れるのに最も適当なものを1つ選べ。

① need to do　② does not want to do

③ asks to do　④ expects to do

問9　空所⑨に入れるのに最も適当なものを1つ選べ。

① use　② to use　③ uses　④ using

問10　下線部⑩の内容を表わすものとして最も適当なものを1つ選べ。

① 日本人の拒否の仕方には幾つかの流儀があるようだが，どれも率直に思われない。

② 日本人は拒否の意思を伝える様々な表現を使うが，どれも不快には思われない。

③ 英語を話す日本人は否定表現をよく使用するが，そのどれも無礼に聞こえてならない。

④ 日本語が得意な外国人は否定表現を巧みに選択するが，そのどれもが感心できない。

問11 空所⑪に入れるのに最も適当なものを1つ選べ。

① non-native ② native ③ numerous ④ certain

問12 空所⑫に入れるのに最も適当なものを1つ選べ。

① the English ② the area ③ the goal ④ the start

問13 下線部⑬の内容として最も適当なものを1つ選べ。

① 外国語学習に関する特別な理由
② 外国語学習の特別な目的
③ 言葉だけでは伝えられない部分
④ コミュニケーションに関する特別な意味

問14 下線部⑭のthatと同じ用法のものを1つ選べ。

① It isn't that important.
② He has that in him which makes a great baseball player.
③ She brought me the news that our team had won.
④ Where is the cat that was here?

問15 下線部⑮のitは何を指しているか。最も適当なものを1つ選べ。

① the verbal area of communication
② a different sensory world
③ whatever fits into his personal world
④ the frame of reference of his own culture

解答

問1 ① 問2 ③ 問3 ④ 問4 ① 問5 ④ 問6 ①
問7 ③ 問8 ② 問9 ④ 問10 ② 問11 ①
問12 ④ 問13 ③ 問14 ② 問15 ③

解説

問1 stumbling block「障害(物)」

問2　be alert for ～「～に対して油断なく警戒している」

問3　文脈からunless「～しない限り」。

問4　make sense out of ～「～の意味を理解する」

問5　「ふつう私たちはそれらにそれほど否定的な反応をしない」

問6　thatはcommand of the language「外国語を駆使する能力」を指す。

問7　「日本語は，どのように誤解が生じるかの優れた例となる」

問8　something that person does not want to do「その人がしたくない何か」

問9　動詞avoidは目的語に動名詞をとる。

問10　none of whichのwhichは，文前半のseveral alternate ways of expressing negative intentions「拒否の意思を伝えるいくつかの代替方法」を指す。

問11　non-native speakers「ネイティブスピーカーでない人」とすると文意が通る。

問12　続く文の内容から，「言語を習うことは…実は始まりに過ぎない」とする。

問13　「空間，時間，姿勢，外観，顔の表情，身体の動きなどによって伝えられる特別な意味」=「言語だけでは伝えられない部分」

問14　that whichは「～するもの」の意で，このthatは代名詞。

問15　whatever fits into his personal world「彼の個人的な世界に合うものはなんでも」

全訳

言語で表す言語方式および言葉にあらわれない言語方式の違いは，異文化間のコミュニケーションでは大きな役割を演じる。明らかに，言葉による言語の違いは，大きな障害となっている。語彙，構文，慣用表現，俗語，発音，方言は厄介なものだが，外国語を話す平均的な人なら，ふつうは自分がネイティブスピーカーのようにはその言語を知らないことがわかっているので，トラブルに対して油断なく警戒するものだ。ドイツ語の新聞を手に取ってみても，ドイツ語を知らなければ，見ているものの意味はわからない。だから，誰か自分たちの言葉を話せない人に会うと，言葉の問題があるだろうなと予想する。たとえ間違いがあっても，ふつうそれらにそれほど否定的な反応を示さない。私たちのほとんどは，異文化間のコミュニケーションでは，言葉による言語の問題が生じることがわかっているので，それに順応するようにしている。しかし，ネイティブスピーカーとの会話に最も練達した話し手でも，自分の言語を駆使する能力が，ネイティブと同様ではないことを時折思い出す必要があるだろう。

日本語は，どのように誤解が生じるかの優れた例となる。日本語は曖昧であることが多く，表現が豊かなので，日常会話においても障害となることがある。例えば，英語のnoという語は，誰かが，誰か他の人に，その人がしたくない何かを頼んだときの適切な返事である。ほとんどの場合，noを使っても，聞いている人を不愉快にさせたり，気まずくさせたり，怒らせたりしない。日本語では，「いいえ」という言葉(noを意味する)は，noと言うのに滅多に用いられない。あまりに人の気分を害し，率直すぎる響きがあるからだ。断る際に人を立腹させないようにするために，日本人はお互いによく知り合っている親密な間柄の場合を除いて，「いいえ」を使うことを避ける。また別の状況では，人の感情を害さないと思われる，いくつかの拒否の意思を表す代替表現を使う。日本語のネイティブスピーカーと交流する外国人は，これらのバリエーションの使い方を知らなければならないだろう。

どの言語でも同じような状況は生じる。特定の語や語句に数多くの解釈が成り立つことがあり，ネイティブでない話し手は，これらのバリエーションがあるため，言外の意味や文脈を無視して，1つの意味にこだわることのないように，いつも気をつけていなければならない。

あまりに多くの外国人が相互理解を阻む唯一の障害と思っている言葉の学習だが，それは実は始まりに過ぎない。異文化の中に入って行くために，私たちは，空間，時間，姿勢，外観，顔の表情，身体の動きなどによって伝えられる特別な意味を感じ取ることができなければならない。すなわち，コミュニケーションの言葉にあらわれない領域に対処する用意がなければならないのだ。様々な文化の人々が，異なる感覚の世界に住んでいる。彼らのそれぞれが，自分にとって意味のあるものだけを見，聞き，嗅ぎ，味わい，感じる。彼は自分の個人的な世界に合うものだけを選び，それを自分自身の文化に関する評価基準の枠組みを通して解釈しているのだ。

例題 9

次の英文は *"That Doesn't Mean What You Think It Means"* という本の Introduction と Contentsの一部である。英文を読み，あとの[問1]〜[問7]に答えよ。

This book is about words that aren't doing what they want to do because we're not letting them. It's really a word liberation book — letting those words be the words they were meant to be.

It's about how we misuse the English language and use the wrong words that don't mean what we think they mean. It's not only about mistakes, but about correcting those mistakes, and discussing if they're even mistakes at all. In short, it's about the 150 most commonly confused, abused, questioned, and misused words and phrases in the English language, according to surveys, dictionaries like ***Merriam-Webster's***, and top word experts like Steven Pinker and Bryan Garner.

These are the words that educated people most often misuse, are embarrassed about misusing, and want to use correctly. Some of them are what are sometimes called ⓐbubble words — words of which you are sure you know the meaning, but you actually don't.

Before we begin, we want to say emphatically that we're not absolute, antiquarian-style prescriptivists who speak in funny quasi-British accents, stare over our glasses, and insist on old definitions of words and refuse to acknowledge changes in English. [A], we've made mistakes ourselves − and it would be more than hypocritical to criticize other people for doing what we've done. [B], the latest ***Oxford English Dictionary*** lists 171,476 words in current usage. That's a myriad, plethora, staggering number, enormity, or a real load of words. [C], many of them are words most of us don't use, but the point is that it's impossible for anyone to be fully conversant with all the words in English, or even the most common ones, and use each one of them correctly. We found examples of mistaken usage from national newspapers such as ***The New York Times*** and ***Washington Post***, from eminent authors and magazines, as well as from blogs, Wikipedia, newscasts, and popular magazines. [D], yeah, we ALL make mistakes.

More to the point, words change, times change, and meanings change, and we're not going to halt the flow of time. We're not going to be struthious (resembling an ostrich) and ⓑstick our heads in the sand. But who gets to decide what's right and wrong? France has a national academy, the Acadéie françise, that rules on what's good French and what's not. English is more [あ]: we all decide. We yell, argue, talk, and write, and eventually some sort of consensus is reached; and then, of course, things change once move. Naturally, in different parts of the English-speaking world, different words are sometimes considered correct. You want to "prepone" a meeting? You don't say that in the United States, but it's considered correct by many in India. This book is about what's generally considered correct right now by educated people in the generally accepted standard dialect of North America called GA (General American). We try to tack our way through the stormy seas of linguistic confusion and arrive at reasonable conclusions of what to say and what not to say

E

Like it or not, words can be dangerous, humiliating, and anger inducing. People can get absolutely infuriated over words. Just recently in an online argument over politics, a writer criticized someone over the "tenants of his beliefs." The guy fired back and ridiculed the writer for choosing the wrong word – it should have been "tenets," and instead of talking about the criticism (in our opinion justified), the internet was buzzing with talk about the "dumb" guy (that's the most polite pejorative, you can imagine the others) who couldn't write English correctly. It was unfair, and detracted from an important debate, but ⓒit happened. And that's also why we wrote this book, so it doesn't happen to you; or in a lesser way, so people don't simply look at you quizzically when you use the wrong word. Who wants to sound like they don't know what they're talking about? (Hint: rhetorical question.)

But most of all, words are fun. It's fascinating to delve into the complicated histories of words and see how they came to mean what they do. As Steve Martin said," Some people have a way with words, and other people ...oh, uh, not have way." This book is for all of us, who at least occasionally, uh, "not have way" with words.

historic / historical

"It was an historical day on Wall Street, the biggest intraday drop ever!"

– FOX BUSINESS NETWORK ANCHOR

The example above is technically correct, but that's pushing it. ***Every*** past day is a (①) day. But only a few days are (②). (③) merely means "based in history," so anything that happened in the past is (③) and not necessarily news. Yesterday when I ate a chicken salad sandwich on rye bread — that was (③). (④) means "significant or famous in history," or "having a long history." Yesterday when I ate that chicken salad sandwich — no, that wasn't (④). A huge drop in the stock market, on the other hand, is big news, and that is (⑤). We're sure the Fox anchor wasn't trying to say it was just another day on the Street with the biggest intraday drop ever — she was talking about a big down day that should go down in history. This distinction between ***historic*** and ***historical*** is interesting because it's recent. In Shakespeare's day, you could easily use ***historical*** to mean ***historic*** and vice versa without arousing attention.

〔Ross Petras and Kathryn Petras, 2018. ***That Doesn't Mean What You Think It Means***, TEN SPEED PRESS. 一部編集等あり〕

[問1]　下線部ⓐはどのようなものか，日本語で説明せよ。

[問2]　本文中の A ～ D に入る最も適切な語(句)を，次の(ア)～(エ)からそれぞれ1つ選び，その記号を書け。ただし，すべての記号を使用すること。

(ア)　True　　(イ)　For one thing　　(ウ)　And after all

(エ)　So

[問3]　下線部ⓑの意味を表す最も適切なものを，次の(ア)～(エ)から1つ選び，その記号を書け。

(ア)　argue with other people about it

(イ)　take the truth for granted

(ウ)　pretend to know the truth

(エ)　ignore the things happening around us

[問4]　本文中の[　あ　]に入る最も適切な語を，次の(ア)～(エ)から1つ選び，その記号を書け。

(ア)　authoritative　　(イ)　democratic　　(ウ)　decisive

(エ)　conclusive

[問5]　本文中の E に，意味の通った文章となるように次の(ア)～(エ)の文を並べかえて入れると，どのような順番になるか。その記号を書け。

(ア)　Most of all, it's designed to give you some "word armor" in speaking and writing.

(イ)　It's designed to be fun.

(ウ)　We also throw in a little word history and etymology.

(エ)　But it's also designed to educate.

[問6]　あとの英文は下線部が指している内容である。(　a　)，(　b　)に入る適切な一語を，下線部のある段落の中から抜き出してそれぞれ書け。

This "it" refers to the situation where internet commenters criticized a writer's (a) rather than the writer's (b).

[問7] 本文中の(①)~(⑤)に入る最も適切な語を,次の(ア),(イ)からそれぞれ1つ選び,その記号を書け。ただし,文頭にくる場合も小文字としている。

(ア) historic (イ) historical

解答

問1 自分では意味がわかっていると確信しているが,実は意味がわかっていない語。

問2 A (イ) B (ウ) C (ア) D (エ)

問3 (エ)

問4 (イ)

問5 (ウ)→(イ)→(エ)→(ア)

問6 a English b argument / opinion

問7 ① (イ) ② (ア) ③ (イ) ④ (ア) ⑤ (ア)

解説

問1 bubble wordsの意味は,下線部後のダッシュ (—) に続く部分を訳出すればよい。ダッシュは前の語句に情報を追加したりするときなどに用いられる。

問2 設問は文と文をつなぐ副詞の意味を問うものである。

A 空欄の前に,私たちは完全でなく,規範主義者でもないなどの内容があり,空欄の後では私たち自身間違いをしてきたとある。この空欄の後の部分はその前の主張をサポートする具体的な根拠であるため,空欄にはFor one thing「その一例として」が入る。

B 空欄の後で,*Oxford English Dictionary*が171,476語という非常に多くの語を収録していることを示しており,すべてを正しく使用することは困難であると続く。そのため,空欄には私たちが誤りをすることが必然であることを強調するAnd after all「そしてなんといっても,結局のところ」が入る。

C 空欄の後に「それらの多くは私たちの多くが使用しない単語である」とあるが,これはその前にある非常に多くの英単語が存在するということのTrue「事実」をさらに説明するためのものである。

D　空欄の前では，全国紙，著名な作家，雑誌などでも誤用が見られ，その後，私たちはみな誤りを犯すとある。したがって，空欄には2文をつなぐ順接の接続詞であるSo「そのため」が入る。

問3　第5段落1文目に単語，時代，意味は変わり，時間の流れを止めることはないとある。下線部ⓑの意味する内容は，そのような変わりゆく状況下でしないこと (we are not going to …) であり，(エ)の「私たちの周りで起きていることを無視すること」であると言える。stick one's heads in the sandは直訳すると「頭を砂の中に突き刺す」で，比喩的に「現実や困難を直視しようとしない」という意味がある。

問4　第5段落3文目に「何が正しくて何が誤りであると，だれが決めるのか」との問いかけがある。空欄を含む文以下には，アメリカではみなが議論し，話したりすることで徐々に合意を形成するとある。そのようなプロセスはdemocratic「民主的な」である。

問5　空欄部Eの前文からこの本の目的を述べており，まず「何と言うべきで，何と言わないべきかに関する合理的な結論に達すること」とある。したがって，次に続くのはもう一つ別の目的でもある「少しの単語の歴史と語源を差しはさむ」とする(ウ)である。残りの3つの選択肢はすべて "its's designed to ～" を含んでおり，それらの2つの目的を達成するためにどのように本が設計されているかを示すと考えられる。その中で，(ア)にはmost of all「何よりも」があることから最後に位置し，(エ)にはalso「また」とあることから，(イ)の後に続くと推測できる。

問6　この段落では，政治に関しての議論でtenetsと言うべきところをtenantsと言った書き手が中傷された例を取り上げている。ネットはその書き手が英語を正しく書けなかったとして騒然としたが，それは不公平であり，重要な議論から注意をそらしたと書かれている。設問はその結果としてどのようなことが起こったかについてである。設問の英語の意味は「この『それ』はインターネットのコメンテーターが書き手の（　b　）というよりは（　a　）のことで非難した」である。（　b　）に入るのは政治の議論において本来重要となるものであるため，

argument「主張」またはopinion「意見」である。一方，（　a　）は本来重要ではない書き手が誤用した英語(English)である。

問7　historic「歴史に残る，歴史上重要な」とhistorical「歴史(上)の，史実に基づく，過去に使われた」の使い方を問う問題。historicalは単に過去に起きた出来事を指すため，過去の日，歴史上のこと，過去に起きた何か，サンドイッチを食べたことなどはすべてhistoricalなものである。一方で，歴史上重要または有名であること，長い歴史を持つことなどに対してはhistoricを使用する。

例題 10

アメリカのある大学における新入生のための演習科目(コース)の内容が以下に記されている。この講義要項を参考にして，新入生は科目を選択することになっている。次の英文を読み，設問1～4に答えよ。

〈コースA〉

In this course you will explore the forces and effects of globalization in the cultural sector from fine arts to the film industry. Drawing from leading scholarship in political science and cultural policy in a way which will be useful to any area of the arts and humanities, you will learn to analyze critically and apply theories to the cultural sector. You will also explore resources that can bring an international dimension to the way that you learn about the world, from study programs to international online research.

〈コースB〉

What can you learn by looking closely at visual art? In this course you will explore Buddhism, particularly Himalayan Buddhism, by studying and discussing paintings, prints, sculpture, textile arts, temple architecture, and religious objects. You will see how this study allows discussion of important issues in the study of religion, and also learn how to adapt the visual method to analytical writing. Most class sessions will take place in the Jordan Schnitzer Museum of Art on campus.

〈コースC〉

Science fiction and myth question the nature of reality and what might happen at the end of the world. This course will examine how the wonder of science fiction is increased when a new story is based on an older myth. We will read about the creation of monsters and gods, and human interaction with "otherness" in the classic Greek stories. Following this, we will examine the way later authors have been influenced or inspired by these original fictions.

〈コースD〉

Through the careful examination of famous public speeches by Martin Luther King Jr., Malcolm X., Jesse Jackson, Barbara Jordan, and others, we will identify the principles of reasoning and effective public speaking. Students will write three-page papers on one famous speech and will take short examinations on the principles of public speaking. Once these principles are identified and understood, students will present three speeches and engage in two debates on race relations in America.

〈コースE〉

In this course you will become an active participant in the study of a multi-cultural American West that was the crossroads for immigrants from several continents. We will do this by diving into primary sources, such as letters, diaries, photographs, maps, editorial cartoons, and oral interviews. You will learn how California's history affects events taking place today. Guest speakers, field trips, and films will all contribute to the experience.

〈コースF〉

In this seminar you will have the opportunity to study and visit four prominent nineteenth-century houses in Oregon. By examining the processes, materials, and objects used in their creation, you will learn to read architectural spaces from the Victorian era as symbols of their time and of the people who created and occupied them. You will also learn how design choices can reflect identity. Students in this course will complete readings, engage in group discussions and writing activities, take field trips, and present a research project to the class.

1. 次のイ～ニの学生が選択するのに最も適したコースをA～Fからそれぞれ1つ選べ。

イ. 歴史の生の姿に触れ，過去と現在の関係を様々な方法で見てみたい。

ロ. 話の組み立て方を学び，大学生として人前で説得力のある話し方ができるようになりたい。

ハ. 美術と精神性の関係に興味があり，教室で学ぶだけでなく，実際の作品を見ながら学びたい。

ニ. 人間と環境の関わりに興味を持っているので，すぐれた建造物を見学し，人の暮らし方の歴史を学びたい。

2. コースA，B，Fの内容に最も合ったコース名をa～dからそれぞれ1つ選べ。

(1) コース A

a. International Online Research

b. Arts and Humanities

c. Globalization, Culture, and the Arts

d. Critical Analysis of Cultural Policy

(2) コース B

a. Analytical Writing　　b. Himalayan Art

c. Religion through Art　　d. Temple Architecture

(3) コース F

a. Oregon Houses　　b. The Victorian Era

c. Design History　　d. Spaces as Symbols

3. コースCとEを開講する学科として最も適したところをa～dからそれぞれ1つ選べ。

(1) コース C

a. Speech Communication　　b. English Literature

c. Philosophy　　d. Modern Science

(2) コースE

a. Films　b. History　c. Arts　d. Architecture

4. 授業の課題(宿題やレポートなど)の有無が明記されているコースを選択する場合，最も適したものをa～dから1つ選べ。

a. コースBとE　b. コースAとC　c. コースEとF
d. コースDとF

解答

1 イ E　ロ D　ハ B　ニ F

2 (1) c　(2) c　(3) d

3 (1) b　(2) b

4 d

解説

1 イ　コースEの第3文参照。 ロ　コースDの第1文参照。 ハ　コースBの第1，4文参照。 ニ　コースFの第1，2文参照。

2 (1) コースAの第1文に，「芸術から映画産業まで，文化的分野におけるグローバリゼーションの効力を研究する」とある。よって，cの「グローバリゼーション，文化と芸術」が最適。a「国際的なオンライン調査」，b「芸術と人文科学」，d「文化政策の批判的分析」。

(2) コースBの第2文に，「絵画，版画，彫刻，織物工芸，寺院建築，そして宗教的なオブジェクトを研究し論議することによって，仏教，特にヒマラヤ仏教を研究する」とある。よって，cの「芸術を通して見た宗教」が正解。a「分析的技法」，b「ヒマラヤ美術」，d「寺院建築」。

(3) コースFの第2文に，「その時代とそれらを建築しそこに居住した人々の象徴として，ヴィクトリア朝の建築空間を読み解く」とある。よって，d「象徴としての空間」が最適。a「オレゴン州の住宅」，b「ヴィクトリア時代」，c「デザインの歴史」。

3 (1) コースCは，空想科学小説と神話の関係を研究するので，b「英文学」が適切。a「言語コミュニケーション」，c「哲学」，d「現代科学」。

(2) コースEは，カリフォルニアの歴史と現在起きている出来事との関係を検証するので，b「歴史」が正解。a「映画」，c「芸術」，d「建築」。

4 授業の課題が明記されているコースを選ぶ。コースDの第2文に，

「有名な演説どれか1つに関して3ページの論文を書き，演説の原理に関する小試験を受ける」とある。コースFの第4文に，「閲読を修了し，集団討論や執筆活動に従事し，実地見学をして，研究課題をクラスに発表する」とある。

全訳

〈コースA〉

本コースでは，芸術から映画産業までの，文化的分野におけるグローバリゼーションの効力を研究する。芸術や人文科学のいかなる分野にも有効な方法で，政治学や文化政策における優れた学識を採り入れて，批判的に分析し，文化的分野に対して理論を適用することを学ぶ。また，学習プログラムから国際的なオンライン調査まで，世界について学ぶ方法に国際的重要性をもたらすリソースを研究する。

〈コースB〉

視覚芸術を間近に見ることによって何を学び得るか。本コースでは，絵画，版画，彫刻，織物工芸，寺院建築，そして宗教的なオブジェクトを研究・論議することによって，仏教，特にヒマラヤ仏教を研究する。この研究によって宗教学における重要な論点をいかに議論していくかを理解し，さらに視覚的手法を分析的スタイルに適合させる方法も学ぶ。ほとんどの授業はキャンパス内のジョルダン・シュナイザー美術館で行われる。

〈コースC〉

空想科学小説と神話は，リアリティーの本質や世界の終末に起こるかもしれないことを問題にする。本コースは，新しい物語がより古い神話に基づいているとき，空想科学小説はその不可思議さをどのように増大させるのかを分析する。怪物と神の創造，そして古典ギリシャ文学における「異質なもの」との人的交流に関する書籍を読む。それに続いて，後世の作家がこれら元の話からいかに影響を受けてきたか，または着想を得てきたかを研究する。

〈コースD〉

マーティン・ルーサー・キング・ジュニア，マルコムX，ジェシー・ジャクソン，バーバラ・ジョーダン，その他の人々による有名な演説を仔細に検討することによって，論法や効果的な話術の原理を確認する。学生たちは有名な演説どれか1つに関して3ページの論文を書いたり，話術の原理に関する小試験を受ける。これらの原理を確認し理解すれば，学生たちは3つの演説を披露し，アメリカの人種関係に関する2つのディベートに携わる。

〈コースE〉

本コースは，様々な大陸からの移住者にとって多文化の十字路であったアメリカ西部の研究に積極的に関与する。手紙，日記，写真，地図，時事漫画，面接のような一次資料を探ることによって授業は進行する。カリフォルニアの歴史が現在起きている出来事にどのような影響を与えているかを学ぶ。ゲスト講演者，実地見学，そして映画のどれもが知識の一助となる。

〈コースF〉

本セミナーでは，オレゴンにある4棟の有名な19世紀建築を調査・見学する機会が与えられる。それらの建築で使われた製法，材料，オブジェクトを詳細に観察することによって，その時代とそれらを建築しそこに居住した人々の象徴として，ヴィクトリア朝時代の建築空間を読み解くことを学ぶ。さらに設計上の選択がいかにアイデンティティを反映し得るのかを学ぶ。本コースの学生たちは閲読活動を修了し，グループディスカッションや執筆活動に従事し，実地見学をして，研究プロジェクトをクラスで発表する。

例題 11

次の文章を読み，あとの問いA・Bに答えよ。

"When are you going back to Brazil?"

I looked down at the ground, trying to stop the tears. I didn't want to cry in front of those two girls. Why did they have to say things like that?

"If only I could go back to Brazil," I thought. Memories of my early years filled my head. Playing, swimming, dancing, music, laughter….
When my parents decided to move to Japan, though, I had to leave all

that behind. I was only seven years old at the time, but I still remember that day.

"Elena, we're going to Japan."

"For a holiday?" I knew I had some distant relatives in Japan, although I'd never met them. It would be fun to fly in an airplane and visit them.

"No, to live. We're going to work there, and you'll be able to go to a new school and learn Japanese. Then you'll be able to go to a university there, and if you can speak two languages fluently when you grow up, you'll be able to get a good job in the future."

"I don't want to go to a new school. I like my school here. And what about my friends?"

"Don't worry, Elena. You'll make new friends."

I didn't want new friends. I wanted my old friends, my grandparents, my aunts and uncles, and cousins in Brazil. But there was no arguing ; it was decided and that was that. Two months later, we arrived in Japan.

The first few months were hard because I didn't speak Japanese. However, my teachers and classmates were kind. I soon picked up the language and made friends and spent five happy years at elementary school.

The problems began when I moved to junior high school. My junior high school accepts students from three different elementary schools, and I found myself in a class with many people I had never met before. Although I spoke Japanese fluently and my behavior was in no way different from anyone else's, two of my new classmates started to tease me after they heard me speaking Portuguese with my parents at the entrance ceremony. What hurt me most deeply was the question of when I was going back to Brazil. If I went back to school in Brazil, it would be so difficult to catch up with my former classmates there. Besides, all my friends were in Japan now. I'd spent half my life in Japan, and Japan was my home.

The two girls started again, "When are you going back to Brazil?"

I wished they would stop. Then suddenly, I heard a voice behind me, "Elena, what's the matter?" Natsumi, Maiko, and Kaori were walking over to me. They had been my friends since my arrival in Japan. At first, we taught each other words in Japanese and Portuguese. After that, we always encouraged and helped each other.

"Oh, nothing. I'm just being asked again when I'm going back to Brazil."

Natsumi turned angrily toward the two girls who were teasing me. "Don't you understand? You have only one culture, but Elena has two. OK, that makes her different, but aren't we all different?"

Maiko joined in, saying to the two girls, "You're both different from me, but that's not a bad thing. I'm certainly not nasty to you because of it."

The two girls looked ashamed. After a few moments of tense silence, they walked off toward the classroom. As I saw them walking away, the anger inside me overflowed, "I hate it! I hate it!"

Natsumi put her hand on my shoulder, as if to calm me.

"Elena, they just don't understand yet. They'll realize eventually."

"Natsumi's right," added Kaori. "I know that sometimes being Brazilian and Japanese makes things difficult for you, but it also makes you special."

"Yes, that's something to be proud of," said Maiko.

My friends were right. Deep inside, I knew that they were right. I looked at them with gratitude and finally let the tears fall.

A　次の問1～5に対する答えとして最も適当なものを，それぞれ下の①～④のうちから1つずつ選べ。

問1　According to Elena's parents, why would it be good for Elena to move to Japan?

① She could live with her distant relatives.
② She could leave her high school in Brazil.
③ She could have new educational opportunities.
④ She could travel in an airplane.

問2 What problems did Elena have after she entered junior high school?

① She did not have any friends at school.
② She could not speak Japanese very well.
③ Her teachers complained about her behavior.
④ A couple of students said unkind things to her.

問3 Why did Elena feel hurt when she was asked about going back to Brazil?

① She wanted people to realize that Japan was her home.
② She did not want people to know she was Brazilian.
③ Her parents refused to go back to Brazil.
④ She was not allowed to enter school in Brazil.

問4 What did Natsumi mean when she said Elena is "different"?

① She went to three elementary schools.
② She has a rich cultural background.
③ She has had a difficult life.
④ She is proud of her family.

問5 What is the main theme of this story?

① Brazilian lifestyle
② intercultural understanding
③ Japanese education
④ childhood memories

B 本文の内容と合っているものを，次の①～⑧のうちから3つ選べ。ただし，解答の順序は問わない。

① Elena was looking forward to living in Japan with her parents.
② Elena became fluent in Japanese in her elementary school.
③ Natsumi, Maiko, Kaori, and Elena became friends at junior high

school.

④ Elena could not go back to Brazil because she could no longer speak Portuguese.

⑤ Elena taught some Portuguese words to her friends.

⑥ Natsumi supported Elena in front of the two girls who were teasing her.

⑦ Maiko felt sorry for Elena because she was Brazilian and Japanese.

⑧ At the end of the story, Elena cried because she was hurt by Kaori's words.

解答

A　問1　③　　問2　④　　問3　①　　問4　②　　問5　②

B　②・⑤・⑥

解説

A

問1 「エレナの両親によると，日本に移住することがなぜエレナにとってよいことだったのですか」

前半の会話の，No, to live.で始まるセリフの中で，「エレナが新しい学校に行けるし，日本語が学べるし，日本の大学に行くこともできる」と述べられている。③「彼女は新しい教育の機会を持つことができる」が適切。

問2 「中学校に入学後，エレナはどんな問題にぶつかりましたか」

前半の最終段落の第3文後半で，「2人のクラスメートが私をいじめだした。一番傷ついたのはいつブラジルに帰るのかという問いかけだった」とあるので，④「2人の生徒が彼女に不親切なことを言った」が適切。

問3 「なぜエレナはいつブラジルに帰るのかと尋ねられると傷ついたのですか」

前半最終段落の最終文に「…日本が私の母国だった」とあるので，①「彼女は日本が自分の母国だと人に気づいてほしかった」が適切。

問4 「ナツミがエレナは『違っている』と言ったとき，どういうつもりでしたか」

後半のなかばのNatsumi turned angrily～で始まる段落のOK, that makes her different.「いい，それで彼女は『違っている』のよ」のthatが指しているのはその前文の「エレナは2つの文化を持っている」である。したがって，②「彼女は豊かな文化的背景を持っている」が適切。

問5 「この話の主題は何ですか」

ブラジルから移住してきたエレナが日本で経験したことを扱っている。エレナの友だちが2つの文化を持つエレナをよく理解している。後半のマイコのセリフにある「違いがあるのは悪いことじゃない」ということが，エレナをいじめていた2人の友だちにも「そのうちにわかるわ」とナツミが言っていることから，②「文化間の理解」が適切。

B

① 「エレナは両親と日本で暮らすことを楽しみにしていた」 前半の会話で「いいえ，(日本で)暮らすために行く」と親に言われて，エレナは「新しい学校に行きたくない」とか「新しい友だちなんかほしくなかった」と述べていることから，日本での生活を楽しみにしていたとは言えない。

② 「エレナは小学校で日本語がすらすら話せるようになった」 前半最終段落の第3文目「日本語をすらすら話せたが，…」は，中学に入学したときの記述だから，当然小学校ですらすら話せていたと考えられるので一致する。

③ 「ナツミとマイコとカオリとエレナは中学校で友だちになった」 後半第2段落の4文目「彼女たちは私が日本に来てからずっと友だちだった」と一致しない。エレナが日本に来たのは7歳，小学生のときであることは前半で述べられている。

④ 「エレナはもうポルトガル語が話せないのでブラジルに帰ることができなかった」 本文にこのような記述はないし，前半最終段落第3文の中学校の入学式の時に両親とポルトガル語で話していたとの記述とも一致しない。

⑤ 「エレナは友だちにポルトガル語の単語をいくらか教えた」 後半

第2段落第5文と一致する。

⑥ 「ナツミはエレナをいじめていた2人の女の子の前でエレナをかばった」 後半のNatsumi turned…で始まる文「ナツミは2人の女の子に怒って向き直って言い返した」に続くセリフと一致する。

⑦ 「マイコはエレナがブラジル人でもあり日本人でもあるので，エレナをかわいそうに思った」 後半のMaiko joined in,から始まる段落にあるマイコのセリフと一致しない。

⑧ 「話の最後で，エレナはカオリの言葉に傷ついて泣いた」 最終文の内容と一致しない。泣いたのはうれし泣きである。

全訳

「いつブラジルに帰るの？」

私は涙をこらえようと，うつむいて地面を見つめた。あの2人の少女の前で泣きたくなかった。なぜそんなことを言わなくちゃいけないの？

「ブラジルに帰れればなあ」と私は思った。幼かった頃の思い出で頭がいっぱいになった。遊ぶこと，泳ぐこと，踊ること，音楽，笑い声…でも，両親が日本に引っ越すことに決めたとき，それらのことをみんなあとにしなければならなかった。そのとき私はほんの7歳だったが，あの日のことは今でもよく覚えている。

「エレナ，日本に行くんだよ」

「休暇で？」会ったことはなかったけれども，日本に遠い親戚が何人かいるのは知っていた。飛行機に乗って，その親戚を訪ねるのは楽しいだろうな。

「そうじゃなくて，暮らすんだよ。お父さんもお母さんもあっちで働くんだ。お前は新しい学校に行けるし，日本語を覚えられるよ。そうしたら，日本で大学にも行けるし，大人になったとき2つの言葉がぺらぺら話せたら，将来はいい仕事につけるよ」

「新しい学校になんて行きたくないわ。ここの学校が好きなの。それに友達はどうするの？」

「心配ないよ，エレナ。新しい友達ができるさ」

新しい友達なんかほしくなかった。ブラジルにいるもともとの友達，おじいさんおばあさん，おばさんおじさん，いとこたちがよかった。でも，議論の余地はなかった。それは決まったこと，そういうことだったのだ。2か月後，私たちは日本に到着した。

最初の2，3か月は日本語が話せなかったので，つらかった。でも，先生もクラスの友だちも親切にしてくれた。私はすぐに日本語を覚えて，友達を作り，小学校で幸せな5年間を過ごした。

問題は中学に進んだときに始まった。私の中学は3つの異なる小学校から生徒を受け入れていて，一度も会ったことのない生徒が大半を占めるクラスに私はいた。私は日本語をすらすら話したし，振る舞いも他のだれともまったく違わなかったのに，クラスメートのうちの2人が入学式のときに私が両親とポルトガル語で話しているのを聞いてから，私をいじめ始めた。一番深く傷ついたことは，いつブラジルに帰るのかという問いだった。ブラジルの学校に戻ったら，以前のクラスの友達との溝を埋めるのは難しいだろう。その上，私の友達は今ではみんな日本にいるのだ。私は人生の半分を日本で過ごしていて，日本が私の祖国なのだ。

例の2人の女の子はまた言い始めた。「いつブラジルへ帰るのよ」

彼女たちがやめてくれればと思った。すると不意に，後ろから声がした。「エレナ，どうしたの？」ナツミとマイコとカオリが向こうから私の方へ歩いてくるところだった。彼女たちは私が日本に来たときからずっと友人だった。最初，私たちは日本語とポルトガル語でお互いに言葉を教えあった。それから，私たちはお互いに励まし合い助け合ってきたのだ。

「ああ，何でもないの。またいつブラジルに帰るのか聞かれているだけなの」

ナツミは怒って私をいじめていた2人の女の子の方に向いた。「わからないの？　あなたたちはひとつの文化しか持っていないけど，エレナには2つもあるのよ。それでエレナは他の人と違うけれども，でも，私たちはみんな違っているんじゃないの？」

マイコが加勢して2人の女の子に言った。「あんたたちは2人とも私と違うけれど，それは悪いことじゃないでしょ。そんなことで私はぜったいにあんたたちにいじわるしたりしないわ」

2人の女の子はきまり悪そうな顔をした。緊張した沈黙が少しあってから，彼女たちは教室の方へ歩いていった。彼女たちが歩き去るのを見ているうちに，心の中の怒りが溢れて出た。「こんなのいや！　いや！」

ナツミはなだめるように，私の肩に手をおいた。

「エレナ，あの子たちはまだわかっていないだけなのよ。そのうちにわかるわ。」

「ナツミの言うとおりよ」とカオリがつけ加えて言った。「ブラジル人でもあり日本人でもあるっていうことでいろいろ大変なときもあるのはわかっているけど，そのためにあなたは特別な存在なんだから」

「そうよ，自慢していいことよ」とマイコが言った。

私の友達の言うとおりだった。心の奥底で，彼女たちが正しいとわかっていた。私は感謝の気持ちで彼女たちを見ると，もう涙が落ちるにまかせた。

例題 12

Read the following passage and answer the questions an below. Note that the four sentences in the in the passage are randomly arranged for Question〔1〕.

A. As a result, you now have a lot of older workers retiring, taking skills and institutional knowledge with them.
B. AR (augmented reality) can help address three macroeconomic challenges that we — and our customers — are facing.
C. In the oil and gas industry, for example, there was a massive employment surge in the 1960s and 1970s and then a hiring lull.
D. The first is the aging of the skilled workforce.

A similar dynamic is happening in many other industries. Second, we have a lot more machines in remote locations, and we want to be able to monitor, operate, and fix those machines with fewer people on-site. And the third challenge is the growing complexity of new technologies, which require new technical skills.

In the pulp and paper business, we're working on AR that will allow us to service the equipment of remote customers without sending in technicians. Today a customer needing guidance on repairs gets a binder with documentation. We're developing AR on a software that will let the customer be guided by a remote technician who can see what the customer is looking at and walk them through a repair. We're at the early stage. We've put together some prototypes, and we're sharing those with customers to get their feedback.

In the marine business, we're working with a coalition of companies on pilot projects involving autonomous vessels — like self-driving cars but ships. You can imagine starting with small autonomous ferries on lakes but eventually scaling up to container ships. You wouldn't need large crews on these ships. If somebody on shore needs situational awareness of what's happening on a vessel, they could use AR technology. We think we could bring this capability to market within a few years.

A captain onshore might use AR to see the view from the ship's bridge and contextual information about the ship's speed and course and other telemetry data. This is a case where you'd be integrating VR (virtual reality) and AR (augmented reality). The VR would be the view from the bridge. The AR would be live telemetry overlaid on that view. If sensors showed that something was going on in the engine room, you could teleport there from the bridge and have a look around a virtual engine room that had AR information superimposed on top of it. You can imagine needing only a few people actually on board at any time.

There are three overlapping areas where I see AR taking off. The first is in dangerous jobs. You want to make sure people have the best information possible at exactly the right moment, because the cost of not having that — people getting injured, equipment being destroyed — is so high.

So I would imagine AR applications in refineries, chemical plants, construction, and mining, for example. The second area is jobs in remote locations, like on an oil rig or an offshore wind farm, where it's really valuable to make sure that the people you do have on-site have the skills they need. Third, AR will be really useful in cases where people are working with products or machines that are extremely complex, so they can't be easily automated. Servicing an industrial 3-D printer would be an example. Or work done in semiconductor labs.

This doesn't sound superexciting, but it could have a big impact: If people use AR simply to adhere to a best-in-class process, it can prevent mistakes and injuries. You can have the best standard operating procedures in the world, but if your workers don't follow them, it doesn't matter. (①) For instance, imagine you're working with an industrial motor and there's a step in the manual that says, "Turn off the power." It would be easy to overlook the step and damage the equipment or get hurt. With AR, the software could say, "Turn off the power and glance at the switch to confirm it's off." When you looked at the switch, the AR could take a picture of the state of the switch, time-stamp it, and record the location of the motor using GPS. So you would now be certain that the switch on a motor was off at a specific location and time during a specific step in a process.

Adapted from Gardiner Morse, ***One Company's Experience with AR***
(HARVARD BUSINESS REVIEW, November — December, 2017)

〔1〕 There are four sentences in the [ ] in the passage. Choose the most appropriate sentence order from among 1 to 4.

1 B → A → D → C
2 B → D → C → A
3 C → A → B → D
4 C → B → A → D

〔2〕 Choose the most appropriate sentence from among 1 to 4 in order to fill in the blank (①).

1 AR can ensure compliance with processes.

2 AR can decide what to do and then do it automatically.

3 AR keeps working and all we need to do is just wait until the job is finished.

4 AR and workers have to work together to cooperate in working on a project.

〔3〕 Choose the statement from among 1 to 4 that is the most consistent in meaning with the passage.

1 One of the most difficult things is to use AR in remote locations because communications are extremely difficult.

2 When using AR, it is easy to overlook damage done to the equipment, but we don't need to do anything even when something is wrong with the job.

3 Large crews are necessary when AR is used on huge ships because it is difficult to watch over an entire vessel.

4 AR can be used for dangerous jobs, in remote locations, or in situations that include extremely complex activities in working with products or machines.

解答

〔1〕 2　〔2〕 1　〔3〕 4

解説

〔1〕 B「AR(拡張現実)は私たち，そして私たちの顧客が直面しているマクロ経済の3つの課題に対処するのに役立つ」→D「1つ目は熟練した労働力の高齢化である」→C「例えば石油およびガス会社では，1960年代と1970年代に大きな雇用の高まりがあり，それから雇用は一時的に休止状態だった」→A「結果として今では，技術や実務の要領の知識を持ったまま，多くの高齢労働者が退職している」。

〔2〕 空所後，工業用モーターの電源を切るという作業手順を例に，1「ARはプロセス遵守を確実にすることができる」ことを説明している。

〔3〕 最後から3段落目のThe first is～の箇所と，最後から2段落目のThe second area is～およびThird，～の箇所で，ARがうまくいっている3つの仕事分野を挙げている。これらが，4「ARは危険な仕事や，

遠く離れた場所で，または製品や機械を使って仕事をする過度に複雑な活動を含む状況で使われる」に合致する。

例題 13

次の英文を読み，あとの問い①～⑩に対する答えとして最も適切なものをそれぞれa～dの中から1つずつ選べ。

Galileo was born in Pisa, Italy in 1564. He was very talented and curious. As a child, he made some of his own toys, and enjoyed both art and music. He learned to play several instruments, and painted pictures.

He went to a university to study medicine, but in 1585 he had to leave because he didn't have enough money. So he studied mathematics at home, and several years later, he began to teach this subject at the university.

Galileo was interested in many different things. He was curious about everything around him. He noticed a lamp hanging from the ceiling of the church, swinging back and forth. Although the lamp moved various distances, it always took the same amount of time for each swing. He had discovered the law of the pendulum.

He also discovered the law of falling bodies. Aristotle said that heavy things fall quicker than lighter things, and everyone had been thinking this way for a long time. But Galileo thought that heavy and light things both fall to earth at the same speed, because of the law of gravity. He dropped a light ball and a heavy ball from the Leaning Tower of Pisa, and they both hit the ground at the same time.

Although his idea was correct, this caused a great problem. Many people believed that Aristotle was always right, and so they wouldn't believe Galileo. Soon, many people in Pisa became angry, and Galileo had to leave.

He moved to Padua and taught mathematics at the university there for many years. He became interested in astronomy, and began to make telescopes. Using these telescopes, he made a number of important discoveries. As he learned more about astronomy, he began to agree with Copernicus, who said that the earth moved around the sun.

At that time, most people thought the opposite, that the earth was the center, and the sun moved around it. The church leaders in Italy thought that this new idea was in conflict with some of their ideas, so they had attacked Copernicus. Now, they began to attack Galileo. They said he was dangerous, they arranged a trial, and they said he was guilty. As a result, he could not be a teacher any longer. He moved to Florence and stayed at home until he died in 1642.

Galileo was always curious, and never stopped thinking about everything around him. He continued to write about his ideas and observations. Today, hundreds of years later, scientists still agree with most of his ideas.

[①] Where did Galileo live?

a. Argentina. b. America. c. Italy. d. Germany.

[②] What did Galileo study at the university?

a. Music. b. Medicine. c. Mathematics. d. Painting.

[③] What did Galileo teach at the university?

a. Music. b. Medicine. c. Mathematics. d. Painting.

[④] Why did he stop studying at the university?

a. Too difficult. b. Too dangerous. c. Too sick.

d. Too poor.

[⑤] Who thought heavy things fall faster than light things?

a. Galileo. b. Aristotle. c. Copernicus. d. Einstein.

[⑥] Who thought the sun, not the earth, is the center of our system?

a. Aristotle. b. Einstein. c. Copernicus

d. Church leaders.

[⑦] Why did Galileo leave Pisa?

a. Galileo's ideas were wrong.　b. He got a better job.
c. People believed Copernicus.　d. People believed Aristotle.

[⑧] Why did Galileo leave Padua?
a. Galileo agreed with Copernicus.
b. Galileo agreed with Aristotle.
c. Galileo agreed with the church leaders.
d. Galileo's ideas were wrong.

[⑨] Which is true?
a. Galileo and Aristotle had the same idea.
b. Aristotle and Copernicus had the same idea.
c. Church leaders didn't like Aristotle.
d. Church leaders didn't like Copernicus.

[⑩] During his lifetime, Galileo had much trouble, and had to leave several places. Why?
a. Galileo challenged old ideas.　b. Galileo liked to fight with others.
c. Galileo had bad friends.　d. Galileo was unlucky.

解答

① c　② b　③ c　④ d　⑤ b
⑥ c　⑦ d　⑧ a　⑨ d　⑩ a

解説

① 「ガリレオはどこに住んでいたか」 ガリレオはイタリアのピサに生まれ，その後，パドゥア，フローレンスと移り住んだが，どちらもイタリアの都市である。

② 「ガリレオは大学で何を勉強したか」 第2段落第1文に，「医学を勉強するために大学へ行った」と述べている。

③ 「ガリレオは大学で何を教えたか」 第2段落第2文に，「独学で数学を勉強し，それから数年後，大学でその教科を教え始めた」とある。

④ 「彼はなぜ大学で勉強するのをやめたか」 第2段落第1文に，「十分なお金がなかったので退学しなければならなかった」と述べている。

⑤ 「重いものは軽いものよりも速く落ちると考えたのはだれか」 第4段落第2文に，「アリストテレスは，重いものはより軽いものよりも速

く落ちると言った」とある。

⑥ 「地球ではなく，太陽が私たちの体系の中心であると考えたのはだれか」 第6段落第4文に，「地球は太陽の周りを回ると唱えたコペルニクス」と述べている。

⑦ 「ガリレオはなぜピサを離れたか」 第5段落参照。ピサの多くの人々はアリストテレスが正しいと信じていたので，ガリレオの言うことを信じず，逆に怒り出したからである。よって，dの「人々はアリストテレスを信じていた」が正解。

a 「ガリレオの考えは間違っていた」

b 「彼はもっとよい仕事を手に入れた」

c 「人々はコペルニクスを信じていた」

⑧ 「ガリレオはなぜパドゥアを離れたか」 第7段落第4，5文参照。ガリレオが有罪になり，教師の仕事が続けられなくなった理由を考える。よって，aの「ガリレオはコペルニクスの説に賛同した」が正解。

b 「ガリレオはアリストテレスの説に賛同した」

c 「ガリレオは教会指導者の考えに賛同した」

d 「ガリレオの考えは間違っていた」

⑨ 「真実なのはどちらか。」

a 「ガリレオとアリストテレスは同じ考えを持っていた」 第4段落第2，3文より，まったく反対の考えを持っていたことがわかる。

b 「アリストテレスとコペルニクスは同じ考えを持っていた」 本文では，アリストテレスは落下速度に関する考え，コペルニクスは地動説にしか言及していない。

c 「教会指導者たちはアリストテレスが好きではなかった」 本文では言及されていない。

d 「教会指導者たちはコペルニクスが好きではなかった」 第7段落第2文に，「教会指導者たちはコペルニクスを非難していた」とある。

⑩ 「生涯の間に，ガリレオはたくさんの問題に直面し，いくつかの場所を離れなければならなかった。なぜか」

a 「ガリレオは古い考えに異を唱えた」 第5段落，第7段落の記述に一致する。

b 「ガリレオは他人と論争するのが好きだった」 本文では言及されていない。

c 「ガリレオには悪い友達がいた」 本文に記述はない。

d 「ガリレオは不運だった」 必ずしも間違いとは言えないが，ピサ，パドゥアを離れざるを得なかった理由としては弱い。

全訳

ガリレオは1564年，イタリアのピサで生まれた。彼はとても才能があり，好奇心が強かった。子供のころは，おもちゃのいくつかを自分で作り，美術と音楽の両方を楽しんだ。彼はいくつかの楽器の演奏を習得し，絵を描いた。

彼は医学を勉強するために大学へ行ったが，1585年，お金が足りなくなって退学を余儀なくされた。そこで彼は独学で数学を勉強し，それから数年後，大学でその教科を教え始めた。

ガリレオは多種多様なことに興味を示した。彼は自分の周りにあるものは何でも知りたがった。教会の天井につるしてあるランプに気づくと，前後に揺り動かした。ランプは様々な距離を動いたが，それぞれの振幅にかかった時間は常に一定だった。彼は振り子の法則を発見したのである。

彼はまた落下の法則も発見した。アリストテレスは，重いものはより軽いものよりも速く落ちると言って，だれもが長い間このように考えてきた。しかしガリレオは，重力の法則によって，重いものも軽いものも同じ速度で地上に落ちると考えた。彼がピサの斜塔から軽い球と重い球を落とすと，それら2つの球は同時に地面に衝突した。

彼の考えは正しかったが，このことが大きな問題を引き起こすこととなった。アリストテレスは常に正しいと信じる人々がたくさんいたので，どうしてもガリレオを信じようとはしなかったのである。まもなく，ピサの多くの人々が怒り出して，彼はそこを離れなければならなかった。

彼はパドゥアに移り，そこの大学で何年にもわたって数学を教えた。天文学に興味を持つようになり，望遠鏡を作り始めた。これらの望遠鏡を使って，彼は数多くの重要な発見をしたのである。天文学に関してさらに多くのことを学んだので，彼は，地球は太陽の周りを回ると唱えたコペルニクスの説に賛同し始めた。

当時は，大部分の人が正反対のことを，つまり地球が中心で，太陽は地球の周りを回ると思っていた。イタリアの教会指導者たちは，この新説は彼らの考えといくつかの点で対立すると考えたので，コペルニクスを非難していた。今や，彼らはガリレオを非難し出したのである。彼らはガリレオを危険だと言い，裁判の手はずを整えると，有罪だと断言した。その結果，彼はもはや教師ではいられなくなった。彼はフローレンスに移ると，1642年に亡くなるまで家にこもったのである。

ガリレオは相変わらず好奇心が旺盛で，身の回りのことは何でも熟考するのをやめなかった。自分の着想や観察結果を執筆し続けた。今日，数百年後の今でもまだ，科学者たちは彼の着想のほとんどに同意している。

例題 14

次の英文を読んで，後の問に答えよ。

Communication exercises and assignments have traditionally put introverts at a disadvantage by design. The regular contributor to discussions in history, the first student to explain or write out the solution in math, and the student who offers to explain their experiment to the rest of the class in science will always be showered with positive reinforcement and generally rewarded with high praises. But what about the students who know the answer but prefer one-on-one conversations? Or the ones who are comfortable speaking to the class but prefer time to process their thoughts before answering a question? Or the ones that do their best critical thinking when it's not spontaneous? Presentations in geography, class discussions in careers, and pick-up games in gym are not just the wrong format for introverts to display their skills, they can be (　A　) to their education. As curricula move away from an emphasis on content to skills, the time is right to use that move as an opportunity to better serve introverts in school.

Communication tasks and assignments are hardest on introverts. Historically, participation marks hurt introverts, but now, with subjects like English shifting from language into a communication strand, that can make up to one-quarter of a student's in-class mark; [B]. To better serve introverts and provide them with the best opportunities to demonstrate their skills, we need to carefully plan communication tasks so that they don't unintentionally put introverts at a disadvantage. A communication exercise that allows introverts to flourish is ①circle discussion. For example, in an English class, instead of asking a question about a short story and having students raise their hands to respond or calling on them at random, a teacher could organize the class in a circle, propose a question and work around the circle one student at a time. This is a great set-up for introverts because they know exactly when their turn will be, allowing them time to process and consider how they want to respond. Everyone has a voice and everyone makes an equal contribution. Having the teacher sit with students where everyone participates in a predictable order eliminates the feeling of being put on-the-spot that inhibits introverts from demonstrating all their skills.

Another assignment that better serves introverts is a podcast. I've used a podcast as the culminating assignment for my Grade 11 English class recently and found it great as ②a platform for introverted students to excel. While recording one's thoughts may be daunting, the forum of a podcast has many benefits for introverts. First, it allows for a student to work from notes or a script. As an aside, this proved to be an unexpectedly beautiful writing task as many students revised their scripts to perfection and that provided me with a mechanism to suggest that all writing requires such revision. Writing the notes or scripts allows the processing time that introverts prefer. As well, a podcast can be recorded multiple times before the final product is shared. This removes the-on-the-spot feel of traditional presentations that often cloud an introvert's true ability. By encouraging critical thinking and requiring a revision process that benefits all students, podcasts provide the opportunity for introspective thinking that traditional presentations do not.

As a whole, society is doing a better job of recognizing that introverts have been set up for second place by a world that rewards charming, outgoing people. For example, my wife is a lawyer and she recently told me ③how many private sector businesses are changing their interview process in an effort to better reach introverts. Introverts may actually be the best candidates for jobs long-term, but the traditional process unintentionally favours extroverts and allows them to appear to be the beat candidates. To account for this bias, before the interview, many companies now provide their questions in advance allowing time for processing their thoughts to evaluate the candidate's problem-solving ability.

As education strives more than ever to provide opportunities for all students to achieve success, the time is right to reconsider how introverts can best display their communication skills. The use of circle discussion and podcasts are just two examples. Teachers can create platforms for introverts to excel, at communication tasks with some innovative lesson planning.

問1　次の英文はintrovertsの特徴について書かれたものである。本文の内容に合うように(　a　)～(　c　)に適切な1語をそれぞれ本文中から抜き出して書け。

Introverts prefer one-on-one conversations and are better at (　a　) thinking. They need time to (　b　) what they think, and they cannot demonstrate their ability well in a (　c　) way.

問2　本文中の(　A　)に入る適切な語を次のア～エの中から1つ選び，記号で答えよ。

ア　active　　イ　counteractive　　ウ　productive

エ　counterproductive

問3　本文中の［　B　］に入る英語を次のア～エの中から1つ選び，記号で答えよ。

ア　language learning skills are more taken into consideration

イ　communication assignments count more than ever before

ウ　students' communicative competence is not evaluated

エ　English teachers hardly emphasize communication skills

問4　下線部①の活動の利点を65字程度の日本語でまとめよ。

問5　下線部②が本文で意味するものを次のア～エの中から1つ選び，記号で答えよ。

ア　a raised flat area beside the track at a station

イ　a tool for teachers to convey their feelings at classrooms

ウ　a type of computing system or a software

エ　an opportunity for somebody to express their opinions

問6　下線部③の具体例を本文から探し，80字程度の日本語で書け。

問7　本文の内容を踏まえたとき，あなたはどのような英語の授業を心がけるか。60語程度の英語で書け。なお使用した語数を記入すること。

解答

問1　a　critical　　b　process　　c　spontaneous

問2　エ

問3　イ

問4　生徒が自分の発言の順番がわかり，どのように答えるか考えをまとめる時間を持つことができる。また全員が等しく発言できるため公平である。(65字)

問5　エ

問6　内向的な者に不利にならないように，面接の前に，多くの会社が質問を渡し，就職志願者が予め考えをまとめる時間を与えている。それにより志願者の問題解決能力を測っている。(81字)

問7　To encourage introverts in large classes, I organize students into pairs or small groups. I also make time for them to process their ideas before the activities. I would like to have students perform in pairs, then in small groups, and finally perform in front of the whole class. This will help every student have confidence and improve their performances. (60 words)

解説

問1　第1パラグラフでは2文目で外向的な生徒(extroverts)の具体例があげられており，逆接の接続詞butをはさんで3～5文目には内向的な生徒(introverts)の具体例があげられている。その内容からintrovertsは「一対一の会話を好む，解答前に考えをまとめる時間を望む，求められたときに最もよい批判的な思考を行う」などの特徴があることがわかる。したがって空欄aには「批判的な」，空欄bには「過程」，空欄cには「自発的な」を入れるのが適切。

問2　空欄Aを含む文の前半では，いくつかの指導形態を例示し，それらが「内向的な生徒たちが能力を示すには不適切であるだけでなく，(　　　)である」と述べている。よって，続く後半ではさらにネガティブな内容が書かれていると考えられる。したがって，空欄Aにはエcounterproductive「逆効果の」が入る。アactive「能動的な」，イcounteractive「反作用の」，ウproductive「生産的な」は文脈に合わず誤り。

問3　第2パラグラフ2文目の空欄B前の部分には，「英語などが言語を教える科目からコミュニケーションを教える科目に変わってきており，それが生徒の授業内評価の1/4を占めるほどになってきた」と述べられている。したがって，その内容に合致するのはイ「コミュニケーションの課題が以前より重要になっている」。他の選択肢は，言語の教育からコミュニケーションの教育に代わってきているという内容に合わないため誤り。

問4　circle discussionの利点は，第2パラグラフ5文目の“This (circle discussion) is a great set-up for introverts because…”に続く部分に記述されている。この内容を65字程度にまとめる。

問5　platformには「意見発表の機会」の意味があるため，エ「誰かが意見を表現する機会」が適切。第3パラグラフ2文目では，筆者は英語の課題にポッドキャストを利用しており，内向的な生徒たちがすぐれたパフォーマンスを示すよい機会と考えている。

問6　下線部③の文意は「いかに多くの民間企業でその就職面接のプロセスが変わってきているか」。この具体例が第4パラグラフ4文目に記述されている。

問7「本文の内容を踏まえたとき」と指定されていることに注意。本文ではcircle discussionやポッドキャストの事例があげられているが，内向的な生徒たちに配慮した英語の授業を考える必要がある。その際，問1の解説で述べたようなintrovertsの性質を考慮し，字数以内にまとめる。

第 4 章

学習指導要領

学習指導要領 中学校

ポイント

●改訂のポイント

今回の改訂より，小学校第3学年及び第4学年において「外国語活動」を，小学校第5学年及び第6学年において「外国語」を指導し，コミュニケーション能力の基礎となる資質・能力を育成することになった。これを受け，中学校では簡単な情報や考えなどを外国語で理解したり表現したり伝え合ったりすることができる資質・能力を養っていく。

語彙については改訂前では1200語程度指導することとしていたが，小学校で学習した語に1600～1800語程度の新語を加えて増加となった。なお小学校で学習する語は，中学年で外国語活動を履修する際に取り扱った語を含む600～700語程度とされている。

また内容については，〔知識及び技能〕，〔思考力，判断力，表現力等〕に大別され，前者には音声や単語など，英語の特徴やきまりに関する事項が示されている。後者には情報や考えなどを表現し伝え合うことに関する事項や，「聞くこと」，「読むこと」，「話すこと［やり取り］」，「話すこと［発表］」，「書くこと」の5つの領域についての指導事項が示されている。今回の改訂より，「話すこと」については[やり取り]と[発表]の2領域に分けて示されることになった。これは，欧州協議会が2001年に発表した，外国語の熟練度についての国際的な基準であるCEFR (Common European Framework of Reference for Languages: Learning, teaching, assessment　外国語の学習・教授・評価のためのヨーロッパ共通参照枠)において，5つの領域に分けて言語能力が示されていることを踏まえた改訂である。

●指導上の留意点

英語科において最も配慮すべき事項は，異校種との接続を念頭に置かなくてはならない点である。小学校における外国語との接続のみならず，高等学校との接続にも留意する必要が，今回の改訂に伴い「指導計画の作成と内容の取扱い」に明記された。

また，今回の改訂では，目標に示される資質・能力の育成に向けて，主体的・対話的で深い学びの実現を図ることに重点をおいている。中央教育審議会答申(平成28年12月21日)にて示されたそれぞれの学びの視点は，次の通りである。

「主体的な学び」の視点

・外国語を学ぶことに興味や関心を持ち，どのように社会や世界と関わり，学んだことを生涯にわたって生かそうとするかについて，見通しを持って粘り強く取り組むとともに，自分の意見や考えを発信したり評価したりするために，自らの学習のまとめを振り返り，次の学習につなげること
・コミュニケーションを行う目的・場面・状況等を明確に設定し，学習の見通しを立てたり振り返ったりする場面を設けるとともに，発達の段階に応じて，身の回りのことから社会や世界との関わりを重視した題材を設定すること

「対話的な学び」の視点

・他者を尊重した対話的な学びの中で，社会や世界との関わりを通じて情報や考えなどを伝え合う言語活動の改善・充実を図ること
・言語の果たす役割として他者とのコミュニケーション(対話や議論等)の基盤を形成する観点を資質・能力全体を貫く軸として重視しつつ，コミュニケーションを行う目的・場面・状況に応じて，他者を尊重しながら対話が図られるような言語活動を行う学習場面を計画的に設けること

「深い学び」の視点

・言語の働きや役割に関する理解，外国語の音声，語彙・表現，文法の知識や，それらの知識を五つの領域において実際のコミュニケーションで運用する力を習得し，実際に活用して，情報や自分の考えなどを話したり書いたりする中で，外国語教育における「見方・考え方」を働かせて思考・判断・表現し，学習内容を深く理解し，学習への動機付け等がされる「深い学び」につながり，資質・能力の3つの柱に示す力が総合的に活用・発揮されるようにすること

・授業において，コミュニケーションを行う目的・場面・状況等に応じた言語活動を効果的に設計すること

これらの視点を意識し，ただ機械的な反復学習ではない，コミュニケーションを行う目的・場面・状況等に応じた言語活動を設定し指導していくことが求められる。

●外国語科の目標

外国語科では，次のように目標を設定した。

▼外国語科の目標

1　目標

外国語科では，次のように目標を設定した。

> 外国語によるコミュニケーションにおける見方・考え方を働かせ，外国語による聞くこと，読むこと，話すこと，書くことの言語活動を通して，簡単な情報や考えなどを理解したり表現したり伝え合ったりするコミュニケーションを図る資質・能力を次のとおり育成することを目指す。
>
> (1)　外国語の音声や語彙，表現，文法，言語の働きなどを理解するとともに，これらの知識を，聞くこと，読むこと，話すこと，書くことによる実際のコミュニケーションにおいて活用できる技能を身に付けるようにする。
>
> (2)　コミュニケーションを行う目的や場面，状況などに応じて，日常的な話題や社会的な話題について，外国語で簡単な情報や考えなどを理解したり，これらを活用して表現したり伝え合ったりすることができる力を養う。
>
> (3)　外国語の背景にある文化に対する理解を深め，聞き手，読み手，話し手，書き手に配慮しながら，主体的に外国語を用いてコミュニケーションを図ろうとする態度を養う。

今回の改訂で目標の示し方が変更され，(1)～(3)の項目に分けて示された。これは中学校学習指導要領第1章総則第1の3(1)～(3)に示された，指導を通じて育成したい資質・能力に関する3つの事項と対応している。

すなわち(1)が〔知識及び技能〕，(2)が〔思考力，判断力，表現力等〕，(3)が〔学びに向かう力，人間性等〕の内容をそれぞれ反映している。

また，「外国語によるコミュニケーションにおける見方・考え方」については，中央教育審議会答申(平成28年12月21日)には，「外国語で表現し伝え合うため，外国語やその背景にある文化を，社会や世界，他者との関わりに着目して捉え，コミュニケーションを行う目的・場面・状況等に応じて，情報や自分の考えなどを形成，整理，再構築すること」と整理されている。

▼英語の目標

1　目標

英語では，前述の外国語科の目標を踏まえ，次のように具体的な目標を設定している。

英語学習の特質を踏まえ，以下に示す，聞くこと，読むこと，話すこと［やり取り］，話すこと［発表］，書くことの五つの領域別に設定する目標の実現を目指した指導を通して，第1の(1)及び(2)に示す資質・能力を一体的に育成するとともに，その過程を通して，第1の(3)に示す資質・能力を育成する。

(1)　聞くこと

ア　はっきりと話されれば，日常的な話題について，必要な情報を聞き取ることができるようにする。

イ　はっきりと話されれば，日常的な話題について，話の概要を捉えることができるようにする。

ウ　はっきりと話されれば，社会的な話題について，短い説明の要点を捉えることができるようにする。

(2)　読むこと

ア　日常的な話題について，簡単な語句や文で書かれたものから必要な情報を読み取ることができるようにする。

イ　日常的な話題について，簡単な語句や文で書かれた短い文章の概要を捉えることができるようにする。

ウ　社会的な話題について，簡単な語句や文で書かれた短い文章の要点を捉えることができるようにする。

(3)　話すこと［やり取り］

ア　関心のある事柄について，簡単な語句や文を用いて即興で伝え合うことができるようにする。

イ　日常的な話題について，事実や自分の考え，気持ちなどを整理し，簡単な語句や文を用いて伝えたり，相手からの質問に答えたりすることができるようにする。

ウ　社会的な話題に関して聞いたり読んだりしたことについて，考えたことや感じたこと，その理由などを，簡単な語句や文を用いて述べ合うことができるようにする。

(4)　話すこと［発表］

ア　関心のある事柄について，簡単な語句や文を用いて即興で話すことができるようにする。

イ　日常的な話題について，事実や自分の考え，気持ちなどを整理し，簡単な語句や文を用いてまとまりのある内容を話すことができるようにする。

ウ　社会的な話題に関して聞いたり読んだりしたことについて，考えたことや感じたこと，その理由などを，簡単な語句や文を用いて話すことができるようにする。

(5)　書くこと

ア　関心のある事柄について，簡単な語句や文を用いて正確に書くことができるようにする。

イ　日常的な話題について，事実や自分の考え，気持ちなどを整理し，簡単な語句や文を用いてまとまりのある文章を書くことができるようにする。

ウ　社会的な話題に関して聞いたり読んだりしたことについて，考えたことや感じたこと，その理由などを，簡単な語句や文を用いて書くことができるようにする。

2　目標の解説

上記のように，英語では4技能について5つの領域に分け，それぞれ3つずつ目標を示している。ただしこれらは個別に育成するのではなく，これらの複数を組み合わせて効果的に活用する統合的な言語活動を通して育まれることを重視すべきであることに留意する。また，改訂前と同様に学年ごとの目標は立てず，3学年間を通じて目指すべき目標を示している。ただし，「指導計画の作成と内容の取扱い」(1)イに「学年ごとの目標を適切に定め，3学年間を通じて外国語科の目標の実現を図るようにすること。」とあるのに留意する必要がある。

●外国語の内容

改訂前の学習指導要領では，言語活動と言語材料に大別していた。今回の改訂では〔知識及び技能〕(1)英語の特徴やきまりに関する事項，〔思考力，判断力，表現力等〕(2)情報を整理しながら考えなどを形成し，英語で表現したり，伝え合ったりすることに関する事項，(3)言語活動及び言語の働きに関する事項，の2領域3事項に分類して示されている。(1)は従前の言語材料を，(3)は言語活動を踏襲する内容で，(2)は新設の内容となる。

(1)　英語の特徴やきまり

主な改訂点としては，以下の点が挙げられる。

・アルファベットや終止符などの基本的な符号を小学校に移動
・語彙数が1200語から1600～1800語(＋小学校で学習した語)に増加
・文について感嘆文の指導を新たに明記
・文構造について[主語＋be動詞＋補語]を小学校に移動
・時制について現在完了進行形の指導を新たに明記
・仮定法のうち基本的なものについての指導を新たに明記など

基本的な内容についてのいくつかの項目が小学校に移動になり，現在完了進行形や仮定法など一部の内容について新設した形である。特に中学校第1学年の指導に当たっては小学校との接続が重要視されるので，小学校学習指導要領，中学校学習指導要領の両者を熟読することが求められる。

(2) 情報や考えなどを表現し伝え合うこと

中央教育審議会答申(平成28年12月21日)では，学習過程について，「設定されたコミュニケーションの目的・場面・状況等を理解する」「目的に応じて情報や意見などを発信するまでの方向性を決定し，コミュニケーションの見通しを立てる」「対話的な学びとなる目的達成のため，具体的なコミュニケーションを行う」「言語面・内容面で自ら学習のまとめと振り返りを行う」というプロセスを経ることで，学んだことの意味付けを行ったり，既得の知識や経験と，新たに得られた知識を言語活動へつなげることの重要性を指摘している。このプロセスをまとめる形で新設された指導事項と考えられる。

(3) 言語活動及び言語の働き

①言語活動

改訂前の学習指導要領では各学年ごとの言語活動について配慮すべき事項を示していたが，これは削除された。5つの領域それぞれに3～4個の指導事項が設定されており，その内容は言語の使用場面や話題の内容などについて，かなり具体的に示している。例えば「読むこと」の(イ)では「日常的な話題について，簡単な表現が用いられている広告やパンフレット，予定表，手紙，電子メール，短い文章などから，自分が必要とする情報を読み取る活動。」などというように，文章の掲載されている媒体にいたるまで細かく例示されている。これによって，従来の学習指導要領より「外国語を使って何ができるようになるか」が明確化されていると言える。

②言語の働き

改訂前の学習指導要領における〔言語の使用場面の例〕〔言語の働きの例〕を踏襲しつつ，「手紙や電子メールのやりとり」など，一部例が追加されている。なお，言語の使用場面の例として示されていた「あいさつ」は小学校に移動した。

例題 1

次の文は，中学校学習指導要領解説　外国語編(平成29年7月　文部科学省)「第1章　総説　2　外国語科改訂の趣旨と要点　(2)　改訂の要点」の一部である。文中の各空欄に適する語句を答えよ。

学習指導の改善・充実

外国語科の英語における指導計画の作成と内容の取扱いについては，次のような改善を図った。

○小・中学校の接続を重視するとともに，学びの(　①　)を意識した指導をするために，指導計画の作成に当たっては，語彙，表現などを異なる場面の中で(　②　)活用することによって，生徒が自分の考えなどを(　③　)する力を高めることなどを明記した。

○言語材料については，発達の段階に応じて，生徒が受容するものと(　④　)するものとがあることに留意して指導することを明記した。

○授業は(　⑤　)で行うことを基本とすることを新たに規定した。

○教科書の改善に向けて，教材の中で五つの領域別の目標と言語材料や言語活動との関係を(　⑥　)ごとに示すよう明記した。

解 答

①　連続性　②　繰り返し　③　表現　④　発信　⑤　英語
⑥　単元

解 説

平成20年改訂の学習指導要領は，小・中・高等学校で一貫した外国語教育を実施することにより，外国語を通じて，言語や文化に対する理解を深め，積極的に外国語を用いてコミュニケーションを図ろうとする態度や，情報や考えなどを的確に理解したり適切に伝えたりする力を身に付けさせることを目標として掲げ，「聞くこと」，「話すこと」，「読むこと」，「書くこと」などを総合的に育成することをねらいとして改訂され，様々な取組を通じて指導の充実が図られてきたが，今回の改訂において，小学校における外国語活動の成果として，英語で積極的にコミュニケーションを図ろうとする態度が育成され，「聞くこと」及び「話すこと」の活動を行うことに慣れているといった変容が生徒に見られること等も踏まえ，授業における教師の英語使用や生徒の英語による言語活動の割合などが改善されてきている。

例題 2

次の文は，平成29年3月に告示された中学校学習指導要領「外国語」の教科目標である。文中の各空欄に適する語句を答えよ。

外国語によるコミュニケーションにおける見方・考え方を働かせ，外国語による聞くこと，読むこと，話すこと，書くことの(　①　)を通して，簡単な情報や考えなどを理解したり表現したり伝え合ったりするコミュニケーションを図る資質・能力を次のとおり育成することを目指す。

(1)　外国語の音声や語彙，表現，文法，言語の(　②　)などを理解するとともに，これらの知識を，聞くこと，読むこと，話すこと，書くことによる実際のコミュニケーションにおいて(　③　)できる技能を身に付けるようにする。

(2)　コミュニケーションを行う目的や場面，状況などに応じて，日常的な話題や社会的な話題について，外国語で簡単な(　④　)や考えなどを理解したり，これらを活用して表現したり伝え合ったりすることができる力を養う。

(3)　外国語の背景にある文化に対する理解を深め，聞き手，読み手，話し手，書き手に配慮しながら，(　⑤　)に外国語を用いてコミュニケーションを図ろうとする態度を養う。

解答

①　言語活動　　②　働き　　③　活用　　④　情報　　⑤　主体的

解説

「知識及び技能」，「思考力，判断力，表現力等」，「学びに向かう力，人間性等」の3つの資質・能力を明確にした上で，①各学校段階の学びを接続させるとともに，②「外国語を使って何ができるようになるか」を明確にするという観点から改善・充実を図っている。今回の改訂では，小学校中学年に新たに外国語活動を導入し，3つの資質・能力の下で，英語の目標として「聞くこと」，「話すこと[やり取り]」，「話すこと[発表]」の3つの領域を設定し，音声面を中心とした外国語を用いたコミュニケーションを図る素地を育成した上で，高学年において「読むこと」，

「書くこと」を加えた教科として外国語を導入し，5つの領域の言語活動を通して，コミュニケーションを図る基礎となる資質・能力を育成することとしている。中学校段階では，こうした小学校での学びを踏まえ，5つの領域の言語活動を通してコミュニケーションを図る資質・能力を育成することとしている。

※学習指導要領及び学習指導要領解説は，文部科学省のHPから閲覧できます。

学習指導要領（平成29年告示）

学習指導要領解説（平成29年7月）

学習指導要領 高等学校

ポイント

●改訂のポイント

▼「主体的・対話的で深い学び」及び「見方・考え方」について

今回の学習指導要領改訂は，中央教育審議会答申(平成28年12月21日)の内容を受けて行われている。答申で示された「外国語科における主体的・対話的で深い学びの視点」及び「外国語によるコミュニケーションにおける見方・考え方」については，本章の「中学校」の節で述べている。中学校との接続を重視する方針で改訂されているので，そちらを参照されたい。

▼科目構成の見直しについて

中教審答申を受けて外国語科の科目構成を見直し，外国語科に属する英語に関する科目及びその標準単位数は下表の通りになった。

科目	標準単位数
英語コミュニケーションⅠ(☆)	3(2単位まで削減可)
英語コミュニケーションⅡ	4
英語コミュニケーションⅢ	4
論理・表現Ⅰ	2
論理・表現Ⅱ	2
論理・表現Ⅲ	2

※(☆)…共通必履修科目

〈英語コミュニケーション〉

・「英語コミュニケーションⅠ・Ⅱ・Ⅲ」は「聞くこと」「読むこと」「話すこと[やり取り]」・「話すこと[発表]」・「書くこと」の5領域を総合的に扱う科目である。「外国語を通じて，情報や考えなどを的確に理解したり適切に伝えたりすることができる力」(必履修科目でCEFR(Common European Framework of Reference for Languages: Learning, teaching, assessment　外国語の学習・教授・評価のためのヨーロッパ共通参照枠）のA2レベル相当，選択科目で同B1レベル相当を想定）を育成することを目標とする。

・「英語コミュニケーションⅠ」の内容には中学校段階での学習の確実な定着が含まれる。これは中学校で学んだことを実際のコミュニケーションにおいて運用する力を十分に身に付けていないといった課題のある生徒も含めた高校生の多様性を踏まえて設置するものであり，小学校及び中学校で学習した事項の定着について明示されている。

〈論理・表現〉

・「論理・表現Ⅰ・Ⅱ・Ⅲ」は「話すこと[やり取り]」・「話すこと[発表]」・「書くこと」の3領域を学習する科目である。外国語科の授業において言語活動の比重が低い現状を踏まえ，発信能力の育成を更に強化することを目標とし新設された。

▼語彙数について

・中学校卒業段階での累計語数は2200～2500語で，これは現行の1200語より大幅に増加している。

・高等学校段階での累計語数は1800～2500語で，これは現行の1800語より大幅に増加している。各科目ごとに扱う新語数の内訳は下記の通りである。

> ・英語コミュニケーションⅠ…400～600語程度
> ・英語コミュニケーションⅡ…700～950語程度
> ・英語コミュニケーションⅢ…700～950語程度

・小学校・中学校・高等学校の累計語数は4000～5000語で，現行の3000語より1000～2000語多くなった。

▼言語の働きに関する事項

従前「第3款　英語に関する各科目に共通する内容等」でまとめられていた内容は，「英語コミュニケーションⅠ　2内容　(3)言語活動及び言語の働きに関する事項　②言語の働きに関する事項」に移動した。各科目は「「英語コミュニケーションⅠ」の2の(3)の②と同様に取り扱うもの」として参照する形でまとめられた。

▼英語に関する各科目にわたる指導計画の作成と内容の取扱い

主に下記の事項などを新設した。

〈各教科共通〉

・1(1)　主体的・対話的で深い学びの実現について

・1(9)　障害のある生徒への配慮について

〈英語科のみ〉

・1　　小学校・中学校における指導との接続について

・1(4)　多様な生徒の実態に応じて目標の実現を図ることについて

・1(7)　国語科との連携について

・1(8)　言語活動で扱う題材について

・2(1)　意味のある文脈でのコミュニケーションについての留意事項

・2(5)　話すこと・書くことの指導について

・2(8)　英語による情報発信と情報機器等について

・2(9)　生徒の学習の見通しについて

・3(1)　目標と内容の関係をまとまりごとに示すことについて

・3(2)(ｴ)　教材の選択基準(人間，社会，自然などについての考え方を深めるのに役立つこと。)

●教科の目標

▼教科の目標

教科の目標は，小学校・中学校と同様に，「知識及び技能」「思考力，判断力，表現力等」「学びに向かう力，人間性等」の3つの柱を反映させた3項目から成り立つ構成に改められた。

> 外国語によるコミュニケーションにおける見方・考え方を働かせ，外国語による聞くこと，読むこと，話すこと，書くことの言語活動及びこれらを結び付けた統合的な言語活動を通して，情報や考えなどを的確に理解したり適切に表現したり伝え合ったりするコミュニケーションを図る資質・能力を次のとおり育成することを目指す。
>
> (1)　外国語の音声や語彙，表現，文法，言語の働きなどの理解を深めるとともに，これらの知識を，聞くこと，読むこと，話すこと，

書くことによる実際のコミュニケーションにおいて，目的や場面，状況などに応じて適切に活用できる技能を身に付けるようにする。

(2) コミュニケーションを行う目的や場面，状況などに応じて，日常的な話題や社会的な話題について，外国語で情報や考えなどの概要や要点，詳細，話し手や書き手の意図などを的確に理解したり，これらを活用して適切に表現したり伝え合ったりすることができる力を養う。

(3) 外国語の背景にある文化に対する理解を深め，聞き手，読み手，話し手，書き手に配慮しながら，主体的，自律的に外国語を用いてコミュニケーションを図ろうとする態度を養う。

▼各科目の目標

各科目の目標は，それぞれ5つ(3つ)の領域ごとに，「日常的な話題に関すること」と「社会的な話題に関すること」の2つずつ目標を設定している。

〈英語コミュニケーションⅠの目標〉

英語学習の特質を踏まえ，以下に示す，聞くこと，読むこと，話すこと［やり取り］，話すこと［発表］，書くことの五つの領域（以下この節において「五つの領域」という。）別に設定する目標の実現を目指した指導を通して，第1款の(1)及び(2)に示す資質・能力を一体的に育成するとともに，その過程を通して，第1款の(3)に示す資質・能力を育成する。

(1) 聞くこと

ア 日常的な話題について，話される速さや，使用される語句や文，情報量などにおいて，多くの支援を活用すれば，必要な情報を聞き取り，話し手の意図を把握することができるようにする。

イ 社会的な話題について，話される速さや，使用される語句や文，情報量などにおいて，多くの支援を活用すれば，必要な情報を聞き取り，概要や要点を目的に応じて捉えることができるようにする。

(2) 読むこと

ア 日常的な話題について，使用される語句や文，情報量などにおいて，多くの支援を活用すれば，必要な情報を読み取り，書き手の意図を把握することができるようにする。

イ 社会的な話題について，使用される語句や文，情報量などにおいて，多くの支援を活用すれば，必要な情報を読み取り，概要や要点を目的に応じて捉えることができるようにする。

(3) 話すこと［やり取り］

ア 日常的な話題について，使用する語句や文，対話の展開などにおいて，多くの支援を活用すれば，基本的な語句や文を用いて，情報や考え，気持ちなどを話して伝え合うやり取りを続けることができるようにする。

イ 社会的な話題について，使用する語句や文，対話の展開などにおいて，多くの支援を活用すれば，聞いたり読んだりしたことを基に，基本的な語句や文を用いて，情報や考え，気持ちなどを論理性に注意して話して伝え合うことができるようにする。

(4) 話すこと［発表］

ア 日常的な話題について，使用する語句や文，事前の準備などにおいて，多くの支援を活用すれば，基本的な語句や文を用いて，情報や考え，気持ちなどを論理性に注意して話して伝えることができるようにする。

イ 社会的な話題について，使用する語句や文，事前の準備などにおいて，多くの支援を活用すれば，聞いたり読んだりしたことを基に，基本的な語句や文を用いて，情報や考え，気持ちなどを論理性に注意して話して伝えることができるようにする。

(5) 書くこと

ア 日常的な話題について，使用する語句や文，事前の準備などにおいて，多くの支援を活用すれば，基本的な語句や文を用いて，情報や考え，気持ちなどを論理性に注意して文章を書いて伝えることができるようにする。

イ　社会的な話題について，使用する語句や文，事前の準備などにおいて，多くの支援を活用すれば，聞いたり読んだりしたことを基に，基本的な語句や文を用いて，情報や考え，気持ちなどを論理性に注意して文章を書いて伝えることができるようにする。

▼論理・表現Ⅰの目標

(1)　話すこと［やり取り］

ア　日常的な話題について，使用する語句や文，対話の展開などにおいて，多くの支援を活用すれば，基本的な語句や文を用いて，情報や考え，気持ちなどを話して伝え合ったり，やり取りを通して必要な情報を得たりすることができるようにする。

イ　日常的な話題や社会的な話題について，使用する語句や文，対話の展開などにおいて，多くの支援を活用すれば，ディベートやディスカッションなどの活動を通して，聞いたり読んだりしたことを活用しながら，基本的な語句や文を用いて，意見や主張などを論理の構成や展開を工夫して話して伝え合うことができるようにする。

(2)　話すこと［発表］

ア　日常的な話題について，使用する語句や文，事前の準備などにおいて，多くの支援を活用すれば，基本的な語句や文を用いて，情報や考え，気持ちなどを論理の構成や展開を工夫して話して伝えることができるようにする。

イ　日常的な話題や社会的な話題について，使用する語句や文，事前の準備などにおいて，多くの支援を活用すれば，スピーチやプレゼンテーションなどの活動を通して，聞いたり読んだりしたことを活用しながら，基本的な語句や文を用いて，意見や主張などを論理の構成や展開を工夫して話して伝えることができるようにする。

(3)　書くこと

ア　日常的な話題について，使用する語句や文，事前の準備などにおいて，多くの支援を活用すれば，基本的な語句や文を用いて，情報や考え，気持ちなどを論理の構成や展開を工夫して文章を書いて伝えることができるようにする。

イ　日常的な話題や社会的な話題について，使用する語句や文，事前の準備などにおいて，多くの支援を活用すれば，聞いたり読んだりしたことを活用しながら，基本的な語句や文を用いて，意見や主張などを論理の構成や展開を工夫して文章を書いて伝えることができるようにする。

例題 1

次の文は，高等学校学習指導要領(平成30年3月告示)で示された外国語科の目標である。文中の(　ア　)～(　オ　)に当てはまる語句を答えよ。ただし同じ記号には同じ語句が入るものとする。

外国語による(　ア　)における見方・考え方を働かせ，外国語による聞くこと，読むこと，話すこと，書くことの言語活動及びこれらを結び付けた(　イ　)な言語活動を通して，情報や考えなどを的確に理解したり適切に表現したり伝え合ったりする(　ア　)を図る資質・能力を次のとおり育成することを目指す。

(1)　外国語の音声や語彙，表現，文法，言語の働きなどの理解を深めるとともに，これらの知識を，聞くこと，読むこと，話すこと，書くことによる実際の(　ア　)において，目的や(　ウ　)，状況などに応じて適切に活用できる技能を身に付けるようにする。

(2)　(　ア　)を行う目的や(　ウ　)，状況などに応じて，日常的な話題や(　エ　)な話題について，外国語で情報や考えなどの概要や要点，詳細，話し手や書き手の意図などを的確に理解したり，これらを活用して適切に表現したり伝え合ったりすることができる力を養う。

(3)　外国語の背景にある(　オ　)に対する理解を深め，聞き手，読み手，話し手，書き手に配慮しながら，主体的，自律的に外国語を用いて(　ア　)を図ろうとする態度を養う。

解答

ア　コミュニケーション　　イ　統合的　　ウ　場面　　エ　社会的　オ　文化

解説

平成30年度の改訂より，(1)が「知識及び技能」，(2)が「思考力，判断力，表現力等」，(3)が「学びに向かう力，人間性等」を反映した内容となるよう整理された。外国語科全体の目標は頻出事項なので正確に暗記しておきたい。また誤字に気をつけなければならない問題でもある。

例題 2

高等学校学習指導要領(平成30年3月告示)外国語科の「第3款　英語に関する各科目にわたる指導計画の作成と内容の取扱い」の記述としてふさわしいものを，次のア～オから1つ選べ。

ア　年次ごと及び科目ごとの目標を適切に定め，年次ごとの指導計画を通して十分に段階を踏みながら，外国語科の目標の実現を図るようにすること。

イ　実際に英語を使用して自分自身の考えを伝え合うなどの言語活動を行う際は，先だって日本語で語彙や表現，論理の展開などの違いや共通点を整理させる。

ウ　話すことや書くことの指導に当たっては，目的や場面，状況などに応じたやり取りや発表，文章などの具体例を示した上で，生徒がそれらを参考にしながら自分で表現できるよう留意する。

エ　音声指導に当たっては，発音表記を用いて指導することを中心とする。

オ　文法事項の指導に当たっては，文法はコミュニケーションを支えるものであることを踏まえ，文法的な正しさや用語や用法の区別などの指導が中心となるよう配慮する。

解答

ウ

解説

ア　1の(4)より，「年次ごとの指導計画」ではなく「学校が定める卒業までの指導計画」が正しい。　イ　1の(5)では，実際に英語を使用して考えを伝える等の言語活動を行う際は，既習の文法事項や語句を繰り返し指導することについて述べている。先だって日本語で指導をすることなどは記述されていない。　エ　2の(2)より，音声指導においては発音表記は補助的に用いるため誤り。　オ　2の(3)より，文法的な正しさのみを強調したり，用語や用法の区別などの指導が中心とならないように配慮すべきだから誤り。

例題 3

次の文は，高等学校学習指導要領(平成30年3月告示)の外国語科の各科目の目標である。文中の(　ア　)～(　コ　)に当てはまる語句を答えよ。ただし同じ記号には同じ語句が入るものとする。

〔英語コミュニケーションⅠ〕

(1)　聞くこと

・日常的な話題について，話される速さや，使用される語句や文，(　ア　)などにおいて，多くの(　イ　)を活用すれば，必要な情報を聞き取り，(　ウ　)の意図を把握することができるようにする。

・社会的な話題について，話される速さや，使用される語句や文，(　ア　)などにおいて，多くの(　イ　)を活用すれば，必要な情報を聞き取り，(　エ　)や要点を目的に応じて捉えることができるようにする。

〔論理・表現Ⅱ〕

(1)　話すこと［やり取り］

・日常的な話題について，使用する語句や文，対話の(　オ　)などにおいて，一定の(　イ　)を活用すれば，多様な語句や文を用いて，情報や考え，気持ちなどを詳しく話して伝え合ったり，(　カ　)や状況が異なる相手と交渉したりすることができるようにする。

・日常的な話題や社会的な話題について，使用する語句や文，対話の(　オ　)などにおいて，一定の(　イ　)を活用すれば，(　キ　)やディスカッションなどの活動を通して，聞いたり読んだりしたことを活用しながら，多様な語句や文を用いて，意見や主張，課題の(　ク　)などを論理の構成や(　オ　)を工夫して詳しく話して伝え合うことができるようにする。

(2) 話すこと［発表］

・日常的な話題について，使用する語句や文，事前の(　ケ　)などにおいて，一定の(　イ　)を活用すれば，多様な語句や文を用いて，情報や考え，気持ちなどを論理の構成や(　オ　)を工夫して詳しく話して伝えることができるようにする。

・日常的な話題や社会的な話題について，使用する語句や文，事前の(　ケ　)などにおいて，一定の支援を活用すれば，スピーチや(　コ　)などの活動を通して，聞いたり読んだりしたことを活用しながら，多様な語句や文を用いて，意見や主張などを論理の構成や(　オ　)を工夫して詳しく話して伝えることができるようにする。

解答

ア　情報量　　イ　支援　　ウ　話し手　　エ　概要　　オ　展開
カ　立場　　キ　ディベート　　ク　解決策　　ケ　準備
コ　プレゼンテーション

解説

「英語コミュニケーションⅠ・Ⅱ・Ⅲ」は「聞くこと」「読むこと」「話すこと[やりとり]」「話すこと[発表]」「書くこと」の5領域，「論理・表現Ⅰ・Ⅱ・Ⅲ」は「話すこと[やりとり]」「話すこと[発表]」「書くこと」の3領域で構成され，領域別に内容が示されている。特に注目したいのがイ「支援」である。それぞれ英語コミュニケーション，論理・表現のⅠでは「多くの支援を活用すれば」，Ⅱでは「一定の支援を活用すれば」，Ⅲでは「支援をほとんど活用しなくても」という文言がそれぞれ用いられている。こういった科目ごとの文言の違いに着目して学習したい。

例題 4

次の文は，高等学校学習指導要領(平成30年3月告示)の英語コミュニケーションⅠの内容より，言語の働きに関する事項を抜粋したものである。文中の(　①　)～(　⑤　)に当てはまる語句を答えよ。

ア　言語の使用場面の例

(ア) 生徒の暮らしに関わる場面

・家庭での生活・学校での学習や活動

・[　①　]など

(イ)　多様な手段を通して情報などを得る場面

・本，新聞，雑誌などを読むこと

・テレビや映画，動画，ラジオなどを観たり，聞いたりすること

・[　②　]など

(ウ)　特有の表現がよく使われる場面

・買物・食事

・[　③　]

・手紙や電子メールのやり取りなど

イ　言語の働きの例

(ア)　コミュニケーションを円滑にする

(イ)　[　④　]を伝える

(ウ)　事実・情報を伝える

(エ)　考えや意図を伝える

(オ)　[　⑤　]を促す

解答

①　地域での活動・職場での活動　　②　情報通信ネットワークを活用すること　　③　旅行・電話での対応　　④　気持ち　　⑤　相手の行動

解説

言語の働きに関する事項については，「英語コミュニケーションⅠ・Ⅱ・Ⅲ」及び「論理・表現Ⅰ・Ⅱ・Ⅲの各科目で共通である。言語活動を行うに当たり，出題で例示されたような言語の使用場面や言語の働きの中から，5つの領域別の目標を達成するためにふさわしいものを取り上げ，有機的に組み合わせて活用するようにする。なおこの内容は，平成21年3月告示の学習指導要領「第3款　英語に関する各科目に共通する内容等」を引き継いでいる。「イ言語の働きの例」で例示されている言葉など一部改善が見られるので，よく確認しておこう。

※学習指導要領及び学習指導要領解説は，文部科学省の HP から閲覧できます。

学習指導要領（平成 30 年告示）　学習指導要領解説（平成 30 年 7 月）

●書籍内容の訂正等について

弊社では教員採用試験対策シリーズ（参考書，過去問，全国まるごと過去問題集），公務員試験対策シリーズ，公立幼稚園・保育士試験対策シリーズ，会社別就職試験対策シリーズについて，正誤表をホームページ（https://www.kyodo-s.jp）に掲載いたします。内容に訂正等，疑問点がございましたら，まずホームページをご確認ください。もし，正誤表に掲載されていない訂正等，疑問点がございましたら，下記項目をご記入の上，以下の送付先までお送りいただくようお願いいたします。

① **書籍名，都道府県（学校）名，年度**
（例：教員採用試験過去問シリーズ　小学校教諭 過去問　2026 年度版）
② **ページ数**（書籍に記載されているページ数をご記入ください。）
③ **訂正等，疑問点**（内容は具体的にご記入ください。）
（例:問題文では“ア～オの中から選べ”とあるが,選択肢はエまでしかない）

〔ご注意〕

○ 電話での質問や相談等につきましては，受付けておりません。ご注意ください。

○ 正誤表の更新は適宜行います。

○ いただいた疑問点につきましては，当社編集制作部で検討の上，正誤表への反映を決定させていただきます（個別回答は，原則行いませんのであしからずご了承ください）。

●情報提供のお願い

協同教育研究会では，これから教員採用試験を受験される方々に，より正確な問題を，より多くご提供できるよう情報の収集を行っております。つきましては，教員採用試験に関する次の項目の情報を，以下の送付先までお送りいただけますと幸いでございます。お送りいただきました方には謝礼を差し上げます。

（情報量があまりに少ない場合は，謝礼をご用意できかねる場合があります）。

◆あなたの受験された面接試験，論作文試験の実施方法や質問内容

◆教員採用試験の受験体験記

送付先		
	○電子メール：edit@kyodo-s.jp ○FAX：03-3233-1233（協同出版株式会社　編集制作部 行） ○郵送：〒101-0054　東京都千代田区神田錦町2-5 協同出版株式会社　編集制作部 行 ○HP：https://kyodo-s.jp/provision（右記のQRコードからもアクセスできます）	

※謝礼をお送りする関係から，いずれの方法でお送りいただく際にも，「お名前」「ご住所」は，必ず明記いただきますよう，よろしくお願い申し上げます。

教員採用試験「参考書」シリーズ

青森県の
英語科 参考書

編　集　© 協同教育研究会
発　行　令和 6 年 7 月 25 日
発行者　小貫　輝雄
発行所　協同出版株式会社
〒 101 − 0054
東京都千代田区神田錦町2 − 5
電話　03 − 3295 − 1341
振替　東京00190 − 4 − 94061
印刷所　協同出版・POD 工場

落丁・乱丁はお取り替えいたします